群星闪耀时
这个时代的足坛传奇

Giocare da uomo

萨内蒂自传

像男人一样踢球

［阿根廷］哈维尔·萨内蒂
［意大利］詹尼·里奥塔 著
夏维浩 译

新世界出版社
NEW WORLD PRESS

图书在版编目（CIP）数据

萨内蒂自传：像男人一样踢球 /（阿根廷）萨内蒂，（意）里奥塔著；夏维浩译 . -- 北京：新世界出版社，2015.6
ISBN 978-7-5104-5385-4

Ⅰ . ①萨… Ⅱ . ①萨… ②里… ③夏… Ⅲ . ①萨内蒂，J.A. —自传 Ⅳ . ① K837.835.47

中国版本图书馆 CIP 数据核字 (2015) 第 151553 号

萨内蒂自传：像男人一样踢球

选题策划：蒋　祥 邓东文 陈中捷
作　　者：（阿根廷）哈维尔·萨内蒂　（意）詹尼·里奥塔
翻　　译：夏维浩
责任编辑：丁　鼎 周　帆
责任印制：李一鸣 高　金
出版发行：新世界出版社
社　址：北京西城区百万庄大街 24 号 (100037)
发行部：(010)6899 5968　(010)6899 8705（传真）
总编室：(010)6899 5424　(010)6832 6679（传真）
http://www.nwp.cn
http://www.newworld-press.com
版权部：+8610 6899 6306
版权部电子信箱：frank@nwp.com.cn
印　刷：北京旭丰源印刷技术有限公司
经　销：新华书店
开　本：710mm × 1000mm 1/16
字　数：270 千字　印张：21.5
版　次：2015 年 7 月第 1 版 2015 年 7 月第 1 次印刷
书　号：ISBN 978-7-5104-5385-4
定　价：59.80 元

4

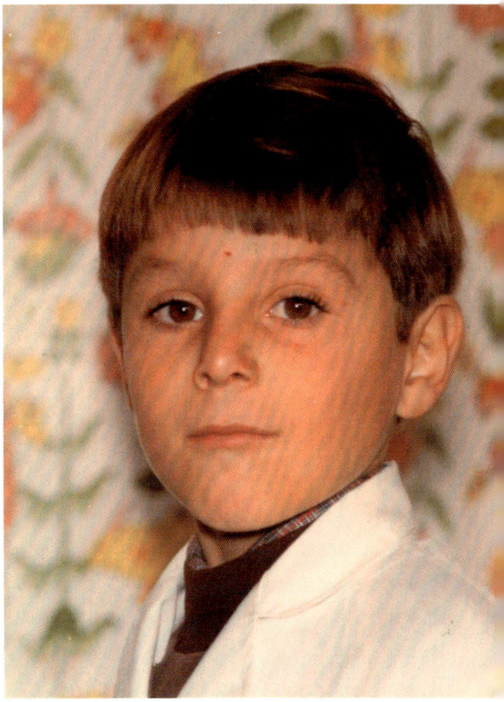

在学校里，在足球场上，在教堂里，哈维尔都是孩子们的榜样，作为母亲，我没法再要一个更好儿子了。——萨内蒂母亲维奥莱塔

是个幸运又幸福的人，因为我拥有那些美妙的回忆。——萨内蒂

UMBRO

998年法国世界杯H组小组赛中，萨内蒂铲抢克罗地亚队的罗伯特·贾尔尼，右侧为巴蒂斯图塔。

02年4月17日，阿根廷队在一场友谊赛中1：0击败德国队，图为比赛中萨内蒂和对方前锋克洛泽球。

2002–2003赛季，国际米兰欧冠半决赛被AC米兰淘汰，梦碎之后萨内蒂流下伤心的眼泪。

“那一天，即使球门变得像彩虹一样大，他也射不进去。”这句话如果套在自己球队身上，是咒，但套在别人球队身上，则是祝福。

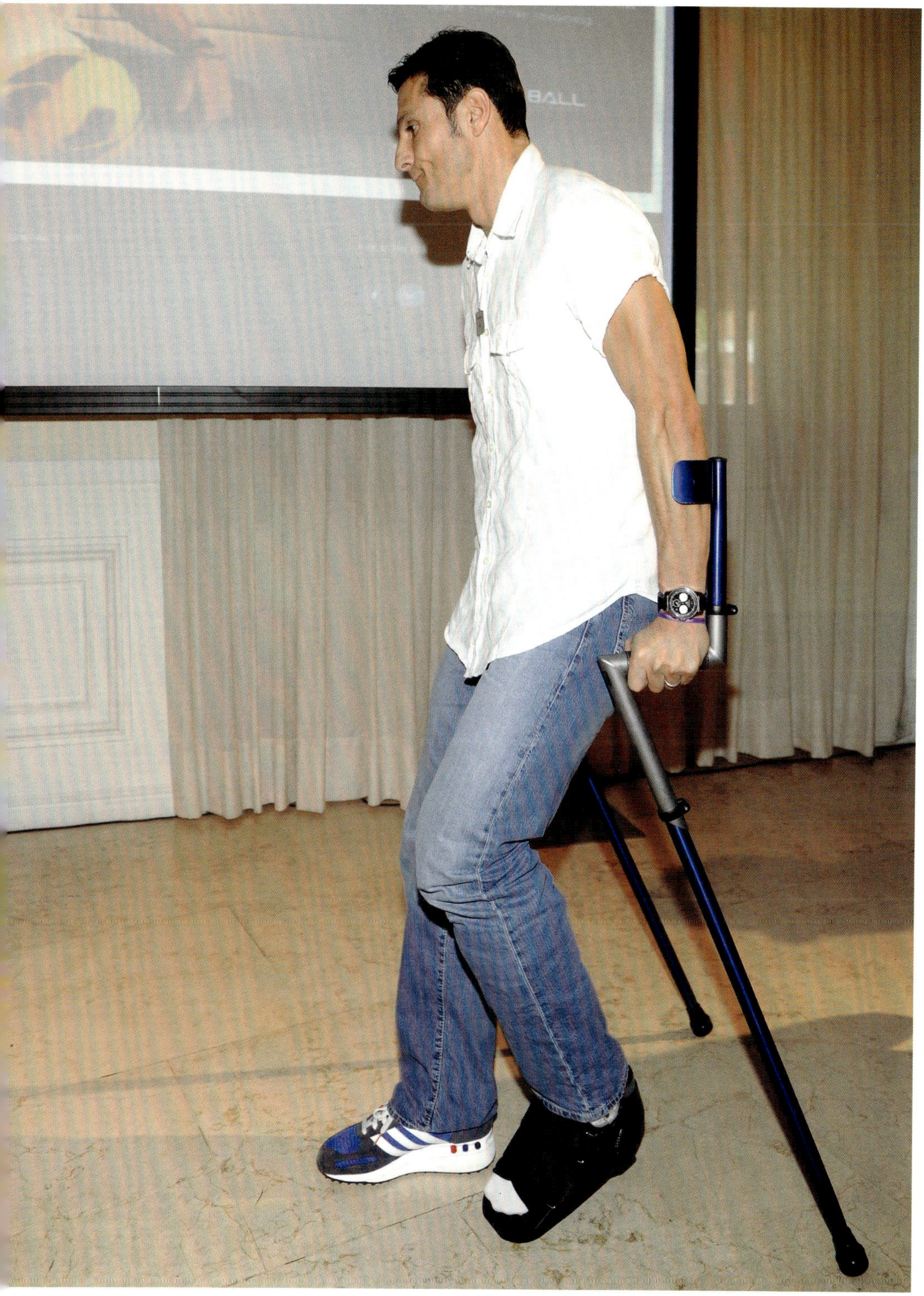

是我生命中新的一页，既不是值得庆祝的胜利也不是令人羞愧的失败。最简单的，我必须站起，从头开始。——萨内蒂

这个无与伦比的夜晚，赋予了我们俱乐部队徽的颜色：夜幕的黑色和天空的蓝色，底色是星星的
色。我们叫她国际米兰，因为我们是世界的兄弟。

拉蒂主席，在最艰难的时刻给我们运气，在最低谷时和我们一起承受。

球队之间，不应该是一种你死我活的战场上的对手。既要有场上的对抗，也要有场下相互的尊重。

我回忆起那些成功的历史，发现恰恰是那些伟大的对手，让我的成功更加珍贵，更加难忘。——萨内蒂

“边思考边踢球，边踢球边思考”，这便是穆里尼奥的足球哲学。

如果世界足坛有一位宇宙级的教练，那一定是穆里尼奥。

PIRELLI

reusch
MADRID 2010

我的妻子保拉认为，我的眼泪也为无缘世界杯而流。那些眼泪混合了夺得欧冠冠军的喜悦和落选
根廷国家队的苦涩。——萨内蒂

10年世俱杯决赛，国际米兰3：0击败马泽姆
夺得冠军。

2009–2010赛季，国际米兰在意甲联赛中客场1：0击败锡耶纳，夺得了意甲五连冠。

0年5月22日，国际米兰在欧冠联赛决赛中击败拜仁后，伊万·科尔多瓦和哈维尔·萨内蒂两家
-起庆祝胜利。

2012–2013赛季意大利杯，国际米兰4：0击败奇塔代拉，图为观众席上的米利托和萨内蒂。

2011年金足奖颁奖典礼在摩纳哥举行，萨内蒂在此期间拜访冠军长廊。

13年9月17日，意大利米兰，哈维尔·萨内蒂和妻子保拉参加Vogue“摩登不夜城”活动。

穿着国家队球衣，我唱过12次国歌，以145次出场保持着阿根廷国家队的出场纪录，其中25场比
佩戴着队长袖标，穿着蓝白球衣征战的那些比赛，是我最宝贵的回忆。——萨内蒂

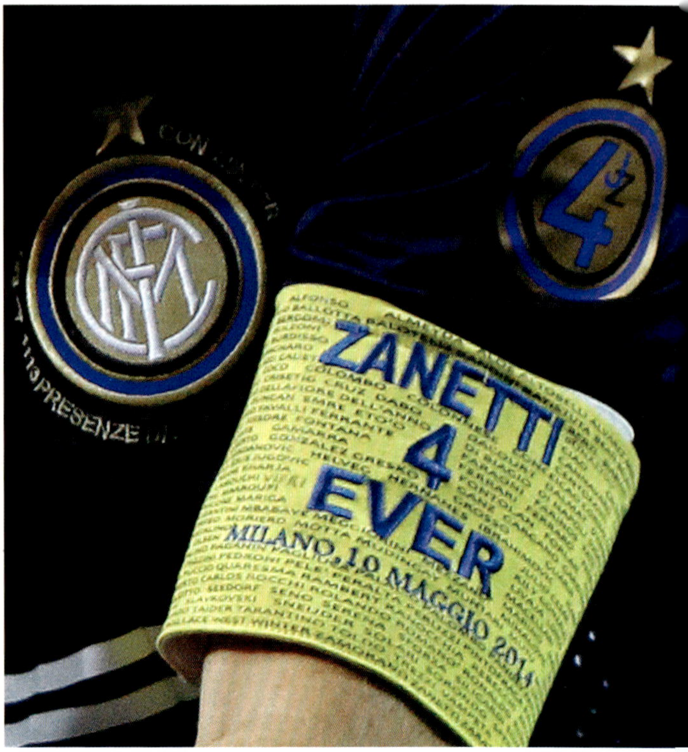

作为队长，我必须承担失利的责任，就像我可以享受胜利带来的荣耀一样。如果每个人都能够像我这样直面失败，足球一定会变成一项更美妙的运动。——萨内蒂

14年5月10日梅阿查球场，萨内蒂最后一个主场比赛让国际米兰球迷依依不舍。

“我的宿命是痛苦”，巴乔常常重复这句话。

“或者成为命运的主人，或者一败涂地”，第一次听到这句话我就被征服了，它也成了我的座右
——萨内蒂

我知道球员可以有多么热爱他们的工作和球衣。我踢了这么多年球，归根结底都是在捍卫国际米
和阿根廷队的球衣。球衣就是我们的责任、我们的故事。——萨内蒂

15年5月4日，在米兰世博会纪念赛中，前国际米兰球员哈维尔·萨内蒂的国际米兰4号球衣正式
役。

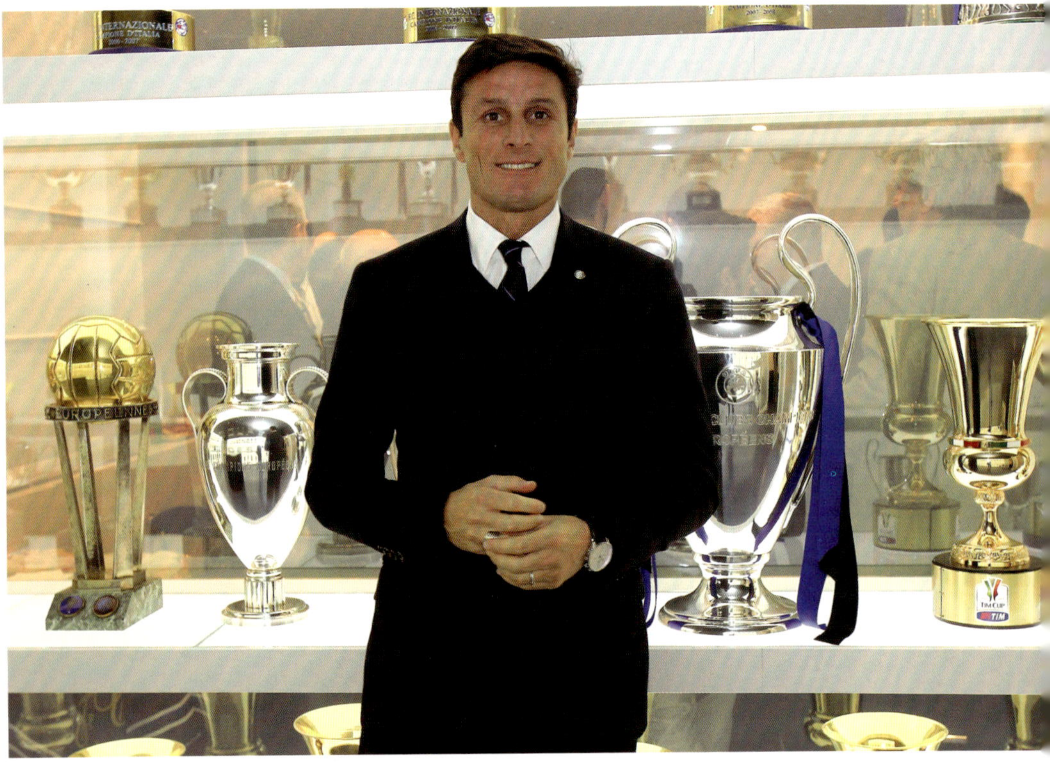

我的胜利，就是参加过那些比赛，无论胜负，我都参加过。——萨内蒂

献给保拉，

我人生的光明和灯塔，

献给我的家庭，

以及那些每天陪伴在我身边的人。

——哈维尔

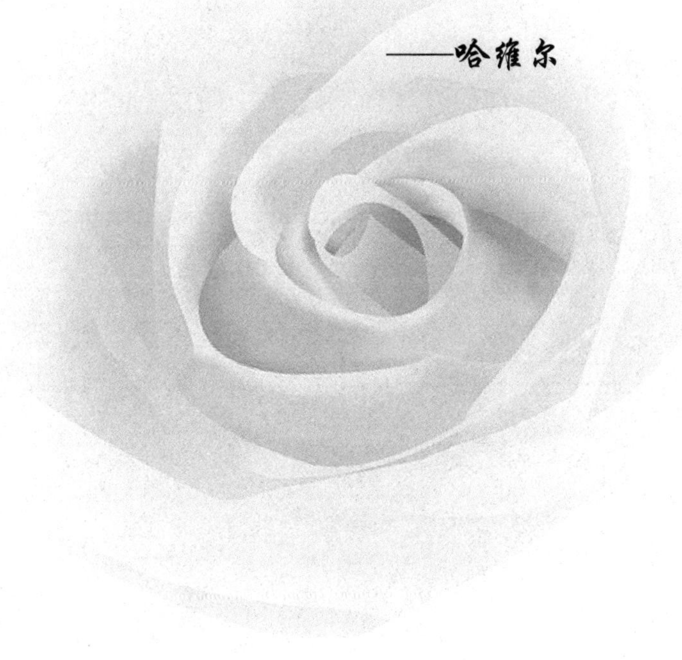

目录
CONTENT

II

第一章

永不停止的比赛

“七，八，九……”路易斯·加西亚（Luis García），阿根廷国家队的体能训练师，扶着我的左脚，数着我活动的次数。“一，二，三……”

我一边随着他的节奏运动，一边顺着窗口望出去，健身房外是绿意盎然的球场，以及一片茂密的树林。天气好极了，一架飞机从我们的头顶掠过，布宜诺斯艾利斯机场就在不远处的埃塞萨（Ezeiza）。时间还早，空气清新。阿根廷此时是冬日，大洋彼岸的欧洲人，则争相涌向海滩，报纸上的足球转会新闻总是让人激动：此时意大利联赛还没有开打，球队都在夏训，青年球员们都在梦想着荣耀，老将们则在假期后格外注意保护自己的身体。在我生长的这个拥有1300万人口的大都市，足球被称为“国民运动”，每当世界杯举行，拉普拉塔河入海口的卡米尼托区，就是那条风景如画、人流涌动的老街，都会变得万人空巷。

我专心训练，因为这是我每天生活的一部分。有一个关于我的段子在球迷之间广泛流传，我的朋友也老拿这个故事和我开玩笑——在和保拉（Paula）结婚的那天我也没有放弃训练，如今她是我三个孩子的母亲。既然有时间训练，为什么不呢？结婚难道是累人的事吗？时间总是有的，重要的是知道珍惜，而不是让它在不经意间溜走。我已经踢了上千场比赛，也就是将近10万分钟，也许这一点让我体会了时间的价值。

时间是一种抽象的东西，很难具体描述，反而容易让人产生错觉。有一个伟大的冠军球员，也是我的队友——塞缪尔·埃托奥（Samuel Eto’o），唯一一个两次（2009年代表巴塞罗那，2010年代表国际米兰）获得赛季“三冠王”（Triplete，联赛、杯赛、欧洲冠军联赛）的球员，一定愉快地记得一件小事：2009—2010赛季欧冠联赛半决赛，我们在诺坎普[①]迎战那支许多人心中历史上最强大的球队巴塞罗那，因为一张意外的红牌[②]，埃托奥在那场比赛中不得不从锋线撤回后场。在他回防断了莱昂内尔·梅西（Lionel Messi）的一个球后，我在他身旁鼓励道：“好样的塞穆，比赛就要结束了。”他平复了呼吸，抬眼看了看球场的记分牌，上面写着：上半时37分钟。我没有和埃托奥开玩笑的意思，但是，作为队长，在那种紧张到无法呼吸的时刻，我必须让我的队友们相信，我们完全能够主宰时间，而不是被时间主宰。

今天早上，我的身体全力以赴地跟随着路易斯进行恢复性训练，但是我的思绪却飞走了，这种一心两用的情况，通常会在你试图集中精力进行某种重体力活动时发生。于是我抬起头，扫视周围的一切，试图找回我的思绪。

我在普雷迪奥（Predio），阿根廷国家队的训练中心，足球、历史、传奇在这里交织在一起，就像在意大利国家队的科维尔恰诺（Coverciano）、英格兰代表队的圣乔治公园（Saint George's Park）一样。通向我训练的健身房的走廊两侧，有许多记录着“蓝白军团”辉煌历史的照片，阿根廷国家队由于球衣颜色获得了这个外号。球员们手中的大力神杯金光熠熠，两位率队夺得过世界杯冠军的功勋主教练则格外引人注目：塞萨尔·梅诺蒂（César Menotti）风度翩翩，卡洛斯·比拉尔多（Carlos Bilardo）笑逐颜开。

---

① 译者注：诺坎普（Camp Nou），西班牙巴塞罗那俱乐部主场，现能容纳99354名观众。如无特殊说明，本书中的脚注均为译者注。

② 国际米兰中场蒂亚戈·莫塔因对巴塞罗那中场布斯克茨的疑似掌掴动作而吃到第二张黄牌被罚下场。

只有能够与巴西人贝利（Pelé）比肩的伟大10号，才享有单独的照片——迭戈·阿尔曼多·马拉多纳（Diego Armando Maradona），莱昂内尔·梅西。每当我来到普雷迪奥训练基地时，都要在他们的照片前驻足：迭戈意外地没有把我选入2010年世界杯大名单，也没有给出足球技战术方面的理由，很遗憾他的阿根廷队表现得并不好；莱昂内尔，我当阿根廷国家队队长时看着长大的球员，他在球场下十分腼腆，球场上却能够以不可思议的方式进球。我从报纸上读到他打破一项又一项纪录的新闻，我们也时常通过短信交流。作为兄长我想对他说："莱昂内尔，你得注意，别太累了，在那些无关紧要的比赛里需要有所保留，不要成为商业足球的机器。总有一天你的时代会过去，为了推迟那一天的到来，你得保护好自己的身体。"

我是一个幸运又幸福的人，我的身体从没有超负荷。步入40岁之后，我向一项项纪录发起挑战（你们可以去万能的维基百科上查询）：在国际米兰的意甲、欧冠、世俱杯，在阿根廷国家队的世界杯、美洲杯，我的4号球衣出现在足球场上的次数，超过了任何一位与我同一时代的球员。与我一起开始职业生涯的球员，除了几位门将之外已经全部退役了：我青年队的队友们，有的当了教练，有的当了记者，有的做起了生意。他们有时候相约在一些媒体和球迷都不知道的隐秘球场，踢上几脚，怀念一下过去。但是他们早已远离了更衣室里的紧张氛围，听不见自己球迷的欢呼声以及对手球迷的嘘声。对于他们来说，最后90分钟的终场哨已经吹响。

我想起了伊万·拉米罗·科尔多瓦（Iván Ramiro Córdoba），前国际米兰后卫、现任领队，我们是多年训练基地的宿舍室友，他还是我一个儿子的教父：我是一名天主教徒，我选择伊万是因为我们有着共同的信仰。我还记得他在踢完自己的告别赛后对我说的话："我看着滚动的足球不自觉地想：这是我的最后一个边线球，这是我的最后一脚长传，对方前锋向我冲来，现在是我最后一个犯规了，铲球……”上帝知道，在做出退役的决定前，伊万有多难受。

我会和他一样吗？不知道。我在普雷迪奥训练基地挥汗如雨时，许多比我年轻得多的球员，正在马尔代夫享受着日光浴。我想回到球场：几个月前，我在巴勒莫受了一次重伤，2012—2013赛季提前终结，那时我就决定要回去。

我还记得当时的情景：在法沃里塔球场[①]，我像往常一样带球冲向底线——因为在两条底线之间不停地冲刺，维克多·乌戈·莫拉莱斯（Victor Hugo Morales），阿根廷著名解说员，给我取了“拖拉机”（el tractor）的外号。以往，我在前场的冲刺往往以过人或者传中结束，但是那一次却出人意料：我感到一阵可怕的疼痛，我倒下了，并且意识到问题相当严重。当时在电视机前的保拉并没有太过担心，因为我从没有踢伤过对手，也没有弄伤过自己。当看到某些在球场上疼得打滚的球员，我情不自禁地要笑：我在球场上挨过不少脚，但这些都是可以忍受的，不需要像好莱坞演员那样表演。那一刻，我8岁的女儿索尔（Sol）却意识到发生了什么，她哭着对妈妈说：“爸爸受伤了……”

国际米兰的医疗团队从板凳席飞奔过来，有孔比医生（Doctor Combi）、按摩师德拉卡萨（Dellacasa），他们也意识到这不是一次普通的受伤。我的一位好友，也是国际米兰的超级球迷问我：“当你跟腱断裂，坐在地上时想着什么？”我不用费力就能够回忆起当时的想法：“这是我生命中新的一页，既不是值得庆祝的胜利也不是令人羞愧的失败。最简单的，我必须站起来，从头开始，就像一直以来我所做的那样。”

---

① 法沃里塔球场（Stadio Della Favorita），意甲巴勒莫主场，可容纳36349名观众。

就像阿根廷独立队（Independiente）——那支我从小就支持直到今天还爱戴着的球队，觉得我的身体太瘦弱成不了职业球员，将我赶出青年队。我不得不到我父亲身边，学着做一名泥瓦匠，我那个关于足球的梦，几乎刚一开始就要破碎了。也像在国际米兰的某一个阶段，无论我们多么强大，多么努力，就是拿不到联赛冠军。还像阿根廷国家队，距离2004年美洲杯冠军只差几秒钟，阿德里亚诺（Adriano），那个我在俱乐部帮助他战胜压力的孩子，为巴西队扳平了比分，把比赛拖入了加时赛，又在点球大战中击败了我们。

在以上这些时刻，我都没有放弃。你永远要把球拿回中圈，从头开始。我刻苦训练，只为上场比赛。“这将是一场永不停止的比赛”（Sarà una partita infinita）是国际米兰队歌中的一句，在梅阿查球场，球迷们无数次为我唱起这句歌词。

阿根廷队的体能师路易斯·加西亚十分惊奇，我的这条伤腿已经能够托起160公斤的负荷了。阿根廷国家队的现役成员们陆续来训练，费尔南多·加戈（Fernando Gago）刚刚随萨斯菲尔德（Sarsfield）夺得阿根廷联赛冠军，还有门将塞尔吉奥·罗梅罗（Sergio Romero），他们都在和工作人员聊天。有人夸奖我的“牺牲精神”，我装作没有听见，继续用左脚顶160公斤的负荷，然后换到右脚。我心里对他们说：“孩子们，这不是牺牲。每一次训练，无论严寒还是酷暑，都会给我带来快乐，让我微笑，我是个幸运又幸福的人。”

在中心训练场上，正在进行一场训练比赛，窗外的风给我带来一些熟悉的声音：“你的！”“放他过去！”“现在！”“出击！”。这些都是教练席上发出的指令，足球在空中飞来飞去。进行比赛的是一些在俱乐部找不到位置的球员，他们被一些刻薄的评论者称为“失业者国家队”。对我来说，他们都是很棒的同行，我祝他们早日穿上一件球衣，挣到一份薪水。有一些球员很年轻，刚刚成年：本赛季欧联杯上，我们在罗马尼亚对阵瓦斯卢易队（Vaslui）时，解说员感叹道："萨内蒂过掉了一名可以当他儿子的小球员……"的确是那样，我和保拉很小的时候就开始恋爱，如果我们早点决定怀孕，绝对不止大女儿索尔、长子伊格纳西奥（Ignacio）和二儿子托米（Tommy）三个孩子。

我40岁了，年轻？老了？我不知道，我只知道一下下推起这160公斤的负荷，早点回到球场，踢比赛，鼓励那些怯场的小将。我要带球冲到底线，送出一脚传中，我们的中锋得跟上，这样进球就来了！训练赛？欧冠决赛？有没有电视直播？这些对于我而言都不重要，只有真正热爱足球的人才知道：每场比赛的激情和快乐都是一样的。

足球是名副其实的"国民运动"。今天的足球是一项每年数十亿人关注的大生意，无数个组织、公司、跨国企业、赞助商紧紧盯着它，许多知识分子甚至大学教授研究它，有时候它甚至会影响到国家与国家之间的关系，导致一种另类的"战争"。足球有着最原始的魅力，无论是足坛巨星还是流浪汉都能够享受同一种魅力，但是，今天的电视直播和秀场文化却可能抹杀掉足球的原始魅力。是什么让非洲、亚洲、拉丁美洲的孩子，梦想像大卫·贝克汉姆（David Beckham）一样主罚任意球，像罗纳尔多（Ronaldo）一样过人，像保罗·马尔蒂尼（Paolo Maldini）一样防守，像伊克尔·卡西利亚斯（Iker Casillas）一样出击？

我看着训练场上失业球员们一张张严肃的脸，对路易斯·加西亚说："足球最棒之处，是球员。"我知道，体育报纸的头版上，最吸引眼球的新闻是球员们换来换去的模特女友，是他们停在夜店外的法拉利、玛莎拉蒂，是他们游艇上那些纸醉金迷的盛宴和派对。各行各业都有花花公子，他们口袋里的钱决定各自享受的生活。但是我想问的是：有人逼我来这推这160公斤的负荷吗？有人逼这些失业的球员来训练，开始他们“永不停止的比赛”吗？没有！

我在马德里的圣地亚哥·伯纳乌球场[1]举起了欧洲冠军联赛奖杯，对于那些追随我们到现场的球员，那可能是他们一生中最美的时刻。但是，当我在南港（Dock Sud）老街，就是布宜诺斯艾利斯那片生我养我的地方踢球时，我从来不会想到荣誉。我只想踢球，只想过掉我的同桌，把球射进那个我们用课本摆起来的球门里。

我不是不得已才来推这160公斤负荷的，那群孩子来训练也不仅仅是为了找份工作：我们都是因为激情而来的。我已经40岁了，踢过的比赛比任何现役球员都要多，甚至我眼前这群孩子加起来的比赛还没我多。但是我和他们一样，会为每一场比赛心跳加速。

路易斯·加西亚仔细地检查我左脚跟腱上手术缝合的伤疤，看到恢复得又快又好，他很满意。罗梅罗，世界上最好的门将之一，正在把一些不同码数的球鞋交给一个器材管理员，他会把球鞋转交给那些买不起球鞋的穷孩子。“你知道在城里的专卖店，一双这样的鞋子要卖多少钱吗？现在又是经济危机，有几个妈妈舍得花这钱？”稍晚一点儿，我要去PUPI基金会看看，我的岳父安德烈斯·德拉·富恩特（Andrés de la Fuente）正在那里给一些贫困的孩子上课。很高兴塞尔吉奥（罗梅罗）也在献爱心，洗澡的时候我笑着对他说：“球员是足球最棒的部分。”

训练基地的草皮上飞来一群叫特洛（Tero）的大鸟，它们温顺、高贵，在阿根廷十分常见，意大利人好像叫它田凫。在训练基地的铁丝网外，我已经看到了我父亲鲁道夫（Rodolfo）和他最好的朋友古斯塔沃（Gustavo），他们和门卫聊了几句。我还是孩子时，父亲就在每天的训

---

① 圣地亚哥·伯纳乌球场（Stadio Santiago Bernabeu），西班牙皇家马德里队的主场，可容纳85454人。

练后来接我，那时候他最担心的就是我把鞋子踢破了。那时候可没有一个罗梅罗来送我球鞋，我是穿着上学的鞋子踢球的，如果破了，父亲得手工帮我补好。我钻进汽车，对他说："爸爸，我明天想去趟南港，我想看看我们和妈妈、塞尔吉奥（Sergio）住过的老房子。"塞尔吉奥是我的大哥，他也是名球员。鲁道夫和古斯塔沃吃惊地看着我，因为我已经好多年没回去过，布宜诺斯艾利斯改变了太多。虽然通货膨胀已经不至于使面包的价格在早上和下午间翻一番，虽然警察再也不会逮捕无辜的孩子以敲诈他们的家人，但是曾经那些安全的老街，如今已经变成了黑帮和毒贩的乐园。

我父亲没有问为什么，他一个字也没说。和以往一样，无论是成功带来的喜悦还是面对某种痛苦，比如我母亲维奥莱塔（Violeta）离开时，他都用一种平常心来对待，这也许是弗留利（Friulano，意大利大区名）萨奇莱人的性格，虽然他的父辈就已经移民到了布宜诺斯艾利斯。

明天早上，在训练之后，我要回到南港，回到那片叫迪士尼（Disneylandia）的球场，回到我长大的街道，回到鲁道夫盖的那幢房子。我这场"永不停止的比赛"就从那里开始，我的生命从那里开始。为了讲述一段从孩子到冠军的经历，我必须回到那里。

我的心跳已经加速，我会发现什么呢?

第二章

徜徉于迪士尼之海

记者和球员不是总能够相互理解，有时候还会出现一些与体育无关的误会。

我的队友阿尔瓦罗·佩雷拉（Álvaro Pereira）留过一头非常新潮的发型，他很讨厌记者称他为“武士”（samurai），而更喜欢球迷们给他取的“Donkey Kong”（超级马里奥系列里的一只猩猩）。阿尔瓦罗来自乌拉圭，对我们阿根廷人来说，那是我们的邻居：从布宜诺斯艾利斯的马德罗港（Puerto Madero），就是那片高楼林立到让人仿佛置身曼哈顿的街区，隔着拉普拉塔河与乌拉圭的科洛尼亚港（Colonia）相望，往返的渡轮每小时就有一班。

和我们阿根廷人一样，乌拉圭人也为马黛茶（Mate）疯狂：马黛茶是用马黛叶泡出的饮料，装在一只特质的木杯里，用吸管喝。这里我还想说一点，我从不喝咖啡，虽然我在意大利住了将近20年，虽然我的好友尤里·德约卡夫（Youri Djorkaeff）几乎永远都拿着一杯咖啡。对我来说，和家人、朋友分享一杯马黛茶，是生活中最大的乐趣之一。每次我去父亲家，和他一起在花园里休息时，他的朋友古斯塔沃总拿着一个保温壶，往我们的马黛茶杯里加水。

每次阿根廷国家队集训，尤其是在那些重要的比赛前，球员们都要在更衣室里喝上一杯马黛茶。相反，有人说在国际米兰有一个“阿根廷帮”，成了操纵俱乐部的一股势力。这些传言让我感到好笑：我邀请那些怀疑者来看看，最好在休息日的早上我们把孩子送到学校以后，或者在我和迭戈·米利托（Diego Milito）一起做完弥撒之后。在那些时间，我和迭戈，还有其他老乡，不是开会讨论要不要炒掉某个教练，而是一起喝杯马黛茶，以好朋友的身份聊足球以外的事。

在日本，泡茶的艺术——茶道已经存在了几百年，如果有朝一日泡马黛茶也能够升格为一门艺术的话，我一点儿也不怀疑瓦尔特·萨穆埃尔（Walter Samuel）将成为一名茶艺师，是的，就是国际米兰和阿根廷队那个沉默寡言的中后卫。我的妻子保拉总是说，瓦尔特的大胡子让他看起来像一个黑帮片里的土匪，可看看他在家里带孩子的情景，简直就是土匪的反面。确实是这样，瓦尔特和我们在一起时像个家人，可每当他拿起马黛茶杯为我们泡茶时，表情又严肃得像在一场决赛中盯防对手的前锋——谁也别想打扰他，他要保证茶的浓度恰到好处，温度正好适于入口。

马黛茶话会，通常由阿根廷球员出席，这也许是“阿根廷帮”传言的由来。但是其实其他南美球员也会加入，阿尔瓦罗·佩雷拉就从不缺席，他也住在科莫（Como），我们的孩子在同一所学校。我真的没法把他与神秘的“武士”或者卡通人物联系起来：阿尔瓦罗是个严肃的人，他见多识广，关注全世界的时政新闻。

有一次，当萨穆埃尔为我们泡茶时，佩雷拉对我说：“队长，昨天晚上我看了一家南美电视台，他们播了一个关于南港的纪录片，那是你的故乡吧？”

我有点儿惊奇，“是的，我和我的兄弟塞尔吉奥都在那里长大，我在那里开始踢球，那里有我最美好的回忆。”

“真是遗憾啊。”佩雷拉答道。

“为什么？”我问道。他开始介绍，其他人也都过来听，“那部片子你可以在网上搜到，名字叫《野蛮街区》（*Calles Salvajes*），因为南港被警察们认为是全布宜诺斯艾利斯最危险的街区，就像纽约曾经的布朗克斯（Bronx），绑架、强奸见怪不怪，连那里的教堂都被一伙蒙面歹徒抢劫了。”

我刚刚吸进嘴里的马黛茶突然变得苦涩，“教堂？就是那座我受洗，小时候每周都要去的教堂？”

“恐怕是的……”

也是因为佩雷拉说的纪录片，今天早上我开车去了南港。我想看看我的故乡发生了什么，想看看迪士尼球场，想看看那条没有鹅卵石的土路，我在那里学会了射门。我想回故乡，看一下童年的那个我。不是所有的人都希望我回去，“你得小心，那里现在很危险。你是阿根廷最有名的人物之一，别把自己推入困境。”

我的亲友并没有夸张：根据阿根廷交通部的统计，南港区内的高速公路有着全国最高的交通事故率。即使对政府数据不感兴趣的人，也一定知道，阿根廷城市银行的总裁费德里科·斯图曾格（Federico Sturzenegger）在这里被一伙歹徒用手枪打死。可是，当我从南港的高速出口通过时，收费站的女孩给了我一个温暖的微笑。

我从两幢相连的高大居民楼前经过，它有一个拗口的官方名字，但是南港人叫它“双塔”（Las Torres）。1980年，阿根廷政府在这里搞了一个房地产开发项目，“双塔”作为样板廉租房被建起了，许多人家祖孙三代挤在一间房里住。从那之后，“双塔”被黑帮收编，这里的居民向大佬们缴纳保护费，换来家宅平安。我压根儿不需要开导航，我像熟悉梅阿查的球场一样熟悉这里，无论这里犯罪率多高，我都爱着它。这是我的家，我感觉自己认识这里的所有3.6万居民。

在我们曾经的迪士尼球场上，已经建起了一座小公园，那里有一些彩色的跷跷板，一些孩子在快乐地玩耍。这是一个冬日的早晨，学校还没有放寒假，一起在这里玩的都是很小的孩子。看着他们，我不禁想起了自己小时候。1986年的这个季节，我在电视里看马拉多纳，与英格兰队的比赛中，他带球通过整个球场并完成进球，在眼前这片空地上，我不知道模仿了多少次。

我仿佛听到了妈妈维奥莱塔的声音，她是我和哥哥塞尔吉奥的第一个球迷，也是妈妈加油团里声音最大的。“加油，哈维尔！”“加油，塞尔吉奥！”她包揽了一切家务，照顾我们，还要去外面做清洁工。她每天都微笑，因为自己能够帮助丈夫负担经济重担。爸爸现在还记得：“每次你们踢完球，你妈都会把你们全队的衣服拿回来，洗干净晾好，然后根据号码叠放整齐，下场比赛再带给大家。”我的父亲在比赛中很安静，就像在生活中一样。

迪士尼球场曾经是一片坑坑洼洼的空地，那时候我们附近的孩子找不到一个踢球的地方，我的父亲便联合其他爸爸，着手给孩子“垦荒”。他们没有赞助商，也没找体育部，而是挽起袖子，拔掉野草，一块块捡出空地上的石头，用锄头和铲子平整土地，终于整理出来一块球场。

作为职业球员，我在各种条件的球场踢过比赛，比如罗马尼亚的布拉索夫（Brasov），赫克托·库珀教练①形容那座球场“像吸血鬼的城堡”，因为草皮上布满了石子，稍不注意就会把脚磕出血来。还有一次欧洲联盟杯半决赛去俄罗斯，摄氏零下十二度，草皮结冰后滑得像溜冰

---

① 赫克托·库珀（Héctor Cúper），1955年11月16日出生于阿根廷圣达菲。1993年开始执教生涯，由于球员时代司职后卫的关系，其执教理念以防守战术为主。执教马洛卡时，他带领球队杀入1999年末代欧洲优胜者杯决赛，不敌拉齐奥屈居亚军。不久他转投瓦伦西亚，带领球队连续两年闯入欧冠决赛，但在2000年和2001年先后不敌皇马和拜仁两次屈居亚军。2001年他转投国际米兰，第一个赛季拿到意甲第三名，第二个赛季拿到意甲亚军。他于2003年10月19日被国际米兰俱乐部解职，此后执教生涯日渐衰落。

场，在那里罗纳尔多不可思议地过掉四个人进球，脚上就像穿了一双溜冰鞋。

雪地、泥地、沙地、人工草皮，我在任何条件的球场里都踢过球。当鞋钉之间因为塞满泥垢而举步维艰时，有队友抱怨："我们在什么鬼地方啊？"每次听到这些话，我都仿佛回到了南港：泥泞的球场、因为积水而改变方向的足球，对我来说都不是问题，因为我在迪士尼球场学会了踢球，这里有你能够想象得到的一切困难。

冬天时，我们只能在放学后来到迪士尼球场，暑假则几乎整天待在这里。我会坐在栏杆上模仿维克多·乌戈·莫拉莱斯，他因为解说了马拉多纳在1986年世界杯上的"世纪进球"[①]而享誉全球。如果我的偶像——独立队的里卡多·博奇尼（Ricardo Bochini），在周末进了球，我一定会来这里分解他的动作：停球，过人，挑射，进球……不过，我射出的球不是每次都能够飞进用课本架起来的球门里，有时候皮球会飞向邻居家的窗户，但我发誓那不是故意的。

运气好的时候，我们能够找到一个真正的足球来踢，通常是那种轻飘飘的橡胶球。大多数时候，伙伴们得拿旧袜子、碎布以及一切找得到的废品，扎在一起做球。我总是把这种"足球"拿回家里，因为它不会打碎屋子里的窗户、花瓶和挂饰。

如果我和哥哥表现好，或者即将踢一场重要的比赛，妈妈会给我们做焦糖甜甜圈（alfajores）——一种阿根廷最出名的甜点（所有到布宜诺

---

① 全称世纪最佳进球（Goal of the Century），又名国际足联世界杯历史上最伟大进球，是指1986年6月22日在墨西哥城的阿兹台克体育场进行的第十三届世界杯足球赛四分之一决赛，阿根廷队以2：1战胜英格兰队的比赛中，阿根廷队前锋马拉多纳狂奔50多米连过6人攻入的第二个进球。就在这个进球之前不久，马拉多纳刚刚用"上帝之手"打进一球。2002年，在国际足联的官方网站中，马拉多纳本场的第二个进球以18062票被球迷选为世纪最佳进球。

斯艾利斯的游客都会去餐厅品尝）。刚从烤箱中拿出，香气扑鼻的甜甜圈是我和哥哥最好的“兴奋剂”，能够让我们忘记一切疲倦。

那时候，所有在迪士尼球场踢球的孩子家境都不富裕，但是每到比赛时，父母们还是会想方设法凑一些奖品。大家不要以为是奖杯、奖牌之类的，赢球的孩子们得到的，也许是一瓶陈年意大利葡萄酒、一包火腿，或者一根香肠。这些奖品并不会被带回家去：如果奖品里有鲜肉，家长们就会组织烤肉，葡萄酒是他们的，香肠、火腿、烤肉，则是孩子们补充体能的必备佳品，每次庆祝都要持续到晚上。

现在，我家的烤肉专家是我岳父安德烈斯·德拉·富恩特、父亲鲁道夫以及父亲的挚友古斯塔沃，我只负责在旁边看。我们总在我家的花园里烤肉，那是布宜诺斯艾利斯城北的金塔区（La Quinta），在希腊语里这个词是“铁路”的意思，马拉多纳也曾经短暂在此居住过。我的孩子们拿着带骨牛排嬉戏，我们的狗跟在后面，希望得到一块骨头。

在南港，在迪士尼球场，小球员的父母们赛后支起烧烤架，香肠、鸡排、血肠、土豆被一排排码好，各种酱汁应有尽有。有时候他们还会烧一大堆炭火，在旁边支起长长的铁叉，烤乳猪或者牛犊肉。

阿根廷作家奥斯瓦尔多·索里亚诺（Osvaldo Soriano）是一位狂热的球迷，写过一本完美的小说——《世界上耗时最长的点球》（*Il rigore più lungo del mondo*）。故事讲述了极地队与贝尔格拉诺竞技队之间举行的一场黑河河谷联赛，比赛中出现了一粒点球，但是这粒点球耗时一个星期都没有罚出。站在点球点的是“炮手”高纳（Cannoniere Constante Gauna），守门的则是“老猫”迪亚斯（“el Gato” Díaz），他的一次扑救征服了一名叫费雷拉（Ferreira）的金发女郎。

索里亚诺书里的一句话，或许是描述足球最美的句子，有许多次我发现，这句话如果套在自己球队身上，是诅咒，但是套在别人球队身上，则是祝福。索里亚诺的原话是：“那一天，即使球门变得像彩虹一样大，他也射不进去。”

当我看着孩子们在迪士尼球场改建的公园玩耍时，我觉得索里亚诺描述了那些我最快乐的日子：那时候的阿根廷经历着独裁和贫困，但是从不缺少希望和爱。

我是个幸运又幸福的人，因为我拥有这些美妙的回忆，以及一些美好的价值观，因为我的母亲无条件地支持我，我的父亲总给我绵长而又男人的鼓励：加油，哈维尔！哈维尔，拿出你的男子气概！

我走下车，漫步在故里的街头。我的身旁充满了生活气息：熟食店、水果店、蔬菜店、肉铺、公用电话亭。街角有家天然气站，在那个巨大的储气罐后面，有一片空地，那是我们的第二主场“沙滩球场”（La Liscia）——每次“迪士尼球场”被人占了或者太过泥泞时我们就会来这里踢球。空地的左手边有面红砖墙，右手边则有一排栅栏，只要在它们下面各放上一双鞋，我们就有球门了。30年过去，“沙滩球场”一点儿也没有变。

南港在早期接纳了来自全世界的移民，他们中有泥瓦匠、木匠、手工匠，这些勤劳的人从早工作到晚，只有在周日，他们才能带上家人到河边野餐。老街两旁的房子是工匠们工作过的工厂，当年精巧的装饰早已随着岁月剥落了色彩，可是在雨中，那些招牌、广告画还依稀可辨：安格洛·布兰卡冰箱、奇奥萨牌纸巾、联合牌洗涤剂、索特风扇……每一间厂房的背后，都有一家努力生活的人，他们逃离了饥荒、战乱的欧洲，到这片新大陆来寻找希望。他们一代又一代，继承着父辈们的手艺，可到我小时候，孩子们的梦想不再是穿上父亲的工装，而是踢足球。

不知不觉，我朝着我的小学走去。今天是星期四，附近居民每周一次的集市和我小时候一模一样。穿行在小贩们的摊位之间，我不由自主地抬起头，集市边的那幢建筑里，住着我的初恋卡琳娜（Carina）。我早已忘了佩雷拉想象中那个臭名昭著的南港，陷入美妙的回忆中。

从小学到初中，我的成绩都很棒。妈妈每天放学后都对我说："哈维尔！你的作业写完了吗？只有写完了才能去踢球。"我每次都答应，而且从来不食言，在学校里我的表现也和球场上一样诚实、规矩、自觉。我这么守规矩还有一个不为人知的原因：有一天下午，一辆拉着家具的卡车停在我家旁边，搬来一位新邻居，是一位满头金发的阿姨，确切地说，是我的小学校长，我对自己说："天哪，从现在开始我每时每刻都被'监控'了！"事实上，她是最和蔼的校长，我从她那里学到了许多做人的道理。

我喜欢学习，尤其擅长数学。历史课上，我最喜欢的人物是何塞·弗朗西斯科·德·圣马丁①——阿根廷的解放者。我了解他的一切，从早期在西班牙抗击拿破仑的侵略，到后来从殖民者手中解放阿根廷、智利和秘鲁。我最喜欢他的座右铭——"或者成为命运的主人，或者一败涂地"（o sarai quello che devi essere o non sarai nulla），第一次听到这句话时我就被征服了，它也成了我的座右铭。

我看了看周围的院子，也许我能找到几个儿时的伙伴，我知道有一个现在是网球教练，另一个开了家面包房，还有一个成了设计师。小时候，我们几个经常一起搭公共汽车玩，那是一种被我们称为"小白"（El Blanco）的老式客车，在南港的老街巷穿梭，给街坊们带来了便利。就在我回忆时，身旁真的开来了一辆"小白"，司机看到穿着

---

① 何塞·弗朗西斯科·德·圣马丁（José Francisco de San Martín），阿根廷将军、南美西班牙殖民地独立战争的领袖之一。他将南美洲南部从西班牙统治中解放，与西蒙·玻利瓦尔一道被誉为美洲的解放者，被视为国家英雄。

浅色T恤、牛仔裤、网球鞋，若有所思的我，慢慢摇下车窗，对我说："Pupi[①]！嘿，Pupi！队长！"南港再一次向我打招呼，在司机的号召下，路人们纷纷向我问好："Pupi，Pupi。"

我从车窗里看到了自己，我的头发一丝不乱，很好。有一次，一位好奇的记者问我："你用什么牌子的定型水？为什么你顶完头球之后，发型也不受影响？""我不用定型水。"小时候，妈妈用清水为我洗头，用双手为我洗净每一根头发，每天上学，爸爸都让我穿好干干净净的校服，以及发亮的鞋——那是他前一天晚上擦好的，他的言传身教总在无言中完成。与孩子们在一起时，我觉得类似"你应该这么做，那么做"是不对的，如果我们家长自己都不能够以身作则的话。我的父亲总对我说"加油，哈维尔"，不是以父亲居高临下的口气，而是以身作则：鞋子可以脏兮兮的，但是为什么不擦干净呢？

头梳好，鞋擦亮，作业完成，脑子里只想着足球，这就是小学时的那个我：哈维尔·阿尔德马尔·萨内蒂（Javier Aldemar Zanetti），生于1973年8月10日，圣洛伦索日（Giorno di San Lorenzo），星宿下凡的夜晚。

阿尔德马尔是一位巴西医生，就像许多西部片里救苦救难的高人一样，他能够神奇地治愈众多疑难杂症，只需要助手在旁边为他烧上一大锅开水。我的母亲怀我时，身体状况不太好，临盆时出现了难产的情况——你们的队长差一点儿就没机会来到这个世界。有时候，巴西人与阿根廷人被夸张地描述为世代仇敌，但是事实上我们之间的友谊要多于隔阂，我们的祖先一起开拓了新世界。阿尔德马尔医生勇敢地承担了拯救两条生命的任务，在勇于担当这一点上，我认识的巴西人都无可指摘，比如门将儒利奥·塞萨尔（Júlio César），还有后卫麦孔

---

① 萨内蒂的绰号，后文中将解释这个绰号的由来。

（Maicon）。每次他们有惊世骇俗的表现时，我都会充满赞赏地拥抱他们，而他们往往笑得像个孩子，他们的性格单纯得可爱，只为享受美丽足球。

巴西医生救了我和妈妈的命，而我们家穷得连一件感谢的礼物都送不出，于是妈妈决定以他的名字来给我命名。从小到大，阿根廷人看到我的证件，总要问一句："阿尔德马尔，这是什么名字？确定没有拼错吗？"

我解释了哈维尔·阿尔德马尔·萨内蒂这个名字的来历，很快你们就会知道，为什么我还叫Pupi、拖拉机和队长（il Capitano）。

转过一个街角，我看到了圣卡塔丽娜·德锡耶纳教堂（Chiesa di Santa Catalina de Siena），这也是佩雷拉提到的那部纪录片中反复出现的背景。白色的墙壁，顶上有个小小的十字架。附近的教徒最近翻新了教堂，从里到外的装饰都焕然一新，没有了以前破旧的感觉。门口的黑板上，工工整整地写着近期的活动安排，包括为孩子们准备的节目。

我的母亲是教徒，她参加的那一支叫丽塔教会（Santa Rita）。我也是教徒，但是我并不迷信：有些人踏入球场前要画个十字架，有些人则喜欢让某一只脚先踏上草皮，还有些人避免踩到白色的边线。我见过一些虔诚得让人难以置信的球员，尤其是穆斯林：埃姆雷（Emre）、卡隆（Kallon）、哈坎·苏克（Hakan Şükür）把一切都献给了安拉；年轻的贝尔福迪（Belfodil）——我在瓦尔特·马扎里①执教国际米兰时的小兄弟，在第一堂训练课上没有喝一滴水（要知道那是夏天最热的时候），

① 瓦尔特·马扎里（Walter Mazzarri），意大利教练，曾经先后执教意甲保级球队雷吉纳、中游球队桑普多利亚和那不勒斯，带领那不勒斯夺得2011—2012赛季意大利杯冠军，并入围欧冠联赛。2013年5月25日，国际米兰官方宣布解除斯特拉马乔尼的主教练职务，并聘请马扎里担任蓝黑军团新主帅。马扎里的蓝黑生涯并不成功，2014—2015赛季意甲前11轮战罢，国际米兰取得了4胜4平3负的战绩，在积分榜上居第9位，马扎里也因此被俱乐部解雇。

因为他严格遵守斋月禁忌。宗教于我，和他们一样，绝不是迷信。有许多人不知道，唯一能够在球场上带给你好运的，就是勤奋。除了汗水和拼搏，其他一切都不重要。

2010年5月22日，国际米兰即将踢马西莫·莫拉蒂[①]时代最重要的一场比赛，那也是我职业生涯中最重要的比赛，我想到了儿时与妈妈一起来这座郊区小教堂祷告的日子。

我与我的室友伊万·拉米罗·科尔多瓦一起，在我们房间里举行了一个小型弥撒仪式，祈祷天主将冠军杯赐给我们——这座继安杰洛·莫拉蒂（Angelo Moratti）主席“大国际米兰时代”的两座欧洲冠军杯后的第三座奖杯。那晚加入我们的还有迭戈·米利托，后来我们还一起去教堂进行了专门的还愿仪式。

我的父亲鲁道夫，却与许多同时代的男人一样，不是真正的教徒，“我在教堂里结婚，也带着你们去那里受洗，但是我不真正相信上帝。”在宗教方面，我跟随妈妈。老实说，儿时被母亲带来祷告时，我心里想的却是早点儿回迪士尼球场踢球。

那时候我踢球穿的是一件独立队的红色球衣，那是爸爸省吃俭用一个月买下来送给我的。我还有一双球鞋，无论是水泥地还是充满小石子的沙地，我都畅行无阻。有一天，我的鞋子在一脚射门后裂开了一道大

---

① 马西莫·莫拉蒂（Massimo Moratti），出身于石油大亨莫拉蒂家族。其父为安杰洛·莫拉蒂，于20世纪50年代担任国际米兰主席，帮助俱乐部赢下2次冠军杯、2次洲际杯、3次意甲冠军，谱写了“大国际米兰时代”的辉煌。而马西莫也立志于重塑大国际的辉煌，自1995年至2014年担任国际米兰主席。莫拉蒂时代前10年因为花天价买进罗纳尔多、维耶里等世界级球星闻名，虽然球队成绩平平，却赢得了巨大的人气。在2006年夏天意甲“电话门”事件曝光之后，随着尤文图斯和AC米兰等争冠对手的受罚，国际米兰被判定获得2005—2006赛季意甲冠军，此后迎来了一系列辉煌，包括2009—2010赛季在何塞·穆里尼奥执教下夺得了意甲、欧冠和意大利杯的三冠王伟业。

口子，就像动画片中那些踢在石头上张开“鳄鱼大嘴”的鞋子。我们家压根儿拿不出钱来买双新的球鞋，可第二天我就要踢一场比赛——一场对我来说像德比大战一样的重要比赛，要我穿着破得那么厉害的鞋比赛，是不可能的。我带着失望上床睡觉，好像错过了生命中最重要的机会。

我的父亲出生于一个意大利移民之家，他的父亲从意大利弗留利移民阿根廷，他有一群叔叔和表兄，他们都是朴实又勤劳的人。在沉默中，我父亲拿起我的鞋子，用一种扎床垫的粗线为我缝补鞋子，“鳄鱼大嘴”被牢牢地缝好了，接着他又把鞋子擦得锃光瓦亮。我不知道我的父亲那天晚上有没有合眼，我只知道，第二天当我穿着那双补好的球鞋踢那场比赛时，心里充满了感激和幸福。

我这一次回南港，就是为了看看我们的老房子。我转回学校，又经过了教堂，然后又一次路过卡琳娜楼下。我承认我真的很想过去按一下门铃，看看卡琳娜一家是否还住在这里。

我终于走到了老家门口，这个小院子几乎是我父亲以一己之力盖起来的：小天井、大门，还有一个老式的屋顶。我透过墙上的栅栏看进去，一切都没有变。我的邻居发现了我，“欢迎回家，Pupi！”我向这位多年不见的老伙计问好。

布宜诺斯艾利斯的富人们非常不喜欢南港，他们把这里称为下水道：马腾萨河（Río Matanza-Riachuelo）穿过南港，每当暴雨袭来的时候，汹涌的河水都会漫出河堤，那也是居民们的噩梦。1953年，阿根廷著名现实主义导演图里奥·德米凯利（Tulio Demicheli）在这里拍摄了一部电影，名字就叫《南港》（*Dock Sud*），这部电影记录了南港的劳动人民是如何在艰难中生活的。我记忆中最深刻的，是每次洪水即将来临时，爸爸妈妈都会在家里的电视机、冰箱、烤箱等电器下面垫上高高的砖头，防止进水。在那样的日子里，我要穿上及膝的橡胶套鞋才能够出去上学，整个街区好像变成了一个小湖，水面浑浊，水上漂浮着垃圾。不远处地势较低的加油站完全被淹没了，白色的油沫向四周扩张。我们等着巴士司机冒险来接，送我们到学校上课。

天色已经不早了，是时候回家吃饭了，保拉和孩子们在等着我。我不得不离开这幢房子，就像9岁时一样，那一年我加入了独立俱乐部的少年队——一家令所有南港人如痴如醉的俱乐部。9岁时，我感觉整个世界都在南港——迪士尼的球门、学校、家、教堂。那一天早上，父亲鲁道夫和哥哥塞尔吉奥陪我到独立队报到，我发现了新世界。那时我是一名前锋，也可以踢中场。

离开南港的路上，有一个检查站，周围是杂乱无章的建筑，这个情景又让我想起了佩雷拉的纪录片。就在我排队等待放行时，路边的一个孩子发现了我。“萨内蒂在这里！”他大声喊道。所有的人都对我报以微笑，大伙儿甚至为我让出一条路来。

我在南港看到了希望，但是学校窗户上的防盗网也意味着恐惧。我回了自己的家，于是我在布宜诺斯艾利斯的车流中拿出手机（我知道开车时打手机是不对的，但是在这里人人都这么干），“爸爸，我是哈维尔。是的，我现在从南港回来了，我们的房子很好，听着，我们把它买回来怎么样？把它建成一个PUPI基金会分部，来帮助这里的孩子……”

这是一个好主意，尤其是对南港和这里的孩子来说。在很久之前的一个早上，在那所房子里，父亲和哥哥带着我开始了我人生中的第一次足球训练。那时候我穿着偶像里卡多·博奇尼的红色球衣，在一场德比大战后获得了他的亲笔签名，接着便把那件珍贵的球衣挂在卧室的墙上。我开始了一段旅程，而如今我又回到了原点。9岁的我，梦想穿着独立队的球衣踢一辈子球。我错了……

第三章

从塔勒莱斯到莫隆的艰难旅程

我的父亲鲁道夫、妻子保拉还有三个孩子都在家里等着我。人一旦陷入怀旧之中，时间不知不觉就过去了。我看了看手表，加了一脚油门，朝家的方向驶去。

我在全世界旅行，欧洲、美洲、亚洲，足球在每一个地方都给人带来快乐。对于那些个走出贫困的人来说，爱上足球是一件顺理成章的事情。在我去过的每一个地方，我都试图解释（恐怕我的尝试没有成功），足球对阿韦利亚内达（Avellaneda）的人们意味着什么。在许多国家，阿韦利亚内达的规模都够得上一座独立的城市，但是在布宜诺斯艾利斯这样的世界级大都会，这里只是首都的一个区。33万居民，一座面向大西洋的港口，这里老被人称为“南港”，官方的名字是为了纪念前总统尼古拉斯·阿韦利亚内达，在阿根廷（就像在世界的其他地方），政治人物的名字总是会代替地名。

这个区真正的名片是这里的两家俱乐部——独立体育俱乐部（Club Atlético Independiente）以及阿韦利亚内达竞技俱乐部（Racing Club dc Avellaneda）。两家俱乐部的体育场近在咫尺，如果让牙买加百米飞人尤塞恩·博尔特（Usain Bolt）从一边跑到另一边，读者可能连看完这段文字的时间都没有。

独立队和竞技队像一块磁铁的两极：独立队球衣是红色的，竞技队是蓝白的；独立队外号叫“红色军团”“红魔”“杯赛之王”，竞技队则是“学院”。总之，一个队总是另一个队的反面。

独立队的球场名叫美洲解放者球场（Estadio Libertadores de América），但是如果你在阿韦利亚内达用这个官方名字问路，一定没有人答得上来，你应该问：“‘双层遮雨板’（La Doble Visera）怎么走？”这是全阿根廷第一座混凝土结构、带遮雨板的球场。

竞技队球场的官方名字叫胡安·多明戈·贝隆总统球场（Estadio Presidente Juan Domingo Perón），为了纪念这位1946—1955年在位的阿根廷前总统[①]。贝隆总统关心民间疾苦，赢得了许多人的好感，包括我的父亲鲁道夫和岳父安德烈斯。作为政治家，他也在全世界赢得了声望，流行音乐界的天后麦当娜（Madonna）甚至出演了电影《贝隆夫人》，并演唱了《阿根廷别为我哭泣》（*Don't cry for me Argentina*）。

阿根廷人最大的爱好就是取外号，既然独立队球场叫“双层遮雨板”，竞技队的就叫“阿韦利亚内达汽缸”（El Cilindro de Avellaneda）。“双层遮雨板”是一个外层贴着红色瓷砖的四边形，“阿韦利亚内达汽缸”从远处看起来就像汽车发动机的汽缸。我还是小学生的时候，就已经成了独立队的球迷，我自己也不知道为什么。

每到独立队与竞技队的比赛，看台上的每一个人都会扔下一条白色纸巾。两支球队的荣誉簿都让人眼花缭乱：独立队有16座阿根廷联赛冠军、7座南美解放者杯（其中1972—1975年夺得了四连冠）、16座洲际赛事冠军，其中包括两座世俱杯冠军（1973年、1984年）；竞技队则有16座阿根廷联赛冠军、12座国内杯赛冠军、7座洲际赛事冠军，包括一座南美解放者杯冠军、一座世俱杯冠军和一座南美超级杯。总之，这两家俱乐部联手谱写了阿根廷足球伟大的历史。

30多年前（1982年），我在独立队少年梯队第一次出场，我确定自己将在那里踢到退役，我一大半的比赛都要在这座方方正正的球场里踢完——在阿韦利亚内达父老乡亲的助威声中。

---

① 胡安·多明戈·贝隆（Juan Domingo Perón，1895年10月8日—1974年7月1日），阿根廷民粹主义政治家，1946年至1955年、1973年至1974年期间两次出任阿根廷总统。他常常被视为最伟大的阿根廷总统。

我球踢得不错，有时候踢前锋，有时候踢中场，有时候被放在后场边路，我感觉自己无论在哪个位置上都很适应。在学校我很棒，在家里我很乖：我早说过我是个幸运又幸福的人，从孩提时代开始就是。那时候我还不认识保拉，事实上我见到女孩子都会脸红。我的偶像是里卡多·博奇尼——另一个意大利移民的后代（他的爷爷来自巴勒莫），他为独立队打进了97个球，他是如此和蔼，以至于比赛后愿意停下来为我这样木讷的孩子签名。

我有一些朋友，大多数都是商人，他们为我的耐心感到惊奇，因为我愿意满足每一个球迷的签名、合影要求。我的人生哲学是：只要我们内心平静，一切都有时间。当然，里卡多·博奇尼作为儿时的偶像，也给我留下了至深的印象：对一个来自南港的穷小孩来说，博奇尼的传奇性可以与历史书上希腊的亚历山大大帝（Alessandro Magno）、罗马的凯撒大帝（Giulio Cesare）相提并论，他是穿着红色球衣，在球场上攻城略地的“国王”。不论在什么情况下遇见球迷（尤其是孩子），他都会停下来。在科莫、在梅阿查球场，我都心甘情愿地为球迷签名：停下5分钟改变不了你的生活，却能够给许多球迷带去快乐。

有一天晚上，有人对我说，在独立队的荣誉簿上，刚好缺少了两座金光闪闪的奖杯：1964年和1965年，他们在洲际杯决赛中输给了同一支大洋彼岸的球队——一支叫国际米兰（Internazionale di Milano）的球队。那些年纪比我大的队友，在俱乐部资料室，在那些像衣柜一样大的黑白电视上，看过那几场比赛的录像。1964年9月9日，独立队在“双层遮雨板”战胜了国际米兰，进球的是罗德里格斯（Rodriguez）。9月23日，国际米兰在米兰城的次回合比赛中2：0翻盘，进球的是马佐拉（Mazzola）和科尔索（Corso）。在那时候，还没有比较净胜球的规则，两支球队必须择日重赛。当时的国际米兰主教练是一位神似塞万提斯笔下人物的教练，一个改写了足球历史的阿根廷人：埃伦尼奥·埃雷拉（Helenio Herrera）。重赛在中立球场举行，最终确定是马德里，时间在9月26日。在一场让人窒息的拉锯战之后，左边锋马里奥利诺·科尔索（Mariolino Corso）在第110分钟，为国际米兰攻入了绝杀进球。

第二年，国际米兰再次夺冠，这一次他们没有输球。国际米兰主场依靠佩罗（Peiró）梅开二度和马佐拉的进球，3：0完胜独立队；客场在布宜诺斯艾利斯则是打成了0：0。那时候正值“大国际米兰时代”，五六十年代出生的意大利小孩对那支球队的阵容耳熟能详，在著名导演纳尼·莫雷蒂（Nanni Moretti）拍的一部电影中，主角在升学考试时口中反复念叨的是“萨尔蒂（Sarti）、布尔尼奇（Burgnich）、法切蒂（Facchetti）……”

国际米兰和独立这两支球队，无论球场内外，都有着“疯狂”的名声。那两场洲际杯决赛就留下了一些疯狂的画面：1964年的首回合比赛，边后卫罗兰（Rolan）腿断了，独立队竟然以10人取胜①；第二年的次回合客场比赛，国际米兰的球员们在球场上被独立队的球迷们扔石头。2013年，独立队遭遇了历史上最大的悲痛，降入阿根廷乙级联赛，我为他们保级呐喊到了最后一刻。国际米兰，我的国际米兰，却是意大利唯一一家（也是欧洲少数几家）从没有降过级的球队。

我对独立队的激情，对红色球衣的向往，在“双层遮雨板”看球时的兴奋，在一个阴郁的下午终结了，我已经把那段不愉快的经历从记忆里删除，现在能够回忆的只是一些片段。俱乐部的一名工作人员把我和父母叫到办公室，“这孩子太瘦，太矮了，你们自己摸摸他的胳膊。很抱歉，哈维尔·萨内蒂成不了职业球员，别说阿甲，连业余球员都没戏。”

---

① 当时足坛还没有引入替补球员的概念，如果一方有球员受伤下场只能够少打一人。

我的名字被从独立队青训营剔除了，我从小喜欢（现在还喜欢）的球队，亲口告诉我：你永远踢不了职业足球。当我在普雷迪奥训练基地看到那些玩命训练却不一定找得到球队的年轻人，就会想起儿时的我，想到那天下午我的绝望。别提“双层遮雨板”，别提博奇尼了，学习和打工成了我生活的全部。在南港，所有的孩子都要勤工俭学帮助父母。以前我课余时间都要去训练，现在我得帮父亲工作了。

我的生活就这样改变了：每天早上，父亲5点就起床开始工作，他会让我多睡一个小时，6点才叫我起床。他为我做好早饭，看着我吃完背起书包出门，从窗口经过时我必须和他挥手告别，这是我们之间的默契。有一次，心不在焉的我竟然忘记了与父亲挥别，那一整天他的心情都不好，我从他的脸上可以看出来。

我与父亲之间从没有代沟，也没有隔阂，因此和他一起干活我从不感觉压抑。有一天早上，他没有让我早早去学校，而是悄悄地在我耳边说：“哈维尔，和我去挣点儿面包钱吧。”那时候，父亲每赚200块钱，都要存100块，“我们得知道积蓄，因为总会遇上困难时期的。”

父亲知道，街上很乱，许多年轻人都和黑帮、毒品牵扯不清，“哈维尔，你得注意身边的朋友。”那时候有一些大一点儿的孩子，总是拿大麻诱惑小孩子，但我从未想过去尝试。我庆幸从小在家里所受到的教育，父母的每一句教导我都牢记在心中。

即使后来名利双收，我也没有迷失自我，这都是父亲鲁道夫和母亲维奥莱塔的功劳。他们从小就让我知道，荣耀都不是实实在在的，而是海市蜃楼，只有工作和家庭能够真正让你充实。足球让我成为了名人，但在本质上我和普通人没什么不同。我不能够因为自己在球场上踢球，其他人在看台上看球，就觉得高人一等。90分钟的比赛结束，回到家里，我们都是一样的人。

我成了一位熟练的工匠，有时候给砖头涂水泥，有时候用瘦小的胳膊提一桶石灰，这倒有点儿像原来独立队的教练让我们提拉哑铃。每天我都累得精疲力尽，但是我从不抱怨。我们有一辆20世纪80年代的雪佛兰，美国最常见的那种皮卡车，父亲把它改装成一辆多功能小卡车，我们每天在车上吃午饭。那时候我身高不足1.5米，体重不到45公斤，瘦小得像一只小鸟。

在被独立队抛弃之后，爸爸妈妈把我带到了皮卡卢加（Piccaluga）医生那里。他摸摸我的四肢，检查了我的喉咙和内脏，“这孩子没生病，但是你们得保证他的营养。”他知道我们家很少能够吃上牛排，于是推荐了兵豆、鹰嘴豆、牛奶这些廉价营养品。尽管家境不宽裕，母亲还是会尽可能地给儿子多弄些他最爱吃的牛排。

父亲鲁道夫不断地对我重复：“孩子，你现在很瘦小，但是迟早会长大的，只要你放开吃，努力工作，肌肉会长起来的。”为了让我有饭吃，他日复一日地在脚手架上攀爬，挥舞着锤子、铲子，汗流浃背，我明白了父亲为我所做的牺牲。

和哥哥安德烈斯一样，父亲对贝隆总统有一种特殊的感情，“关于贝隆总统的谣言很多，但至少他始终和劳动人民站在一边，关心我这样的普通工人。你的妈妈小时候没有玩具，贝隆和艾薇塔（Evita，贝隆夫人）决定为全国的女孩每个人发一个洋娃娃。无论后来发生了什么，工人们始终都站在他们那边……”

父亲还用他嘶哑的声音，一遍又一遍地教我胡戈·德尔卡利尔（Hugo del Carril）的《贝隆主义进行曲》：

贝隆主义的同志们，
大家联合起来，

唱起那首永恒的赞歌，

贝隆万岁！贝隆万岁！

为了一个伟大的阿根廷，

为了伟大的人民，

让我们携手奋进，

贝隆，贝隆，

伟大的将军。

你是我们的一员，

贝隆为劳动人民带来希望，

请和我们一起高唱，

贝隆万岁！贝隆万岁！

我从没有投身政治，无论在阿根廷还是意大利，但是我从父亲那里知道，人们应该享有知情权，了解身边发生的事情，有捍卫自己观点的权利。有一天我问妈妈："你真的领到过一个洋娃娃吗？""只有贝隆总统会送给全国的女孩洋娃娃。"

有一天，爸爸毫无征兆地问我："哈维尔，你长大后想干什么？和我一样吗？你不想再碰足球了？"在被独立队抛弃后，我从没有向他袒露过心扉，也没有向妈妈说过什么，这一次我低声说："他们都说我太瘦了，我还想当球员，但是没人要我。"

我父亲摸了摸我被太阳晒得黝黑的胳膊，说："你变强壮了。每一次我们上上下下搬水泥时，你都在锻炼肌肉。照照镜子吧孩子，你已经是个男人了。"

看到我眼神中的犹豫，他又说："孩子，人难免遇到挫折。如果你在第一个挫折面前就踟蹰不前，那你怎么面对以后更多的困难呢？阿根廷的孩子是很幸福的，有这么多球队可以选，去试试吧。”他拿出一块卷成一团的抹布，做了一个过人的动作，然后把它踢进两根水泥柱之间，他冲过来边庆祝边说：“我原来是门将，总是弃门进攻，进球。”我终于笑了出来，感觉自己又重新有了勇气。

那一天后，我并没有马上行动，生活照旧。不过每天的工作结束后，当伙计们都回家去了，爸爸会边收拾工具边和我说：“你爱足球，你要回到球场去。别被第一个挫折击垮了，我的儿子都很棒，我信任你就像信任塞尔吉奥。”

我多么想对他说（但我不能）：“爸爸，我想成为职业球员，因为我想赚很多钱，这样你就不用当辛苦的建筑工人，妈妈也不用去别人家搞卫生，我想让你们享受一下人生。爸爸，您已经50岁了，只要我一赚到钱，我就要让你退休，还会为你买很多有趣的礼物。这些都是我在独立队青训营的梦想，可是已经化为了泡影。现在我能为你做的，就只剩下分担体力活了。”

许多年以后，当我已经是阿根廷国家队和国际米兰的队长，我才亲口感谢父亲：“如果不是你当砖瓦匠养育我，如果不是你的谆谆教导让我重新回到足球场上，我永远不会成为一名职业球员。”这段话，我是在新家二楼的房间里对父亲说的，那时候我的母亲刚去世不久，我十分担心父亲。在父亲卧室的墙壁上，挂着一件西班牙人体育队①的球衣，球衣的主人是我的大哥塞尔吉奥——在20年的职业生涯中，他先后效力于阿甲的西班牙人体育队和竞技队；还有一件球衣则是蓝黑色的，那当然

---

① 西班牙人体育俱乐部是阿根廷的一家足球俱乐部，长期在第二级和第三级联赛中摇摆，2003年曾经一度破产。

是属于我的国际米兰球衣。记者能够根据荣誉的多少，在两位球员间分出高下，但是在一位父亲的心里，儿子是没有高低贵贱之分的。

安静地听完我的感谢后，父亲却连连摇头，“你记错了，是你妈妈和塞尔吉奥说服你的，不是我。”

塞尔吉奥，很久以后成了国际米兰青年队的主教练，那时候他底气十足地向他踢过的球队塔勒莱斯（Talleres de Escalda）推荐了我，他们的球衣是红白色的，球队坐落于雷梅迪奥斯·德·埃斯克拉达区（Remedios de Escalada）。用方言来说的话，这支球队叫塔拉里纳斯（Tallarines），与一种意大利面同音。虽然没有多大名气，但是这支成立于1906年的球队是阿根廷足坛最古老的俱乐部之一。

一些企业的经理，无论在球场里还是在电视访谈节目中，总是喜欢问：“你们球员如何处理输球和赢球的压力？你们要兼顾自己的表现和球队成绩……”我总说：“你要相信自己，相信自己的付出，踢球时也不要被输赢所左右。”

我是在塔勒莱斯试训那一天悟出这个道理的，给我打分的是一个叫诺贝托·德安杰洛（Norberto D’Angelo）的教练。如果我一直想着在独立队的失败，想着在砖头和水泥间度过的一个个下午，我的双腿一定迈不开。事实上，那天我的耳朵里只有德安杰洛教练的命令，我默默照做，汗流浃背。我的表现完美不已……

教练看我每次出球都干干净净，说道：“哈维尔，我正在为阿根廷18岁以下国家队找好苗子，备战奥运会。只要你加油，一定是他们中的一员。”你们想象一下，一个差点儿踢不上球的孩子，听到这些话该有多么兴奋。德安杰洛教练的话没说完：“哈维尔，你听着，我的手下有很多天才，也有很多叫哈维尔的孩子，可能四个或者五个，这样子我没办法带队……”

我有点儿不知所措，“教练，那我能干什么呢？”

“很简单，是你兄弟带你到塔勒莱斯来的，他原来在这里踢球时我们叫他Pupi，好像这个外号是他女朋友给他起的，好像我听到过‘我爱你，Pupi’的加油声。不管怎样，现在他已经走了，Pupi从今往后就是你了。”

在那一天前，我的名字都是哈维尔·阿尔德马尔，家里叫我哈维（Javi），但是当教练给我取名时，我什么都没说，那感觉有点儿像骑士在圆桌上获得封号。我又在球场上奋斗好多年，才获得了“队长”的称号，但Pupi从那一天开始，就成为了我人生的符号。PUPI也是我慈善基金会的名称。

保拉经常笑话我：“Pupi是爱人之间一种甜蜜、柔软的昵称，可你却把它变成了刚毅的、像一个斗士的名字。可能‘拖拉机’这个外号更适合你，因为你在球场上永远不知道累。不过，你在家里永远是哈维尔，或者哈维。”

塔勒莱斯每天的训练都很辛苦，我渐渐感觉到有些吃力。这时德安杰洛教练走过来问我：“Pupi，你怎么每天都气喘吁吁的？你每天训练完以后还要打工吧？”

“是的教练，我得补贴家里，来这里训练以后，家里的开销更大了。”

“你在做什么工作？”

“牛奶派送员。”

“什么？”

“教练，我没有帮爸爸干砖瓦匠了，那实在太累，现在我在帮我的堂哥卡洛（Carlo）。我爸爸有14个兄弟，我的堂哥们可以组成好几支足球队。卡洛在一家奶牛场工作，我们每天天不亮就开始工作，送鲜牛奶、奶酪、酸奶，接着我去上课，下午我过来训练。”

德安杰洛教练是一位细心的人，他也是意大利后裔，有意大利人的热心肠。他满脸慈爱地看着我，说道：“那你每天睡觉睡多久呢？明天来办公室找我吧……”

第二天，我来到他的办公室，桌上放着一份油墨未干的合同，“Pupi，在上面签个名吧。”

2013年，我的基金会组织了一场慈善比赛，对手是塔勒莱斯，俱乐部现在的主席把那份原版合同送给了我，现在它就在我家中的餐桌上。有一天，我的孩子们会理解这份合同对我们这个家庭意味着什么：塔勒莱斯俱乐部与哈维尔·阿尔德马尔·萨内蒂商定，前者每月支付后者230比索，每赢得一场比赛还需要给后者支付50比索。塔勒莱斯主席佩德罗·卢凯达（Pedro Luchetta）。

我当然还不是马拉多纳，但是至少我不用再在脚手架边搬运水泥，也不用半夜起床送奶。从现在开始，“Pupi”萨内蒂唯一的任务就是踢足球。

不过，如果你们以为我的生活只发生了这一点儿改变，就错了。塔勒莱斯的全名叫塔勒莱斯竞技俱乐部（Club Atlético Talleres），除了足球，他们还有室内足球、手球、体操、乒乓球、武术和篮球队。就是在篮球队里，我发现了一个年轻的金发姑娘，她的父亲安德烈斯·德拉·富恩特是一位俱乐部官员，一位十分关心阿根廷政治的知识分子，他的妻子莫妮卡（Monica）是一位心理医生，他们一直在寻找一种保护青少年的方法，教给孩子正确的价值观，帮助他们融入社会。

安德烈斯和莫妮卡时时刻刻关心着他们的女儿保拉（Paula），就是那位让我心动的女孩，她是塔勒莱斯女子篮球队的核心后卫。保拉那时候15岁，从没有看过一场足球比赛，突然有一天她对父亲说："爸爸，你们足球队要踢客场，在莫隆……"

"你怎么知道的，女儿，你现在也对足球感兴趣了？"

"不，怎么会呢！相信我，爸爸……我不喜欢足球，只是我闺蜜，她想看你们队的一个小伙子踢球……是我闺蜜，不是我……"

第四章

保　拉

有一个词我以前从没有听过——准男朋友（amigovio），这个词语我不知道用外语怎么表达。发明这个词的是安德烈斯·德拉·富恩特，他是保拉最传统、最严肃的父亲。

安德烈斯是塔勒莱斯俱乐部负责青训的经理，他想尽一切办法保护手下的孩子们，无论是在球场上还是生活中。

这一次我遇到的麻烦，可不是轻而易举就能够解决的。我，哈维尔·阿尔德马尔·萨内蒂（外号Pupi），当时19岁，我不再是那个瘦弱的、被独立队判定为“当不了球员”的孩子。如今我的身高达到了1.78米，体重75公斤，已经是一个棒小伙儿，极有希望入选阿根廷21岁以下国家队。她，保拉·德拉·富恩特（Paula de la Fuente），金发，丰满，乐观，聪明，充满活力，她在球场上、在朋友们的舞会上，都像一个精灵，不过现在我得说声抱歉，那时候她只有14岁。

“如果这件事发生在美国，你直接就进监狱了。”现在每次家庭聚会，安德烈斯都会拿这个开玩笑。“一个19岁的小伙子追一个还没有完全发育的女孩子，我能说什么？那个女孩还是我女儿。”

就这样，保拉家里人否决了我们正式恋爱的可能，我只能是她的“准男朋友”。

那场比赛在莫隆——一个距离塔勒莱斯咫尺之遥的街区进行。安德烈斯经不住保拉的请求，终于带她来到客场的看台。我很快出卖了她，在球场上向她招手。

关于那场比赛，安德烈斯是这样说的："那天来客场的不到20个人，我是青训营的负责人，所以算是哈维尔的老板，我身边有5个年轻的孩子。哈维尔的表现有点儿奇怪，向我们这边招手。我对保拉说：'我觉得萨内蒂是在向你打招呼。'她说：'你说什么啊，爸爸，他在问候我的闺蜜。'其实我猜到了一切，哈维尔准是在追保拉，一个14岁的姑娘。"

如果你们问保拉（她是个直接、豪爽的人）她对我的看法，她绝对语出惊人："大伙儿都叫哈维尔队长和绅士，是因为他们没看到哈维尔恋爱时的样子，说实话连我父亲都不知道。在那次客场比赛之后，他很快就吻我了——在我们第一次约会的时候。没有任何的铺垫，比如说巧克力、玫瑰花、小提琴曲，就像电影里那样。那是一个结结实实的吻……他一定以为，自己是第一个吻我的男人，我没有告诉他，我这个'娃娃'其实已经接过几次吻了。我们不是活在维多利亚时代了，我那时候已经懂事了，知道自己喜欢什么。他有时候笑话我：'你这么小，在球场上除了控球后卫打不了其他位置。'他这么说，一半是玩笑，一半是因为他也是运动员，明白控球后卫只有保持清醒的头脑，才能在长人如林的篮球场上拥有一席之地。我的头脑永远是清醒的，生活单纯得只有学校和球场。我家里那时候不算有钱，我妈那时候照顾一些有学习障碍的孩子，我爸则在大学教书，还带年轻的球员。他们很有社会责任感，会为阿根廷的危机着急，为任何看到的不公愤愤不平。"

"我的兄弟们，"保拉继续说，"他们也踢球，和哈维尔年纪相仿，他们告诉我自己的球队里有个玩命训练的男孩，不是为了在女孩们面前出风头的那种玩命。有一天，我的朋友罗伯托·贝萨索（Roberto Besasso）带着他的妹妹来接我，后排坐了一个干净、清爽的男孩。很快我又碰到了那个男孩，后来我知道他对我一见钟情。我却相反，是花了很长时间才接受他的。在好几个月的时间里，贝萨索老对我说：'保拉，哈维尔想见你。'潜移默化中，我们终于走到了一起，那是1992年11月。

"不过，我得征求一下妈妈的意见。有一次我们聊天的末尾，我轻描淡写地说：'妈妈，我交了个男朋友。'

"'他多大？'妈妈问，她知道我平时接触的男生都是练体育的，'他是1978年、1979年还是1980年的？该不会是你哥的队友吧？'我的大哥塞巴斯蒂安（SebastiÁn）是1976年的，比哈维尔小3岁，这让我有点儿难为情，'妈妈，哈维尔·萨内蒂是1973年的。你千万别告诉爸爸，要不他会杀了哈维尔的。'"幸好保拉的妈妈是站在我这边的……

许多年以后，有人告诉我，阿根廷解放者何塞·德·圣马丁将军（按照当时的风俗），迎娶了他15岁的爱人雷梅迪奥斯·德·埃斯卡拉达（Remedios de Escalada）。如果我早知道这个故事，一定能够给安德烈斯留下一个好印象。

我爱保拉，从我的准女朋友、女朋友、妻子到我孩子们的母亲，我们的生命早已交织成一条线，我习惯了她的一切，除了一个习惯。有一条谚语说"时间就是金钱"，照这个说法，我就是守财奴中的守财奴，我在前面说过，我无比珍惜时间，希望每一分每一秒都不浪费。可是对保拉来说，时间却不是一个严肃的问题。

你们都很好奇我和保拉第一次约会的场景，那时候我19岁，她14岁。在这种事情上，男人的话总是不让人信服，那么你们听听保拉是怎么说的吧。

"说哈维尔第一次约会就亲吻我了，其实是不准确的，因为我们的第一次约会没有成功……哈维尔坚持说那次是我的错，因为我迟到了。但我觉得他没有一点儿绅士风度，竟然为了训练放弃了第一次约会的机会，天知道那天他几点才从训练场回家。约会的地点也不由得让我吐槽：布宜诺斯艾利斯可是一座浪漫之城，哈维尔没有选巴勒莫区那些装潢古老、典雅的酒吧，抑或是如梦如幻、谋杀游客无数菲林的卡米尼朵街。我想哈维尔那时候从没看过浪漫的爱情电影，因为他选择了一个公交站作为我们初次约会的地方。”

“也许有一天索尔（萨内蒂和保拉的小女儿）会问我：‘妈妈，爸爸第一次约你在哪儿见面？’我只能说：‘宝贝，在一个人头攒动、弥漫着喇叭声和汽车尾气的地方。时间？看不了日出和日落，下午2点45分……’”保拉继续道，“哈维尔告诉我约会的时间后，我就猜到那是他上午下午训练之间唯一的间歇。傻子都知道，女孩子在约会前一定要把自己打扮得漂漂亮亮的，所以迟到一点儿是天经地义的。我大概是3点15分到车站的，那时候哈维尔连鬼影子都找不到了。那时我们也没有移动电话，打公用电话我又不知道他的号码……我猜他回塔勒莱斯训练基地踢球去了。这是我们交往的‘处子秀’，哈维尔表现得糟糕极了。”

在球场上，我想的是另外一些事情。在塔勒莱斯青年队踢了一年阿根廷第四级别联赛后，1992—1993赛季我被提拔到一线队，参加阿根廷足球乙级联赛。我作为职业球员的第一场比赛，是在1992年8月22日：我们队与中科尔多巴竞技学院队（l'Instituto Atlético Central Córdoba）比赛进行到第80分钟，我替补米格尔·安赫尔·弗雷特斯（Miguel Ángel Fretes）出场，那场比赛我们2：1取胜。1993年3月20日，我攻入了职业生涯的处子球，不过我们队与阿森纳德萨兰迪队（l'Arsenal de Sarandí）1：1战平。那个赛季，塔勒莱斯队最终在22支球队中名列第

14，我一共踢了33场比赛。

那个赛季快结束时，传出了班菲尔德队（Banfield）对我感兴趣的消息，当时他们很有希望升级。我听到这则消息也很兴奋，因为我终于有机会踏上最高水平的赛场，向放弃我的独立队证明，他们错了。不过，参与转会的各方告诉我，先不要声张，因为当时班菲尔德队与科隆德圣塔菲队（il Colón de Santa Fe）同积56分，正要进行升级附加赛。

两队的这场升级附加赛于1993年6月23日在科尔多巴的卡雷拉斯城堡球场①举行，双方球迷剑拔弩张。班菲尔德与塔勒莱斯有无数历史恩怨，因此塔勒莱斯的队员们当天都成了科隆队球迷。在我心里，却盼着班菲尔德取胜，因为那样我就能够踢上阿根廷甲级联赛了。不过我又不能在队友们面前表露出来，那样我就成了叛徒。那是我看过的最煎熬的比赛之一，直到今天都是，各大报纸评论称之为阿根廷足球历史上最富悲剧性的比赛之一。直到今天，班菲尔德的球迷们仍然在论坛里怀念那场比赛，而科隆队球迷则视其为永远的禁忌。

90分钟常规时间内，两队以0：0收场，第一个悲剧情节是科隆队罚失了一粒点球。就在队员们扼腕叹息的时候，我却在心里喊了一句“万岁”。接下来的点球大战，考验了所有人的承受能力，当然包括我。科隆队两次取得领先，离升级只有一步之遥，可两次班菲尔德都神奇地扳了回来，最终一击致命。我的队友们一个个垂头丧气，唯独我的心里徜徉着幸福，我升级了！唯一和我分享这个秘密的人，是保拉。

在班菲尔德等待着我的，是两位严厉的教练，两位奥斯卡——奥斯

① 原文注：科尔多巴的卡雷拉斯城堡球场（Stadio Chateau Carreras di Córdoba），现在那里已改名叫马里奥·阿尔贝托·肯佩斯球场（Mario Alberto Kempes）。

卡・洛佩斯（Oscar López）和奥斯卡・卡瓦列罗（Oscar Cavallero）。对于喜爱以盘带和过人出风头的年轻球员来说，他们简直就是“杀手”。他们在西班牙人体育队调教过我的大哥塞尔吉奥，因此我了解他们的风格。20岁的我，已经准备好迎接新的挑战了，我感觉自己既幸运又幸福。

第五章

成　名

成为公众人物是许多人梦寐以求的：政治家、著名学者、演员、歌手，还有我们体育明星，这些职业代表了名与利。我不虚伪，被球迷众星拱月是幸福的，满足孩子们签名的要求也令人开心。我只是不希望公众人物为了维护自己的形象惺惺作态，被自己的一个标签弄得身心俱疲。

无论在电视还是报纸上看到我自己的新闻，“哈维尔·阿尔德马尔·萨内蒂，国际米兰和阿根廷国家队4号，队长”，这些介绍让我熟悉却又陌生。当然，这是我：我的发型、球衣，“拖拉机”式的奔跑，无论成功还是失败时给队友的鼓励。不过这又不是我的全部，而只是一部分，非常重要的一部分。哈维尔·萨内蒂，队长，真的这么睿智，这么友善，永远像帕尼尼贴纸上一样彬彬有礼，让孩子们爱不释手吗？

“从某种意义上来说，从某种意义上来说”（Up to a point，up to a point），这是一位德高望重的教练的口头禅，我和这位教练关系融洽，因为我无比尊敬他，我说的是我遇到过的唯一一位英国教练——罗伊·霍奇森（Roy Hodgson）。从某种意义上来说，Pupi从来不犯错误，不信你们可以听听我爸爸是怎么说的：“Pupi从小就特别乖，无论在球场上还是学校里，他都是个棒小伙儿。但他也有调皮的时候，非常调皮。有一次我们一家人一起上街，哈维尔却忽然间不见了。我和维奥莱塔还有他大哥塞尔吉奥心急如焚，到处寻找，可就是看不见他的影子。我们的嗓子都喊哑了，维奥莱塔眼眶都湿了。那时是阿根廷的动乱时期，街上有许多人贩子。就在我们走投无路准备报警时，哈维尔却不知道从哪个角落里钻了出来，一根头发都没有少。原来他偷偷躲在一个空水箱后面，只为看看家人找不到他时焦急的样子。这真让人难以置信，因为他平时是个最乖的孩子，可一旦他调皮起来……我觉得他今天还是这样。"

我的妈妈维奥莱塔——可惜她已经不在了，她曾经和朋友说："在学校里、在足球场上、在教堂里，哈维尔都是孩子们的榜样，作为母亲，我没法再要一个更好的儿子了。但是如果我把他关在家里，就像下雨天……他会把袜子绑成足球的样子，在我的梳妆台上画一个球门，然后和哥哥塞尔吉奥一起，与一些想象的对手进行比赛。我们的家里是不允许踢球的，鲁道夫花了很多心血才把我们家布置得井井有条，他受不了孩子们把家里搞得一片狼藉。你们可能想象不到，一个袜子做成的足球的杀伤力有多大，要知道我的孩子后来成了全世界最出色的球员之一。那时候，我家里经常莫名其妙地丢东西，有时候是个花瓶，有时是件挂饰，哈维尔射点球能够轻松地将那些东西打碎，然后他们会把残骸都藏到储物间。还有的时候，他们神不知鬼不觉地就能溜出家门，去迪士尼球场。哈维尔是个天使，但一旦碰到足球他就可以变成魔鬼。"

意大利前锋安东尼奥·卡萨诺（Antonio Cassano）被认为是足球场上最古怪的球员之一，曾经身披过罗马、皇马、AC米兰以及国际米兰的球衣——足迹竟然遍布如此之多的欧洲豪门。他在场外的"成就"也引人注目，以至于人们专门发明了一个词——"卡萨诺式玩笑"（cassnat），这个专有名词代表了他的一切让对手、队友、球迷、媒体无法预料的行为。对我来说，安东尼奥是个真诚的小伙子，他的确有时候举止不当，但那就是他的性格，他从来都是想什么说什么，在内心深处他是善良的。那年夏天他加入国际米兰，和我们回到阿皮阿诺·詹蒂莱训练基地（Appiano Gentile）——一座由安杰洛·莫拉蒂修建、马西莫·莫拉蒂扩建的现代化训练基地，却发现队里有一群爱开玩笑的人，其中为首的就是我。

安东尼奥有些意外，于是他找到我的妻子保拉，用他那浓重的巴里老城口音说："你好保勒（拉），国际米兰的恶作剧之王应该是我，但是你的丈夫把我打败了。不过，'萨内蒂式玩笑'（zanettate）从来不会登上《米兰体育报》的头版，这太不公平了，太不……"话还没说完，他已经笑得手舞足蹈。从那之后，我们联手搞了几次经典恶作剧，这几个玩笑也许会改变我在球迷们心中的形象。

我们最经常捉弄的对象是长友佑都（Yuto Nagatomo）——国际米兰和日本国家队［阿尔贝托·扎切罗尼（Alberto Zaccheroni）教练率领他们获得了亚洲冠军］最稳定的后卫。长友佑都2011年初由切塞纳（Cesena）加盟国际米兰，由于整个意甲都没有什么亚洲球员，长友佑都很大程度上担任了一种文化使者的角色。加盟的第一天，他恭恭敬敬地来和我打招呼，叫我队长。我十分认真地对他说："长友，你是我们的新人，你得遵守传统，给队友们留下一个好印象，不是吗？"

我不会说日语，而长友佑都那时候刚开始学意大利语，于是我们之间的交流全靠几个英语单词以及大量的肢体语言。听了我的话，长友像个军人那样点点头，"是，队长，对我们日本人来说，传统是很重要的。"

"很好。"我继续说道，"我们这段集训很辛苦，今天晚饭后，你得在大家面前唱歌跳舞，而且事先不能通知大家，明白吗？"

"唱什么歌？跳哪种舞呢？"

"我不知道，长友，你自己决定。日本舞也许不错，还有日本民歌……最重要的是尊重传统，向老队员们致敬。”我的话让他摸不着头脑。

集训的业余时间里，全队都很放松，有人看书，有人看电视，有人玩桌上足球，有人打游戏，还有人和家人视频聊天，大家都有一点点无聊。长友佑都晚餐期间忽然站起来，载歌载舞，你们能够想象得到，当时看到这样的“表演”，我们的餐厅乐成了什么样子。

这是个善意的玩笑，帮助长友佑都融入了我们的集体，他表演完后大家都上去拍拍他肩膀，虽然语言不通，但是大家都看到了他的善意。长友佑都给我留下的另一个印象，是一丝不苟的态度，让我对东方文化充满好感。每次训练前，队友们都会向他鞠躬问候，他的回应是一个幅度更大的鞠躬。在梅阿查球场攻入自己的处子球后，他来到我面前敬了一个礼，这个动作被全世界的媒体反复播放，在网络上也引起了很大关注，全世界的球迷都为长友佑都的谦虚、礼貌鼓掌。

一名队长，如何才能够维持更衣室里的和谐气氛？是像斯坦利·库布里克导演《全金属外壳》①中的军士长那样咆哮吗？我从来不高声说话。也许有一次我严厉斥责过达维德·桑顿——一名我看着长大的年轻球员，那一次我感觉他在挥霍自己的天赋。我还善意地批评过一些天才，比如马里奥·巴洛特利（Mario Balotelli）和兹拉坦·伊布拉希莫维奇（Zlatan Ibrahimovic），通常天才都有点儿桀骜不驯，但是我和他们交流时永远心平气和。我的这种方法，一定是最好的。有些人可能想学习，如何才能够更好地与团队成员相处，试试我的方法吧：和伙伴说

① 《全金属外壳》（*Full Metal Jacket*）是一部描述美国海军陆战队与越战的战争片，导演为斯坦利·库布里克，被认为是电影史上最出色的战争影片之一。

话时，语速平缓，词汇要谦卑、礼貌，眉宇间不要展现出不耐烦或者厌恶。发怒和埋怨解决不了任何问题，那我们为什么不平心静气呢？

我这种性格最好的见证人，依然是我的妻子保拉，我们已经一起生活了20多年。每当有记者或者球迷在她面前夸奖我的性格时，她总会露出那招牌式的笑容——她的酒窝是我爱上她的重要原因。保拉的笑意味深长，对面的人有种被我的朋友罗伯特·巴乔（Roberto Baggio）晃晕的感觉。“你觉得Pupi永远是那样彬彬有礼吗？为什么你不让他开车带你出去转转，也许你会改变看法的……”

保拉指的，是我和那辆菲亚特147的故事，说实话我不知道在阿根廷以外有没有这款老爷车（在意大利从来没看到过），对年轻的我来说，那简直就像一辆法拉利。在那之前我唯一开过的车，就是爸爸那辆改装的雪佛兰。

布宜诺斯艾利斯的巴士从不准时，我也不好意思每次都搭朋友的顺风车，于是在塔勒莱斯拿到薪水后我就决定去报个驾校，问题是我一直没时间参加最后的考试。当我终于通过最后一个科目，把驾照拿到手时，我又发现自己对市区糟糕的交通情况束手无策：如果说意大利人已经不太遵守交通规则的话，阿根廷则可以说是守规矩的司机的噩梦，无论是横冲直撞的摩托车还是无视交通灯的行人，大家都依着自己的心情肆意行动。

每次开车上路，都是一段冒险，我拿着崭新的驾照，心里忐忑不安，我的一个朋友说：“Pupi，没问题的，周日的训练后我陪你出去转转吧。你开车，我在旁边指导，只要你学会和公交车抢道，上路就不成问题了……”为了了解真实的情况，还得听听保拉是怎么说的，听听她是怎么描述萨内蒂在公路上的处子秀的。我得提醒大家一下，我绝对不是方吉奥[①]或者舒马赫[②]。

“那天我们坐进车里后，我先给了他一个大大的微笑，一个14岁女孩特有的微笑。Pupi说，只要看到我的微笑，他什么事都愿意做。我不知道这是不是真的，但是那一天我就这么做了，因为我求他带我去一个朋友的派对。

“‘什么派对，亲爱的？’

“‘没什么，就是我一个闺蜜组织的，我早和你说过了，不是吗？她家离我们只有几步路……’

“‘开车去吗？’

“‘是啊，我们不是已经在车里了？Pupi，你已经考到驾照了啊，难不成我们坐飞船去？’”

说到这里，保拉打住了。我得补充一下我当时的想法：“我们可不是在我轻车熟路的南港，我们是在拉努斯，这里车流如织。可我又转念一想，反正没几步路，一脚油门就过去了。”

接着保拉继续道：“他一连打了好几次火，这才歪歪扭扭地上了路，走走停停。我发现朋友的房子就在不远处，于是对他说：‘看，我们到了，就在那条路上。’当时我们正在一条单行道上，我的意思是让他到前面的路口掉头，这样我们很快就到了。没想到哈维尔想到了更简便的方法，他直接变道，逆向驶去朋友的房子。我想当时的情况是他朋友

---

① 胡安·曼努埃尔·方吉奥（Juan Manuel Fangio），1911年6月24日—1995年7月17日，外号“El Maestro”（大师），是一位阿根廷赛车手，曾统治了F1运动的第一个10年，共赢得了5届F1世界冠军。

② 迈克尔·舒马赫（Michael Schumacher），1969年1月3日生于许尔特，德国一级方程式赛车车手，现代最伟大的F1车手之一，总共赢得7次F1赛季总冠军。2010年初，舒马赫正式宣布复出，加盟前身为布朗车队的梅塞德斯车队。2013年12月29日，舒马赫在法国阿尔卑斯山区滑雪时发生事故，头部撞到岩石，严重受创。

之前告诫过他要避免的——在我们身旁飞速穿过的摩托车，横冲直撞的巴士，闭着眼睛走路的行人……我闭上了眼睛，把命运交给了上帝，耳边充满了‘国骂’。我不知道过了多长时间，Pupi说：‘好了，我们到了。’就像完成了一件世界上最简单的任务。”

所以，你们的队长也有一些疯狂的举动，即使这些举动从来上不了报纸头条。

那辆传奇的菲亚特147，在这本自传中非常重要，不仅是因为它见证了我和保拉最初的甜蜜时光，还因为它载着我参加了阿根廷甲级联赛的第一堂训练课。那一天我小心翼翼地把车开到俱乐部的停车场里，不敢像平时在路上那样放肆。我刚准备下车，旁边就停下一辆马达轰鸣的本田：虽然那不是一辆玛莎拉蒂，但在我的“三手”老爷车面前，那简直就是一辆超跑。车门开了，走下来的是班菲尔德的主力豪尔赫·希门尼斯（Jorge Jiménez），球迷们都叫他“巡警”。现在，我们是极好的朋友（他让我做了他孩子的教父），但在那时候，他简直可以算是我的偶像。

我想等他走开再默默下车，没想到他先和我打起了招呼：“嘿，Pupi，Pupi。”他热情地拥抱了我，然后陪我来到更衣室，接着又一一为我介绍新队友，让我感觉像回到家中一样。老队员们轻松地开着玩笑，我则在一旁默默听着。“伙计，博卡青年买了一个边锋。”“听说竞技队的门将很强。”“独立队卖了那个后卫。”更衣室里的闲聊代表了足球的生命，任何一支优秀团队都从那里开始，一个可恶的对手、一场难以接受的失利，关于这些经历的交流能够团结起球队的每一分子。

第一次见到这群新的队友，我怎么都张不开口。我看着身上的新队服，怎么都不习惯它的颜色。“巡警”希门尼斯再次拍拍我的肩膀，“Pupi，我们走吧，训练要开始了。”

我升入阿甲的第一堂训练课，晴空万里无云，太阳照得我有点儿睁不开眼。我的两位新教练——奥斯卡·洛佩斯和奥斯卡·卡瓦列罗——安静地坐在场地中央，每个人的屁股下面都有一个足球。由于执教过我的大哥，他们甚至知道我外号的来历。

他们看着我，开始你一句我一句地说起来，那感觉真有点儿像唐老鸭里的台词，让我应接不暇。“你有信心踢甲级联赛吗？”

“我们这里需要勇士，你有勇气吗？”

我不知该怎么回答这些问题，只是低着头，嘴里支支吾吾地说：“是……”

“听着，我们不会拐弯抹角。我们看好你，Pupi！”

“俱乐部考虑了很多边后卫，有河床的也有博卡的。”

“但说到边后卫，我们只考虑了你。”

“明白吗？”

“加油！”

洛佩斯和卡瓦列罗是那种真爱足球的教练，和弱队比赛时他们只会穿着俱乐部发的训练服，但是如果对手是河床、博卡这些第一阵营里的球队，他们的装束便一丝不苟——西装、领带、皮鞋。“教练，”我忍不住问，“你们今天为什么穿得如此高雅？”他们说：“Pupi，今天我们过节——足球节。”

那时的足球比赛确实有一种节日气氛，有点儿像阿根廷作家奥斯瓦尔多·索里亚诺描述的那样，一个点球就可以耗费一天又一天的时间。即使在阿甲的球场里，我还是能够感受到和迪士尼球场一样的纯粹踢球的快乐。

一天，我和队友胡安·何塞·罗西（Juan José Rossi，外号Yaya）、阿列尔·科佐尼（Ariel Cozzoni，外号小猪La Chancha）一起

在更衣室里换球衣，卡瓦列罗对我说：“伙计加油，去训练吧。”可到了训练场铁门前，他们却没有进去。

“你们去干什么？训练要开始了。”我问道，带着一点儿新人的胆怯。

“今天我们不用训练，我们去菜场。”

“菜场？你们去那儿干吗？”

“Pupi，今天是球队聚餐的日子，我们要准备各种烤肉。你好好酝酿一下，会有很多好吃的肉、香肠还有鱼。”

我带着疑惑开始了训练，洛佩斯也许看出了我的心事，“加油Pupi，跑到你的肚子咕咕叫为止，然后我们就吃晚饭。”

类似这种聚餐不是放松职业要求，而是一个凝聚团队成员、增强队友们友谊的机会。我和瓦尔特·萨穆埃尔、埃斯特万·坎比亚索（Esteban Cambiasso）以及其他许多冠军队友一起，试图营造一种相似的氛围：每当感觉到更衣室里有一种无形的压力时，我们都会在训练基地支起烤架，让木炭炙烤肉类的香气弥漫，带走大家脸上的阴云。也许接下来的这些话，会让某些人误认为我是更衣室的元老院成员，但我还是想说。

最近几年，我看到很多青年队的孩子已经开着豪车来训练，身上挂满了奢侈品。在我年轻的时候，能开新车的球员都没几个。直到踢上甲级联赛，我都还乘公交车去球场。

如果要找一场让全阿根廷球迷都认识我的比赛，那就是班菲尔德与博卡青年的比赛。有位发小想来看我们的比赛，于是我和他一起从南港走路去球场，一路上都是从四面八方涌来的球迷。我们走进了糖果盒球场，那也是他们赛季第一个主场。博卡的阵容中许多人后来都成了世界级球星。保拉那天刚好有场篮球赛，没能来球场为我加油。就像电影情节一样，无名小子哈维尔·萨内蒂一路带球，被我过掉的那些对手心里都在问“这小子到底是谁”，主场的球迷则只剩下惊叹“噢，天哪”。总之我过掉了博卡整条防线，帮助队友拉达埃利（Radaeli）攻进了一个最舒服的球。我未来在国际米兰的队友——“园丁”胡里奥·克鲁斯（Julio Cruz）也进了一个球，我们2：1取胜。

终场哨响起，我猜全场观众都想问“那小子到底是谁啊”。人生第一次，我被记者们包围，其中有一个记者对我说：“听着孩子，今晚有《第一足球》（*Futbol de Primera*，阿根廷著名足球电视节目，每一轮的阿甲联赛后关注焦点新闻，由于收视率下滑，已于2009年底停播），你被邀请参加了。”在阿根廷，这个节目的地位相当于意大利的《慢镜头》（*Controcampo*）和《足球周末》（*La Domenica Sportiva*），即便是那些大牌球星每年也难得上一次节目，而对我这样的菜鸟来说，这是个巨大的惊喜。我故作镇定地说：“好吧，谢谢，我会来的。”然后就去洗澡了。

在球场外，父亲鲁道夫拥抱了我，就像小时候来训练场接我一样，我们一起走向公交站。不过，公交车上全是博卡青年的球迷——我刚刚击败的对手。“对不起，你是刚刚给拉达埃利助攻的那个吧？天哪，你真棒。下个赛季加入我们怎么样？”有好几个人甚至想拿笔出来让我签名。和对手的球迷在一辆公交车上聊刚刚你击败他们的比赛，今天你还能想象这样的场景吗？

公交车司机在等红灯时忍不住插嘴道：“你是萨内蒂？你还在我车上干吗？你不知道周末街上堵死吗？这样你几点才能到电视台？广播里刚刚预告说你要上《第一足球》节目了。”

我和爸爸跑回家里，换好衣服。上节目前我还想打个电话，但是南港没几户人家里有电话，于是我去了一位邻居阿姨家，“您好，我能借您家的电话用一下吗？”我拨通了保拉俱乐部的号码，“亲爱的，我今晚要上《第一足球》节目，是的，电视直播。我是说，你想和我一起去吗？Ok，等我……”接着我又联系上另一个朋友，“伙计，以最快的速度开车过来。我们还要去帕斯街那边，保拉刚刚打完篮球，现在正坐公交车回家。”在布宜诺斯艾利斯嘈杂的车流中，我们看到了保拉飘逸的金发，我们使劲儿按喇叭，保拉终于听到了，她在下一个公交站下了车。我们三个马不停蹄地往电视台赶，我终于没有在人生的第一档直播节目中迟到。

晚上睡觉前，我希望这一天的经历都不是做梦。我是被妈妈摇醒的，“哈维尔，有辆车在等你。他们要带你去另一个体育节目，昨天你的访谈收视率很高。”半梦半醒间我就上了车，司机问道：“你真的是萨内蒂？”

“是的。”

“你看了这个没有？”他扔给我一份墨迹都没干透的报纸，头条用大写字母印着“萨内蒂10号”。

“孩子，欢迎你来到足球的名人堂，深呼吸，准备迎接新挑战吧。”司机用一种哲学家的口吻对我说。

在班菲尔德我度过了充实而又愉快的两年，那两年最让我快乐的一场比赛，就是著名的“萨内蒂家族德比”：我的班菲尔德迎战我哥哥的西班牙人体育队。对我来说，那两年没有留下任何遗憾，还是那句话，我幸运又幸福。

有一天，我家的电话响了，电话那头的接线员说：“是哈维尔·萨内蒂吗？请稍等，我们转给丹尼尔·帕萨雷拉（Daniel Passarella）。”

丹尼尔·帕萨雷拉？河床队的那名铁卫（2009年他成了河床主席），在阿根廷以外他效力过佛罗伦萨和国际米兰，更重要的是，1978年和1986年他两度帮助阿根廷队捧起世界杯（后一次他只是替补，据说因为和马拉多纳不和）。转线的等待似乎没有尽头，这时候听筒里传来一个沙哑的声音："Pupi？很高兴和你通电话，你这个赛季踢得棒极了。听着，我正在准备（1996年亚特兰大）奥运会，等我的召唤吧。继续加油。"

那时候的阿根廷国家队还是被豪门系球员所把持，博卡青年和河床几乎贡献了所有国脚。1994年世界杯，外号叫"科科"（El Coco）的主帅阿尔菲奥·巴西莱（Alfio Basile）带上了4名超级前锋——巴尔博（Balbo）、卡尼吉亚（caniggia）、巴蒂斯图塔（Batistuta）和迭戈·马拉多纳，迭戈后来因为药检呈阳性被禁赛。光有华丽的锋线是不够的，那届国家队在八分之一决赛中被格奥尔基·哈吉（Gheorghe Hagi）的罗马尼亚队淘汰。帕萨雷拉在那届比赛后履新，他的首要任务便是换血，于是我们这批年轻人的机会来了。我的国家队处子秀是1994年11月16日在圣地亚哥对阵智利队。那时候我22岁，我们以3：0取得了胜利。

那时候我想，我的职业生涯已经完满了。当时我并不知道，我还没有遇到生命之中最重要的俱乐部——国际米兰，我还没有听到国际米兰球迷们最喜欢喊的那句口号："爱她吧！"（Amala！）我说的，是1964年和1965年连续两次在洲际杯上击败独立队的那支国际米兰。

现在机会来了。我会穿上新买的西装，去到大西洋的彼岸。

第六章

新礼服

这一章的故事，是关于一套双排扣的西装，那套西装如今静静地躺在布宜诺斯艾利斯我家的一个衣柜里，上面已经布满了灰尘。西装旁边还有一条绣满飞马图案的领带，以及几双不那么合脚的鞋子。

那件西服的故事和一个“天使”息息相关。我说的这个天使，却被意大利记者起了个“污脸”的外号，因为他来自阿根廷。

1957年，意大利刚刚走出二战的泥淖，经济的高速发展让汽车、家电走入了寻常人家。菲亚特、维斯帕、兰布雷塔是年轻人最喜欢的兜风工具，而蓝旗亚和阿尔法·罗密欧则是富人们去球场看球的代步工具。所有的意大利人都在期待着罗马奥运会，因为这标志着祖国步入发达国家的行列。费德里科·费里尼（Federico Fellini）导演拍摄的《甜蜜的生活》（*Dolce Vita*），是对那个时代上流社会最好的写照：意大利的名流们开始过上好莱坞式光鲜亮丽的生活，每天沉醉在灯红酒绿的虚无之中。电影的男主角是一名小报记者，就是后来的“狗仔队”（paparazzo）。

在同一时期的阿根廷，意大利简直是最让人羡慕的国度，在意大利有亲戚的人想方设法去投靠。我的老前辈，同样来自阿韦利亚内达的温贝托·马西奥（Humberto Maschio），1957年加入了博洛尼亚（30年代这支球队建立了王朝，当时他们被称为“让全世界颤抖的超级球队”），是最早闯荡意大利的阿根廷球员之一。在同一个赛季，我的另一位前辈加入了尤文图斯，他就是1961年赢得金球奖的前锋恩里克·奥马尔·西沃里（Enrique Omar Sivori）。作为意甲的另一支劲旅，国际米兰必须向竞争对手的大动作做出回应，于是他们从博卡青年队买下了一名年轻前锋——安东尼奥·巴伦廷·安杰利洛（Antonio Valentín Angelillo）。

意大利记者们的想象力永远没有止境，他们把著名导演迈克尔·柯蒂斯（Michael Curtiz）的电影《污脸天使》（*Angels with Dirty Faces*，影片讲述了两位从小玩到大的好友，成年后却走上了完全不同的道路。一个成了虔诚的神父而另一个则加入黑帮，结识了一群狐朋狗友。在黑帮分子东窗事发后，善良的神父前往监狱探望，并决定帮朋友完成心愿）套用在这三名阿根廷球员身上。

"天使"安杰利洛（安杰利洛的名字Angelillo，在意大利语中意思是小天使）的人生本来就像一部电影，而且是费里尼和柯蒂斯风格的结合：1958—1959赛季，他创造了一项至今都没有人打破的纪录——以33粒联赛进球夺取金靴奖（当时意甲只有18支球队）。1960年，埃莱尼奥·埃雷拉（Helenio Herrera）教练来到国际米兰后，这两个阿根廷人之间却产生了不可调和的矛盾。埃雷拉教练治军从严，最不能忍受职业素养低的球员。安杰利洛虽然进球如麻，但记者们都知道，他几乎夜夜笙歌，尤其他与舞女伊利亚·洛佩斯（Ilya Lopez）的绯闻闹得满城风雨。最终，安杰利洛被卖到罗马队，遗憾地与那支拥有萨尔蒂、布尔尼奇、法切蒂，并且赢得了意甲、欧洲冠军杯以及世俱杯的"大国际米兰"失之交臂。

1994年，已经成为教练的安杰利洛又一次成为国际米兰的一员，受聘成为俱乐部球探，专门在阿根廷挖掘新星。第二年，国际米兰回到了莫拉蒂家族手中，安杰洛（老莫拉蒂）的儿子马西莫·莫拉蒂买回了俱乐部。球探们很快就摸清了新老板的喜好，开始源源不断地推荐那些技术精湛的前腰。

安杰利洛没有跟风，他向莫拉蒂推荐了绰号“小飞机”的塞巴斯蒂安·兰伯特（SebastiÁn Rambert）——一名出生于1974年的前锋，他当时效力于我最爱的独立队。在安杰利洛的球探报告中（是帕萨雷拉告诉我的），还有一个名字——“拖拉机”·Pupi·萨内蒂，“一个当不了10号，也不是前腰的后卫，这个小伙子心无旁骛，朴实低调”。

去国际米兰？我不敢相信，但是很快我听说双方连转会费都谈妥了：45亿里拉打包收购兰伯特和萨内蒂。国际米兰梦想塞巴斯蒂安进球后做出滑翔机的动作庆祝，而我能为队友们补防对手最危险的前锋。在足球世界中，似乎没有帕萨雷拉不知道的消息，最后他又把他知道的一切都告诉了我。是的，我从班菲尔德转会到了国际米兰。1995—1996赛季，我和兰伯特成了国际米兰新主席马西莫·莫拉蒂完成的第一笔收购。

我马上就要讲述那套西装的故事，但在那之前，请允许我写下一段关于命运的感悟。

曾几何时，每一支豪门球队都有一面“旗帜”，我说的是那种一生几乎只效力过一家俱乐部的球员：就像法切蒂之于国际米兰，贝利之于桑托斯，贝肯鲍尔（Beckenbauer）之于拜仁，布赖恩·罗布森（Brian Robson）之于曼联，马尔蒂尼之于AC米兰，德尔·皮耶罗（Del Piero）之于尤文图斯，托蒂（Totti）之于罗马。不知从何时开始，足球进入了“候鸟时代”：伊布拉希莫维奇效力过尤文图斯、国际米兰、巴塞罗那、AC米兰、巴黎圣日耳曼，他在每一家球会都是王牌，但是从未成为旗帜人物。那些天赋异禀的球员，往往也是没有根的球员——罗伯特·巴乔，我的好朋友，也是我无比尊重的天才，职业生涯却居无定所，效力过佛罗伦萨、尤文图斯、AC米兰、国际米兰，无论走到哪里他都受到球迷们的爱戴，但他也无法成为旗帜。我自己，在1993年夏天来到了人生中的第三家俱乐部。

意大利足球在全世界享有特殊的声誉，尽管意大利人往往意识不到这一点。意甲是如此与众不同，每一场比赛都充满了不确定性：在巴西、在阿根廷、在英格兰，如果领头羊和榜尾球队交手，比分常常是4∶0或更悬殊。而在意大利，榜首球队大多数时候只能战战兢兢地拿到1∶0的胜利，有时候甚至是阴沟翻船。意甲的战术水平，冠绝世界足坛，这一优势保证了意大利国家队优异的成绩：无论在世界杯还是欧洲杯上，德国人总是跨不过意大利这道坎。

意大利教练多年来也在全世界建功立业——特拉帕托尼（Trapattoni）、里皮（Lippi）、斯帕莱蒂（Spalletti）、曼奇尼（Mancini）、扎切罗尼（Zaccheroni）、卡佩罗（Capello）……他们都是在意甲摸爬滚打多年以后，吃透了意式的足球哲学。意甲的小球队，通常采取龟缩防守，11名球员像一台运转周密的机器，防得对手束手无策，即便是马拉多纳和梅西来到意甲，也没办法像在其他地方一样随心所欲。

每一个夏天，当我拿起报纸时，都会看到一些老朋友、老队员的转会新闻，也许不久之前他还被某队球迷嘘得要死，转眼间却加入了那支球队。于是我常常问自己：如果你加入了一支死敌的球队，情况会是怎样？今天，我已经是国际米兰的旗帜、受人爱戴的队长，但是我的命运难道一直与国际米兰密不可分？抑或我还有其他选择机会？

我想到了那次最终没有发生的转会——我几乎告别国际米兰，去皇马踢球。那次转会，本来已经板上钉钉了，但是最终我留在了米兰，只有用命运来解释其中的转折：命运女神让我留下了，作为队长带领国际米兰赢得意甲、欧冠、世俱杯。在20年的职业生涯中，我始终坚信一点——每一支豪门（无论俱乐部还是国家队）都有一种独一无二的性格，或者说哲学。尽管主席、教练、球员、球迷，都要经历更迭，但是这支球队的性格、哲学却将一直传承下去，永不磨灭。“这怎么可能呢？”有一个小伙伴问我，那时候我们和同龄人一样梦想着独立、竞技或者博卡青年。

设想一下，你在不知情的情况下，突然被带到一座名城，比如纽约、巴黎、伦敦、布宜诺斯艾利斯、威尼斯或者北京，你需要根据周遭的环境马上猜出自己在哪里。我想，大多数人都能够猜出来：每一座城市都有不同的性格，从古迹、建筑、装饰、地理上体现出来，比如曼哈顿之于纽约，法式阳台之于巴黎，酒吧之于伦敦，咖啡店之于布宜诺斯艾利斯，长城之于北京。但是，球队的性格通过什么来体现呢？我的结论是，球队的性格没办法分门别类，也很难用严谨、科学的语言进行描述。

拿AC米兰来说：从西尔维奥·贝卢斯科尼主席（Silvio Berlusconi）到普通球迷，这家俱乐部的每一分子，都喜欢表现，喜欢“有面子”。尤文图斯，在我看来，则是一家既倔强又喜欢争辩、对抗的俱乐部，这一点很符合他们“老妇人”[①]的外号，也和包括安东尼奥·孔蒂（Antonio Conte）在内的众多尤文图斯教练的性格一脉相承。国际米兰、AC米兰、尤文图斯，三家俱乐部地理上的距离很近，但是他们的足球性格却大相径庭，因此他们之间总是难以达成一致。

---

① “老妇人”Vecchia Signora，这一外号的来历众说纷纭，但意大利球迷比较认可的是以下这种：尤文图斯建队以后，很快吸引了一批死忠球迷，他们把球队当成自己的女朋友一样来爱，昵称为“女士”（Signora）。尤文图斯队名Juventus本是年轻人的意思，不过到了20世纪30年代后期，经历了一段低谷，球队主力阵容尽是一帮老将，不满的球迷们便用年轻的反义词“老（Vecchia）”来形容球队，“老妇人”就这样叫开了。让“老妇人”传遍欧洲的，是普拉蒂尼的那支尤文图斯，这时“老妇人”也没有了丝毫贬义，而是形容他们球风华贵，掌控得住场面。

不久之前，有一位名宿提议，国际米兰和AC米兰合并，罗马和拉齐奥合并，分别代表米兰城和罗马城，这样意甲就能够对抗皇马、巴萨、拜仁、曼联这个级别的欧洲豪门。罗马拉齐奥队的新外号叫“黄红白蓝军团”（giallorossobiancazzurri），而米兰国际队的外号叫“红黑蓝军团”（rossonerazzurri）……这个提议听起来就荒谬无比，当然也没有人当真。在罗马，罗马球迷是多数，拉齐奥球迷则是少数，但少数并不意味着被忽视，事实上拉齐奥球迷从来都是勇敢（有时候是过激）地捍卫自己的球队、捍卫自己的历史和荣耀。同样的情况也发生在米兰，在都灵，在热那亚。

我是国际米兰的人，命中注定就是。我尊重其他球队的球迷，也尊重我的对手，但是我自己很难变得和他们一样。对国家队来说也是如此，我尊重意大利队、德国队、巴西队，但是我永远是阿根廷队的一员。球队永远不会停止更新换代，但是有一种DNA一样的东西却代代相传。我不知道自己为什么会加入国际米兰，也不知道自己是从什么时候开始爱上蓝黑色的，也许只有命运本身能够解答这个问题。我所知道的是，国际米兰的快乐和悲伤、成功和失败，也是属于我的。

每当我打开阿根廷家中的那个衣柜，都能够闻到一种怀旧的气息。我拿出衣柜里的东西，一件件摆在床上：卡其色的西装、飞马花纹的领带、蓝色衬衫，还有那双不再合脚的皮鞋。所有这些，都是在拉努斯的一家服装店买的——意大利是时尚之国，我想给意大利球迷们留下最好的第一印象。穿着这一身行头，我和兰伯特一起，在法切蒂、苏亚雷斯（SuÁrez）、安杰利洛的陪伴下，参加了马西莫·莫拉蒂时代的第一次新援加盟新闻发布会。那一天米兰下了暴雨，意大利人都说暴雨可以带来好运，但是我至今都不信这一点。

今天再看那次发布会的视频，你会发现我的发型一点儿都没有变，你还会从我青涩的脸上看到明显的紧张，我那套从阿根廷带来的西装搭配得有点儿滑稽。对我自己来说，我能够在那段视频中看到俱乐部对于复兴的渴望，那是一种充满希望的感觉。不过，那段视频中的每一个人，后来都有着不同的命运。兰伯特加盟不久膝盖就受伤了，“小飞机”甚至没有机会在梅阿查球场“滑翔”。不久之前，保拉组织了一次怀旧聚会，照片中的每一位都得穿着当时的衣服来，我的那套西装竟然还很合身。

加盟国际米兰的第一天，我把球鞋挂在脖子上，准备下场训练。对于记者们来说，我就像个谜，尽管我刚刚踢了美洲杯。记者们对我说：“孩子，拿个球来这边踢踢吧。”他们想看看我的技术特点。

我穿上鞋子，开始一圈圈地跑步热身。当我又一次从队友们身边跑过时，不知道是谁在我背后说：“嘿，那小子真能跑。”那个新队友可能已经看出我的特点了，其实我当时很想转过头对他说：“兄弟，我今年21岁，我的成绩都是这样一步一步跑出来的。俱乐部引进我，并不是让我来米兰散步的。”

我继续跑了很多圈，直到教练吹哨让大家开始抢圈训练：球员们被分成两组，一组队员进行一脚传球的练习，另一组则要想办法断下传球，连续传10脚得1分。第一次和队友玩这个游戏，我全神贯注，从始至终没传丢过一个球。那时我的队友中，还有老队长贝佩·贝尔戈米①。

外行人往往容易低估心理因素在足球场上的作用，但是踢过上千场足球比赛后，我却发现心理素质甚至比身体素质更重要。老队员们往往

---

① 贝佩·贝尔戈米（Beppe Bergomi）是意大利足球史上最好的后卫之一，18岁就随意大利国家队获得世界杯冠军，成名战是马德里决赛中，成功防住联邦德国队的卡尔·海因茨·鲁梅尼格（Karl-Heinz Rummenigge）。1999年退役后，贝尔戈米一直担任天空体育台的解说嘉宾。

喜欢用自己的经验打击对手阵中年轻球员的自信心，我从不这样做，因为我觉得这可能会毁了一个年轻人。不管是对手还是我们自己的年轻人，我常常对他们说，别着急，只要尽了全力比赛，就应该得到尊重。

在我的第一堂训练课上，我的头脑里只有一个信念——拼尽全力，这种态度是我在迪士尼球场踢球时就养成的。也许贝尔戈米看出了我的努力，那次训练结束后他对别人说："这个年轻人不简单，谁都别想轻易突破他的防区。"在后来的比赛中，他经常用类似的话语鼓励我，这让我受宠若惊：我是一名菜鸟，但是我的表现却让防线上的定海神针安心，这说明我们的球队运转顺畅。

国际米兰当时的主教练是奥塔维奥·比安奇（Ottavio Bianchi），他是一名很有经验的老帅，在场边永远叼着一根雪茄。比安奇拥有的是一支朝气蓬勃的球队，除了我和兰伯特，那个夏天俱乐部还为他从曼联买来了英格兰中场保罗·因斯（Paul Ince）；锋线上引进了效率惊人的毛里西奥·冈茨（Maurizio Ganz，球迷们为他编了一首歌叫《进球的总是他》）；同期到来的还有萨尔瓦托雷·弗雷西（Salvatore Fresi）和贝尼托·卡博内（Benito Carbone），以及后来成为球队经理的马尔科·布兰卡（Marco Branca）。后防线上，有巴西左后卫罗伯特·卡洛斯（Roberto Carlos），当时大伙儿都打赌他的大力射门能不能击穿球网。

在那个赛季的第一场比赛中，罗伯特·卡洛斯就进球了，我们1：0战胜了维琴察（Vicenza）。第二轮比赛，还是罗伯特·卡洛斯进球，我们又2：1击败了帕尔马（Parma）。那之后两年，罗伯特·卡洛斯成了巴西国家队的骨干，很可惜他在国际米兰没有踢多久。我在梅阿查的右路驰骋了好多年，有时候我能感觉到，球迷们对罗伯特·卡洛斯离去后左路留下的空白唏嘘不已。

和我一样，比安奇教练也是个沉默寡言的人。一开始我甚至怀疑他不认识我，因为我是最后一个加入集训的，直到有一天，他让我去他的办公室。当时他照旧叼着一根雪茄，手里拿着一副牌。“好吧，门将是帕柳卡（Pagliuca）”，他在桌上放了一张牌，“锋线是布兰卡加冈茨”，他于是又放了两张牌，“现在是防线，嗯，那个新来的小子……对，罗伯特·卡洛斯，中卫是皮斯托内（Pistone）……”最后，他终于抬头看着我，“孩子，你呢？”

“右路，教练……”

比安奇深深吸了一口雪茄，对我吐出一个烟圈，然后不紧不慢地选了一张牌，放在桌子的右下角，“右路？那你去打右后卫吧。”

那个赛季，我们在欧洲联盟杯上被卢加诺淘汰，不是巴塞罗那，是卢加诺。马西莫·莫拉蒂对“雪茄教练”的耐心渐渐用光了，罗伊·霍奇森是我们的新教练：在过去的几十年里，这位英国教练在8个国家带过16家俱乐部，包括利物浦和乌迪内斯。如今他是英格兰代表队主帅，此前他还把瑞士队带回了阔别多年的世界杯和欧洲杯。

球迷和记者评价教练的标准只有一个：赢或者输。但是我认为足球世界的评判标准没有这么绝对，和评价人生一样，输家或赢家的二元论是不成立的。霍奇森在国际米兰没拿到冠军，但是这样我们就能够判定他是个输家吗？

当然不能，完全不能。国际米兰的复兴是一个漫长的过程，当我们在马德里的圣地亚哥·伯纳乌球场捧起欧冠奖杯时，那份无上荣誉中也包含了霍奇森的付出，尽管可能已经没有人记得这一点。不久前的一次采访中，霍奇森说：“在我的球队（国际米兰）中，除了因斯几乎没有球星，更别提和这支‘三冠王’团队相比了。非但名气不大，那支球队中的许多人甚至已经丧失了努力的动力。我没有放弃他们，我一直鼓励每一个人……”

保罗·因斯，绰号“总督”，是所有年轻人的榜样。他是我的兄长，总是不忘帮助我成长。那时候他是我们球队中最具国际影响力的球星，但是他从未把自己的名气当回事：每当球队落后时，他都是场上流汗最多的，每当球队落后，他都是最后一个投降的。他就像一名斗士，那种每支球队都梦寐以求的斗士。

尼古拉·贝尔蒂（Nicola Berti），这名在1989年欧洲联盟杯对拜仁一球成名的前锋，这名在1994年米兰德比上攻入惊世凌空抽射的传奇人物，是个超级乐天派，在更衣室里是所有人的开心果。有一次他对我抱怨道：“Pupi，我腰疼，脖子酸，浑身都不对劲儿……”我帮他叫来了队医，队医检查了他全身的肌肉，却无论如何也找不出病因，于是问道：“你家里是用的什么床垫？你睡觉垫枕头吗？你汽车的座椅是改装的吗？”最后一个问题一下子点醒了贝尔蒂，于是我们一起跑到停车场。这时我们才发现，原来贝尔蒂把座椅调到了靠前，椅背则向前倾斜，关键是他已经这样开了好几个月的车。队医打开车门，把座椅调回正常，那之后贝尔蒂永远告别了背伤。

时间来到1997年，我们即将在欧战联盟杯决赛中迎战来自鲁尔区的沙尔克04，队员们十分想给球迷和莫拉蒂主席送上一座奖杯。不过，我们客场0：1输给了德国人，进球的是威尔莫茨（Wilmots）——一位优秀的比利时前锋。那不是最坏的结果，5月21日的次回合，我们决心在梅阿查翻盘。尽管全队都疯狂地进攻，但是我们直到终场前6分钟才追平了总比分，进球的是伊万·萨莫拉诺（IvÁn Zamorano）。

伊万来自智利——我在国际米兰最好的两个朋友，恰好都叫伊万，另一个是科尔多瓦，两个伊万都是我孩子的教父。那一个夜晚，梅阿查的现场解说布鲁诺·皮祖尔（Bruno Pizzul）在久攻不下后，声音中都透着绝望。就在那时，我们在前场获得了一个界外球，皮祖尔提高了音量，仿佛想让场上的我们听到，“下半场第39分钟，皮斯托内准备掷界外球。别回传，我们得往禁区里踢……”皮斯托内似乎听到了建议，用最大力气往禁区扔去，萨莫拉诺在禁区里接到球，右脚外脚背射门，球进了！

接着是加时赛和点球大战。我们没有拿到那尊奖杯，沙尔克04把它带回了德国。今天再回头看那场比赛，最苦涩的记忆并不是输掉奖杯，而是我在球场上最不理智的一次行为。霍奇森是对的，我们那个团队在技术层面也许并不比别人差，但在心理层面却仍旧需要时间打磨。

当比赛的计时器即将走向120分钟时，我看到霍奇森从教练席上示意我下场。当时我们正在组织最后的强攻，试图避免点球大战，可霍奇森却做了一个典型的英式决定，就像二战期间英军那句著名的标语：保持冷静，继续前行（Keep Calm and Carry On）。那是一个最合理的换人，撤下我这个边后卫，换上点球手尼古拉・贝尔蒂。可是对当时的我来说，这次换人实在太意外了，我陷入愤怒之中，把脑海中最肮脏的词语献给了霍奇森。可怜的老头当时根本没有机会向我解释，我们的替补门将、人高马大的马詹蒂尼（Mazzantini）一个箭步冲上来，把我摁在胸前，尽力安抚我的情绪。

足球圈有许多传说，我自己也是许多传说的主角。有许多我在球场上亲眼看见的事，经过记者、球迷们添油加醋的传播，就成了一个广为人知的传说。在这本书里，我想澄清一些关于自己的传说，那么让我从那次冲动开始吧。和沙尔克04的决战，至少对于当时的我来说，是生命中最重要的比赛。那一天的梅阿查，有一种我之前从未体会过的气氛：每一个球迷，都想和我们一起（con lui）捧起那座奖杯，没有球迷觉得，应该是我们球员为球迷捧起奖杯（per lui）。那是我人生之中的第一场决赛，为了走到那一步，我在南港的泥土球场上流了无数的汗，我帮爸爸盖过房子，还半夜起床送过牛奶。那场比赛我踢得很好，因此关键时刻被换下时我失去了理智。霍奇森问我："Pupi，你为什么生气？"在马詹蒂尼抱住我时，我已经向霍奇森道歉了："对不起教练，我错了。"

今天，你仍然可以轻易地在Youtube上找到我失去理智的那段视频，正因如此，我想向所有年轻球员、向所有踢球的人道歉：孩子们，我错了。我那时也是个孩子，那时候我觉得自己是全世界最重要的球员，应该踢满每一分钟。大错特错，足球的世界里只有团队，没有个人。决赛的紧张气氛让我忘记了足球最基本的真理。比赛第二天，有份报纸写道："萨内蒂（赛后）想揍教练。"真是可笑，所有的不愉快都留在了场内，尽管直到今天我仍然为那件事感到内疚。

罗伊·霍奇森离开了国际米兰，带着美好的回忆。莫拉蒂主席有一次对我说："罗伊帮助我们成长，他改变了我们的工作态度。他把我们从悬崖边上拉了回来。他接手球队时，正是我们的低谷期，但是那时他却教会我们用赢家的方式思考。他是最纯粹的英国绅士，我甚至从未见过他发火。说实话，我刚接手俱乐部时，许多人等着看莫拉蒂家族的笑话，罗伊让那些人的愿望落空了。他永远留在了国际米兰的历史中。"我完全同意主席的观点。

在那以后，命运把我带进了许多决赛：在霍奇森离去的第二年，我就拿到了欧洲联盟杯。他离开的11年以后，我又射进一粒关键点球，帮助国际米兰捧起了一座意大利超级杯，我击败的，恰恰是世界足坛最好的点球专家之一——罗马队的队长弗朗切斯科·托蒂（Francesco totti）。

第七章

与鲁道夫和吉吉一起在王子公园球场

1997年夏天，我一边平复着欧洲联盟杯决赛失利所带来的苦涩，一边着手解决一个新的问题——异地恋。我和保拉已经由“准情侣”升级为正式的恋人，我们中间隔着一个大西洋：我在意大利踢球，而她还在阿根廷念书，每天忙着做作业、上课和考试。

保拉现在回忆起那段单纯的时光，依然无比怀念：“学校的老师们对我都很严厉，除了学习之外，占用我时间最多的就是篮球了，那时候我已经是俱乐部的核心球员了。对了，那时候阿根廷的学校还为女生们安排过针线课，对我来说简直是个噩梦。每次去（意大利）看哈维尔，我都要拿到老师们特批的假条，因为意大利和阿根廷的季节正好相反，我们俩的假期永远错开。感谢上帝，阿根廷没有人不喜欢足球，我的老师们都知道哈维尔是在这个街区成长起来的，现在他已经是一家欧洲豪门的主力球员了，他们都为哈维尔感到骄傲。每次从意大利回来，我都让哈维尔准备很多他签名的球衣，历史老师一件，数学老师一件……这样他们就会对我的出勤率睁一只眼闭一只眼了。嗯，这个秘密千万不能让我们的孩子知道。”

保拉第一次来米兰看我时，刚刚过完17岁生日，正在读高四。在阿根廷，未满18岁的人是不能独自乘坐飞机的，好在我经纪人的妻子很热心，陪保拉一起从阿根廷飞到了米兰。

我们的异地恋情就这样维持了一段时间，其实在阿根廷，未成年人也是可以结婚的，但是需要双方父母都同意。我和保拉都觉得，我们已经不是小孩子了，婚姻的决定应该由我们自己做主。

终于有一天，我和保拉都厌倦了越洋航班，不想再受相思之苦，我们得和她的父母谈谈了。保拉的母亲莫妮卡一直站在女儿这边，所以我们只需要说服保拉的父亲安德烈斯。安德烈斯现在是PUPI基金会的负责人，他是我见过的最博学、睿智的人之一。和我父亲一样，他是个坚定的贝隆主义者，如果谁说贝隆总统的坏话，他就会用一连串的统计数据进行驳斥。他关心布宜诺斯艾利斯街头那些无家可归的孩子，就像关心他自己的外孙。当19岁的我和他14岁的女儿恋爱时，他虽然不太赞成，但并没有拆散我们。他一直希望保拉能够念完大学，因此当我们去问他，保拉能不能辍学到意大利和我一起生活时，心里不免十分忐忑。

保拉当时是这样说的："爸爸，我很喜欢公共关系，现在我也念完了大一的课程。但是我更爱哈维尔，我们再也受不了异地恋了。如果要念到大学毕业，我可能就得和哈维尔分手了。为了哈维尔，我愿意放弃学业。"

安德烈斯早就猜到了保拉的心思，"我失去了一个女儿，但我知道他是你的真命天子，从你第一次去莫隆看他的比赛时我就知道了。现在，哈维尔也是我的儿子了，他把他的严肃和乐观带到了我们家。保拉，爸爸妈妈尊重你的选择，从小爸爸妈妈没能在物质上满足你的全部愿望，但我们一直尊重你的选择。去做你喜欢做的事吧，去选择你自己的命运吧！"

莫妮卡还告诉了保拉一个秘密："孩子，你和哈维尔要在意大利生活，最好拿到意大利护照。哈维尔的祖父是意大利人，你的外曾祖父也是，所以你很快也能够拿到意大利护照。"

就这样，保拉在全家人的祝福中，来到意大利与我团聚，她把最初的印象都写在了日记里：

“米兰，1997年7月30日，酷暑。米兰就像一座钢筋水泥的森林，我一点儿也不喜欢。可米兰旁边的科莫让我着迷，这里的湖光山色，这里的小街小巷，美不胜收。我每天和朋友们聚餐，晚上去逛街或者看电影，一切都是那么惬意。哈维尔那天带我们去湖边玩，我悄悄问他：‘要不我们在这附近找一套房子吧，我想在这湛蓝的湖水和青秀的倒影间寻找我们的二人世界。’哈维尔轻轻地抱住我说：‘亲爱的，我也是这样想的。’

“8月是米兰最难熬的时光，却也是科莫宜人的时光。我们终于搬出了城里的酒店，暂时住到了科莫的一家酒店，同时开始找房子。恰好哈维尔的国际米兰队友詹卢卡·费斯塔（Gianluca Festa）有一幢房子要卖。这幢别墅位于科莫郊区、大约有3500居民的马斯尼亚尼科小镇（Maslianico），客厅有一面临湖的大落地窗户。我和哈维尔看过房子之后，马上就办理了过户手续。这里是我们第一个共同的家，我们的孩子们在这里出生、成长。Pupi永远记得南港，因为他的根在那里。孩子们将永远记得这里，因为他们的根在这里。”

我和保拉在科莫找到了宁静，但在足球场上我却宁静不了。1997年那个炎热的夏天，我在训练场上挥汗如雨，心里憧憬着即将开始的新赛季。我没有想到，接下来的一年竟然如此的大起大落：我赢得了到意大利之后的第一座奖杯，也第一次体会到了足球竟可以如此残酷——足球场上22名球员的表现不能决定比赛胜负，第23人，也就是裁判，有时候也可以成为比赛的焦点。

那个夏天，国际米兰转会市场的动作让我们兴奋。首先，球队有了一名新教练——吉吉·西蒙尼[①]，一位受到所有人尊敬的绅士。

后防线上来了塔里博·威斯特（Taribo West），一个开朗的尼日利亚小伙子，他也是我职业生涯之中最难忘的队友之一。许多记者说他拥有野兽般的身体素质，但事实上他的性格单纯得像个孩子。严肃的马切洛·里皮[②]来到国际米兰之后，都经常被塔里博逗笑。

与威斯特一同加盟的，还有阿根廷超级中场迭戈·巴勃罗·西蒙尼（Diego Pablo Simeone），外号叫“乔洛”（El Cholo）。现在迭戈·西蒙尼被公认为全世界最有性格的主教练之一，其实他做球员的时候就是这样了。作为教练他已经帮阿根廷大学生队（Estudiantes）和河床队（River Plate）各拿到一座阿根廷联赛冠军，帮助马德里竞技队（Atlético Madrid）拿到三尊奖杯，包括在西班牙国王杯决赛中击败皇马夺冠。那年夏天，我的新队友还包括贝努瓦·科埃（Benoit Cauet）、泽·埃利亚斯（Zé Elias）、弗朗切斯科·莫雷罗（Francesco Moriero）以及一位年轻的乌拉圭天才——阿尔瓦罗·雷科巴（Alvaro

---

① 路易吉·吉吉·西蒙尼（Luigi Gigi Simoni），1939年1月22日出生，前意大利球员，执教生涯以带领热那亚、比萨、布雷西亚等多家球会升入意甲而闻名，1997年被马西莫·莫拉蒂请来执教国际米兰。队中拥有状态巅峰的罗纳尔多，国际米兰夺得了该赛季的欧洲联盟杯，但在意甲冠军之争中富有争议性地输给了尤文图斯。1998年11月30日，西蒙尼被莫拉蒂解雇，但他仍然深受球迷的爱戴和怀念。

② 马切洛·里皮（Marcello Lippi），出生于1948年4月12日，意大利著名足球教练。因一头银发，而被中国球迷称为“银狐”。在尤文图斯执教的8年中，率队夺得5个意甲联赛冠军、3座杯赛冠军、4次意大利超级杯冠军、1座欧冠冠军。1999年，在尤文图斯风光无限的里皮决定开始新的挑战。在国际米兰主席马西莫·莫拉蒂的盛情邀请下，与尤文图斯合约还有一年的他选择了国际米兰，但他在梅阿查的执教经历并不算成功。他执教的36场意甲比赛中，国际米兰表现平平，不过还是以联赛第四打进欧冠淘汰赛，且进入意大利杯决赛。但在新赛季第一轮之后，里皮意外地离开了国际米兰。2006年，里皮又率意大利国家队夺得世界杯冠军。2012年5月，广州恒大足球俱乐部聘请里皮为主教练。2013年11月9日，里皮率领恒大获得亚冠联赛冠军。

Recoba)，由于他的五官有着明显的东方色彩，大家都叫他“中国男孩”(El Chino)。

光是以上我提到的这些人，就足够组建一支实力不俗的球队，但是我们的主席马西莫·莫拉蒂，却秘密地开出了一纸改写足球历史同时也创造了国际足坛转会费纪录的合同(480亿里拉)：在那份合同上签下大名的，是一位巴西前锋——罗纳尔多·路易斯·纳扎里奥·达·利马(Ronaldo Luís NazÁrio de Lima)，尽管全世界的人都只叫他罗纳尔多(Ronaldo)。

我从没见过这样一个前锋：即使在训练中，你也永远别想从他脚下抢走球，他就像一棵大树，把根深深地扎进草皮下面。他的加速度无与伦比，每个球员都需要对对手做出预判，判断对手追不追得上皮球，从而决定是上抢、退防还是让球出界。对罗纳尔多来说，这样的预判都是徒劳的，因为无论多快的传球，他都能够拍马赶到，然后像一道闪电一般趟过面前的对手。2013年8月10日，和我相熟的一位记者问我，谁是我心目中最强的前锋，我毫不犹豫地回答：“罗纳尔多。”

罗纳尔多或许是因为球迷们的狂热有点儿紧张，在处子秀中没有进球。第一轮的对手是布雷西亚，他们的前锋达里奥·胡布内尔(Dario Hübner)先下一城，好在“中国男孩”雷科巴替补上场后梅开二度，帮助我们拿到开门红。在接下来的四场比赛中，罗纳尔多开始展现自己真正的实力：对博洛尼亚、佛罗伦萨、莱切和拉齐奥，他连续进球。现在许多孩子可能已经没有看过罗尼[1]的比赛，但是他仍然是世界杯上的最佳

---

① 罗尼(Ronnie)是人们对于罗纳尔多的昵称。

射手，面对可能是这个星球上最严密的防守，他一共攻入了15球[①]。

圣诞节前，我们带着不败战绩来到乌迪内斯。在那个寒冷的冬夜里，乌迪内斯前锋奥利弗·比埃尔霍夫[②]在伤停补时阶段的一粒进球给我们带来了新赛季的第一场败仗。西蒙尼教练并没有生气，反而安慰了球员们。于是在新年的第一场比赛，我们在梅阿查球场依靠尤里·德约卡夫（Youri Djorkaeff，那时候他还没有随法国队拿到冠军大满贯，但是已经是一位禁区里的艺术家）的进球，战胜了马切洛·里皮麾下的尤文图斯。

那个赛季国际米兰的进步，不仅是场上球员的功劳，也是西蒙尼教练辛勤付出的成果。他执教经验丰富，低调务实，很少出现在报纸头条；他待人和善，不由得让我想起我的父亲鲁道夫；和他交谈是一件愉快的事情，我甚至从未见过他抬高声调讲话。

竞争1997—1998赛季意甲联赛冠军的一共有三支球队：我们、尤文图斯、拉齐奥。1998年4月26日，我们前往都灵参加与尤文图斯的该赛季第二回合联赛，那将是直接决定冠军归属的比赛：我们当时落后他们1分。维基百科——互联网上信息最丰富的网站——对那场比赛的定义是“足球史上最具争议性的比赛之一”（una delle partita più discusse）。我对那场比赛记忆最深刻的地方是：像吉吉·西蒙尼这样的绅士，竟然会在比赛进行中闯入球场抗议。那太让我震惊了，要知道即便是儿时在迪士尼球场，我们的父母都没有那样干扰过比赛。足球场

---

① 2014年巴西世界杯上，德国队射手米罗斯拉夫·克洛泽（Miroslav Klose）以4届世界杯16个总进球数打破罗纳尔多的进球纪录。

② 奥利弗·比埃尔霍夫（Oliver Bierhoff），德国著名前锋，以头球功夫著称于世，在意大利先后效力阿斯科利、乌迪内斯和AC米兰，并且在效力乌迪内斯期间打进了1996年欧洲杯决赛中的金球，帮助德国队力克捷克队夺得冠军。退役后担任德国队领队。

上究竟发生了什么，让最沉稳的教练也坐不住了?

这个问题得问当值主裁判皮耶罗·切卡里尼（Piero Ceccarini）——一位来自利沃诺的金融顾问。上半场结束时，我们0：1落后，进球的是伟大的亚历山德罗·德尔·皮耶罗[①]，塔里博·威斯特跟丢了他。对于这次失误，“乔洛”（迭戈·西蒙尼）永远无法原谅，以至于1998年4月26日已过去多年，他还在说：“如果塔里博没有那次愚蠢的失误，赢得比赛的就是我们，不管裁判是不是切卡里尼。”

下半场第26分钟，我们的一脚长传送到了前场，罗纳尔多用匪夷所思的速度追上，球跌跌撞撞到了禁区里，在罗纳尔多与球门之间，只剩下一名防守队员——马克·尤利亚诺（Mark Iuliano）。尤利亚诺眼前一定有我前面提到过的那种恍惚：以我们平凡人的身体和判断力，怎么能够阻挡住罗纳尔多呢? 在这种情况下，尤利亚诺决定用一种非常规的方法来阻止罗纳尔多，直到今天你仍然能在网上找到从不同角度记录那个动作的画面：他把自己像路障一样横在罗纳尔多的行进路线上，恶狠狠地用胸脯撞向对手，罗纳尔多重重地摔倒在地。

我记不清有多少队友狂奔向裁判，边跑边用各自的语言喊道“点球”（Rigore）“点球”（Penalty）。主场球迷们已经在祈祷守门员安杰洛·佩鲁济（Angelo Peruzzi）扑出我们的点球了。佩鲁济是个很棒的

---

① 亚历山德罗·德尔·皮耶罗（Alessandro Del Piero），出生于1974年11月9日，是意大利最著名的足球运动员之一。他的职业生涯中大部分时间效力意大利俱乐部尤文图斯，被球迷们亲切地称为“斑马王子”，是意大利足坛的偶像之一，同时是斑马军团史上出场最多和进球最多的纪录保持者，共为球队出场705次并打进289球。他是2006年世界杯冠军队成员，球王贝利评选的在世的最伟大的125名球员之一。他也是目前意大利各项赛事总进球射手榜上排名第二的球员，打进了345球，仅次于390球的西尔维奥·皮奥拉（Silvio Piola）。

小伙子，后来还成了我的队友，他和罗比[①]都酷爱打猎。我从没有问过他（因为我觉得纠结于过去没有任何意义），那个球从他门将的视角来看到底是不是点球。

我知道，那场比赛在许多人的心里种下了怀疑和仇恨的种子：当吉吉·西蒙尼还在场边抗议主裁判皮耶罗·切卡里尼没吹给我们那个点球时，安杰洛·佩鲁济一脚解围将球踢到了前场，切卡里尼在我们的禁区里吹响了哨子——威斯特犯规，尤文图斯获得了点球。大部分球员都懵了，好在，我们的守门员詹卢卡·帕柳卡（Gianluca Pagliuca）带着满腔怒火，扑出了德尔·皮耶罗主罚的点球。0：1，比赛结束了，我们输掉了意甲联赛冠军。赛后，当场比赛的主裁判皮耶罗·切卡里尼对《晚邮报》（*Corriere della Sera*，意大利发行量最大的综合性日报，以客观、公正著称）的记者说："我错了，我没有看清楚禁区里发生的事情。"但他的"忏悔"已经无济于事……

国际米兰的球迷们愤怒了，他们开始抗议球队所遭受到的不公平待遇。不过，我和队友们那时候都没有意识到，球场上的那些黑色瞬间都是早有预谋、有组织的。我们很难相信，被大家视为生命的竞技运动竟然会被犯罪集团所控制。我并不是不能接受误判，在今天的球场上，即使有底线裁判、门线技术的帮助，依然无法避免误判，因为足球是一项

---

① 罗比（Roby）是罗伯特·巴乔（Roberto Baggio）的昵称。巴乔出生于1967年2月18日，意大利球员，参加了1990年、1994年、1998年三届世界杯，打进9球，先后效力过佛罗伦萨 、尤文图斯、AC米兰、国际米兰等四支意大利豪门，2004年5月17日退役。罗伯特·巴乔相貌英俊，有着"地中海一样湛蓝的眼睛"，"马尾辫"是他的标志之一。他凭借魔幻般的双脚和出众的视野，在职业生涯中创造出无数的伟大时刻。但意大利足球史上最令人惋惜的时刻亦与他紧密相联，1994年世界杯意大利与巴西的决赛中巴乔在最后一刻罚失点球，留下了伤感的背影，也为蓝衣军团留下了永久的遗憾，由此被赋予了"忧郁王子"的绰号。

人的运动，而人是不可能没有失误的。有人提议，每次球场上有争议判罚出现时，就暂停比赛，让裁判反复观察慢动作，以此避免误判，但是从一个球员的角度出发，这太不现实了。我和所有国际米兰球员一样，遭受了许多不公正的待遇，但是我们从未怀疑过，忠诚和体育精神仍然是统治足球圈的价值观。有人嘲笑我幼稚，那就让他们嘲笑好了，我绝不改变自己的观点。

我第一次听到一些传言，更衣室里也有不少人猜测，球场上那些肮脏的瞬间有另一种解释的方法。有人借用了描述意大利政坛丑闻的“Tangentopoli”①一词，发明了“Calciopoli”（电话门）②一词，国际米兰是最大的受害者。

敌视国际米兰的球迷们，开始在看台上喊“你们永远赢不了，你们永远赢不了”（Non vincete mai，non vincete mai）。我从来不为这种挑衅生气，对一名运动员来说，“赢”不仅仅是指运动场上狭义的胜利（如果是这样的话，一千个运动员只有一个称得上赢家，其他人都是失

---

① 这个词是由意大利语的tangente（贿赂）和monopoli（垄断）两词合并而来，意指一个以收受贿赂为基础的体系。二战后，意大利虽然迈入了发达国家行列，但是却是民主国家之中最腐败、行政效率最低的国家，到20世纪八九十年代，意大利官僚体系弊病百出，官商勾结、黑手党渗透已经是公开的秘密。意大利媒体发明了Tangentopoli一词讽刺现实，全国随即掀起了一场“净手运动”（Mani Pulite），而AC米兰俱乐部主席西尔维奥·贝卢斯科尼（Silvio Berlusconi）正是在这一时期，一举奠定了其政坛地位。

② “电话门”事件，是指在2006年5月，即世界杯开赛前，意大利足球甲级联赛爆出当地球坛近26年来最大的足球丑闻。2005—2006赛季意甲冠军尤文图斯涉嫌安排有利于己方的裁判，操纵比赛结果。其后还有四家球会也被指涉嫌造假，包括AC米兰、佛罗伦萨、拉齐奥和雷吉纳。最终，尤文图斯被处以2006—2007赛季降入意乙参赛、剥夺2004—2005及2005—2006两届意甲联赛冠军及禁止参加2006—2007赛季欧洲比赛的判决，AC米兰、拉齐奥和雷吉纳不降级，但是分别被扣除了新赛季的3分、15分和11分。这次丑闻，令意大利足坛形象和实力严重受损，大量球星离开意大利转投其他国家球会效力，同时意甲在欧洲球坛的领导地位亦宣告失去。事件令意甲的整体水准有所减退，却成全了国际米兰于未来数年在意甲联赛独大。

败者），“赢”意味着在运动场上保持尊严，捍卫忠诚。有很长一段时间里，我都无法在球场上赢得荣誉，无论是为国际米兰还是为阿根廷国家队，但是我那时候也从未认为自己是个输家——我努力过，我付出了（和我赢的时候一样）。亲爱的读者们，请记住：在我们的人生路上，付出是最主要的，无论付出之后得到怎样的回报。

让我们回到那场充满争议的比赛去吧。当切卡里尼吹响终场哨，我和队友们都知道，冠军丢了。拿到意甲冠军的，并不是球场上表现更好的那一支球队。如果没有裁判问题，那场比赛后我会为尤文图斯献上最真诚的掌声，我还会第一个上前与亚历克斯·德尔·皮耶罗（Alex Del Piero）交换球衣，他是我最尊敬的对手之一。无论如何，输掉意大利德比的那种巨大失望都是无法用言语来形容的。

当主裁判皮耶罗·切卡里尼的误判所带来的伤痛渐渐平复，当吉吉·西蒙尼恢复了他的绅士风度，命运女神也给了我们一个大大的安慰。巴黎的王子公园球场[①]是世界足坛最负盛名的球场之一：这座始建于1897年的球场是1938年法国世界杯比赛场馆之一，在过去一百年中承办过三届欧洲冠军杯（及后来的欧洲冠军联赛）决赛、两届欧洲优胜者杯决赛。1998年5月6日，我和队友们在这里与帕维尔·内德维德（Pavel Nedvíd）、罗伯托·曼奇尼（Roberto Mancini）的拉齐奥争夺欧洲联盟杯冠军，那时候我没想到，8年之后的2006年，正是罗伯托·曼奇尼带领我和队友们夺回了意甲冠军。

那场比赛，现场一共涌入了48527名球迷，虽然国际米兰球迷和拉

---

① 王子公园体育场（Parc des Princes），又名巴黎王子公园球场或者巴黎王子球场，是位于法国巴黎16区的一座体育场，可以容纳48712人。球场所有权属于巴黎市政府，目前是法甲球队巴黎圣日耳曼的主场，同时是在为1998年法国世界杯而建的法兰西球场（Stade de France）落成之前法国国家足球队的主场。

齐奥球迷被栅栏隔开，但是他们并没有丝毫对抗的气氛，因为双方视彼此为最坚定的盟友。

在成千上万的观众中，坐着我的父亲鲁道夫·萨内蒂，他不远万里从布宜诺斯艾利斯飞来看我的比赛。远远地，我看到了他闪亮的白发，我感受到了他内心的爱，当我在他那一侧的看台下比赛时，我似乎听见了他以往为我加油的声音："孩子，我为你建了一座球场，叫迪士尼。" "加油哈维尔。" "你很棒，哈维尔，为什么要和我一样当一名砖瓦匠呢？回去踢球吧，别被挫折轻易击倒了。"

不久之前，我刚读完《Open》——男子网球传奇安德烈·阿加西（Andre Agassi）精彩无比的自传。在这本自传的每一页，阿加西都为他缺失的父爱而流泪。大满贯奖杯、超级球星的光环、不菲的奖金，这一切都不能弥补阿加西内心深处的伤痛。父亲不能光有严厉的一面，不能以爱的名义伤害孩子。我很幸运，鲁道夫选择了一种温和、平等的方式教育我，他告诉我，无论我成为一名砖瓦匠还是一位超级球星，他对我的爱都不会有差别。

在那场决赛前，我们在四分之一决赛淘汰了沙尔克04，和前一年一样，这一次又经历了漫长的加时赛。半决赛，我们毫无争议地双杀莫斯科斯巴达克（Spartak Mosca）。现在，只剩下决赛了。

僵局第4分钟就被打破，进球的是伊万·萨莫拉诺（那时候他还不是我孩子的教父）。不过拉齐奥阵中天才济济，除了内德维德、曼奇尼，阵容中还有卢卡·马切吉亚尼（Luca Marchegiani）、亚历山德罗·内斯塔（Alessandro Nesta）、皮耶路易吉·卡西拉吉（Pierluigi Casiraghi），比赛依然充满悬念。下半场第15分钟，罗纳尔多左路开出一记准确的任意球，禁区内的萨莫拉诺高高跃起（他的动作如此势不可挡，以至于让人怀疑地球引力对他不起作用），头球回做中路，球落在离点球点不远处。我飞快地插上，射门节奏刚刚好，但在起脚之前，我抬眼看看禁区，发现对方门将卢卡・马切吉亚尼站位靠左，刚好被伊万・萨莫拉诺挡住了视线。我知道，面对这样好的机会，有些球员会考虑很多问题，“射高球还是低滚球？”“吊射还是抽射？”“球门远角还是近角？”“要不还是传给队友吧……”犹豫的后果，往往是错失良机。

我跑向球时，已经做好了决定：我要踢一脚“萨内蒂式的射门”（alla Zanetti），朝大门右上角横梁和立柱交界的地方踢。我调整了身体的角度，用尽全力摆腿，皮球沿着我预想的轨迹飞行。马切吉亚尼腾空扑救，经验一定告诉他，这脚射门要飞上看台了。事实正相反，皮球击中横梁弹进门里，Gol（进球）！

我奔向中场，那天晚上我和队友们穿的是一套横条的黑灰色球衣（那更像是橄榄球球衣而不是足球队队服）。看台上成千上万的蓝黑球迷陷入疯狂，但是我在寻找两个人，两位银发老人——我的父亲鲁道夫和西蒙尼教练。西蒙尼又一次从教练席上跳起来，挥舞着拳头冲进球场，但是这一次他的脸上写满的是幸福而不是愤怒。西蒙尼身旁的队员们又跳又叫，这一次胜利跑不了了。而在看台上，我父亲的表现恰恰相反——他哭了。我父亲是个坚强的人，贫穷、困境都没有令他流泪，但这一次，他哭了，坐在他身旁的朋友都在拥抱他。我亲吻着球衣，感觉心脏已经跳到了嗓子眼儿。我回报了那些相信我的人。

现场解说员布鲁诺・皮祖尔（Bruno Pizzul）再也抑制不住，在数百万意大利观众面前吼道：“萨内蒂！射出了一脚可以入选历史最佳进球集锦的射门……”

罗纳尔多用一个标志性的“钟摆过人”进球，“杀死”了最后的悬念。说实话，我一直觉得他左右晃动的“钟摆动作”就像把巴西的桑巴舞带到了球场之上。这段桑巴舞，是盛大庆祝的开始。

争议和奖杯同时到来的1998年，是令人难忘的。吉吉・西蒙尼在那之后不久离开了球队，在另外的舞台上展示他的绅士风度。在后来的一次采访中，他说："皮耶罗・切卡里尼的那次误判毁了我的一生。如果不是他，我和小伙子们会拿到那个赛季的'双冠王'。你们猜后来发生了什么？切卡里尼因为那场比赛（指国际米兰和尤文图斯的争冠战役）和别人打起了官司，他竟然指定我为证人，是我，你们没听错。我永远不会撒谎，这是我的原则。在法庭上，我对法官说，所有人都知道那场比赛疑点重重，但是我不可能拿出什么证据来。我摸着良心发誓，裁判漏判了我们一个点球，然后他们又让我拿证据出来，我说我不可能拿到切卡里尼收黑钱的证据。切卡里尼最终赢得了那场官司，也拿到了一笔不菲的赔偿金。据说，我的证词为他起到了开罪的作用。这个世界有时候真的是事与愿违。"

第八章

头　球

我的一位老朋友，也是一位狂热的球迷（即使夏天去海边度假，他也会踢上两脚），曾经问我："Pupi，告诉我实话，如果我的球技指数为1分，而梅西的指数为10分，你给自己打多少分？"

说到评分，特别是赛后评分，让许多球员耿耿于怀，尤其是在意大利这个人人都可以当"主教练"的国家。电视、报纸、网站，每家媒体都会给球员们打分。有一些球员简直因为打分得了强迫症：如果某场比赛他认为自己可以打7分，而媒体只打了6分，这些人会给评分的记者打电话，不依不饶。现在AC米兰青年队有个孩子叫小冈茨（Ganz），我对他父亲、我的前队友毛里西奥·冈茨（Maurizio Ganz）的"评分强迫症"记忆犹新。无论场上表现好坏，媒体的打分都让他十分纠结。有一次我实在看不下去了，就对他说："别当真，毛里西奥，别把那些评分太当真。"如果我表现出色，就算记者给我打个低分，又有什么关系？如果我表现糟糕，而和我相熟的记者给我打个高分［每次我们输球，我的好朋友詹尼·布雷拉（Gianni Brera）都给我打7分］，又有什么意义呢？打分是记者们谋生的手段，仅此而已。

但是，我的老朋友既然已经问出口了，我当然不能扫他的兴，那不是队长的作风，"好吧，如果你是1分，梅西是10分，我想我可以得7.5分。"如果把我的自我评分刊登在报纸上，一定又会有新的争议：那些怀疑我的人会说"萨内蒂？他顶多值6.5分"；那些支持我的人会说"所有的纪录都摆在那里，他至少都应该得8分"。我坚持7.5分，以下是我的解释。

我踢过后卫和中场，我不是生来就能够拿到7.5分的，一开始我的得分更低。我付出了汗水，因此我的评分增加了。这个观念，我一直试图传承给年轻的队友们，以后我还要传承给我的孩子们。上帝赋予了每个人特有的天赋，如果整天睡大觉不努力，这些天赋就白白浪费了。我的7.5分，没有低估也没有高估，这个分数是对我自己的天赋加上付出之后的综合评价。

有许多足球专家说："萨内蒂最大的特长就是盘带。"每次我从一条底线一路带球突破到另一条底线时，球迷们都会为之欢呼。有些教练，比如马尔科·塔尔德利（Marco Tardelli），试图限制我的特长，我只能选择固执，"这就是我的风格。每次带完球，我不都传中或者射门了吗？我从不丢球，每次还能过两三个人，这有问题吗？"由于这个特点，有许多队友叫我"威尼斯人"（veneziano），我不知道为什么意大利人这样称呼擅长带球的球员，但是我听过许多不同的传说，我最喜欢的一个是：威尼斯的孩子们从小在圣马可广场（San Marco）踢球，如果带球不好或者传球不准，球就会掉到运河里去，被渡船的螺旋桨搅坏，因此威尼斯人都擅长盘带。

"威尼斯人"，我喜欢这个外号，国际米兰和阿根廷国家队选择我，都是因为我的特长，让我扬短避长没有任何意义，重要的是提升自己。努力或许不能提升天赋，就像你别指望通过训练得到罗纳尔多的速度、马拉多纳的停球、梅西的过人。但是努力至少可以降低你犯错的频率，提高传球的准确性，让你的精神和身体素质都强大起来。通常我们都喜欢和别人比较：谁是最棒的？谁的朋友多？谁更加成功？这些比较毫无意义，只会让我们的嫉妒心膨胀。归根结底，我们只需要和自己比较，"我如何才能够让自己变得更好？"

每次假期结束回到基地，我们职业球员都需要做一些基本功训练，这些基本功就像盖房子的地基，每一名球员从踢球的第一天就开始积累：

1.击球（传球或射门）

2.停球

3.盘带过人

4.界外球

5.头球

6.铲球

7.跑位（有球或无球）

8.带球

9.门将技术

我擅长过人，但是我知道这不是训练能够获得的成果，这是一种与生俱来的东西，有就是有，没有就是没有，不存在量的问题，你可以提升过人技巧，但不可能从零开始学。罗纳尔多喜欢声东击西地过人，在他面前，世界顶尖的后卫就像训练场上的假人。我曾经在队内分组对抗中防守罗纳尔多，即使我每次都能够识破他的假动作，他也能够利用速度和力量过掉我。你想用身体卡住他也是不可能的，他总有办法从两名防守球员的肩膀之间穿过去，他的射门命中率高得可怕。

我过人的方式，通常是高速带球中的急停变向，有一些球员却能把过人升级为一种艺术，除了罗尼，还有马拉多纳、梅西、卡卡（KakÁ）以及克拉伦斯·西多夫（Clarence Seedorf），最后这个是国际米兰放走的又一个天才。噢，对了，还有我的老朋友罗伯特·巴乔（Roberto Baggio），球场上精灵般的存在。

像梅西这样的球员，有时候在球场上看似无精打采，昏昏欲睡，可只要对手放松了警惕，他就能马上完成进球或者助攻。还有一些人，虽然不是莱昂内尔·梅西这样的绝世天才，却也有见血封喉的绝活，比如因扎吉兄弟［皮波·因扎吉（Pippo Inzaghi）和西莫内·因扎吉（Simone Inzaghi）］——90分钟的比赛时间，他们只需要一秒钟就能够置对手于死地，就像一只老鹰，长久地在天空中翱翔观察地上的猎物，只为最后的一击致命。这一类的球员成功的秘诀是超强的自信心：场上其他人都放弃努力了？我不管，我还要再进一个。

我擅长右脚，虽然我的左脚经过刻苦的训练后也能够停球、传中，但是如果有好的射门机会，我一定会选择更有把握的右脚。我用左脚完成的进球里，大家印象最深的一定是1998年世界杯上对英格兰队的那记任意球①：在马岛战争之后，英格兰队和阿根廷队的大战已被赋予了特殊的意义。在我自己的记忆里，还有对那不勒斯的一脚左脚远射②。

我的队友、巴西人麦孔（Maicon）也是一名右脚将，他攻入了国际米兰历史上最精彩的进球之一③。当然，蓝黑军团历史上也不乏伟大的左脚球员，比如罗伯特·卡洛斯和安德烈斯·布雷默④，他们都是世界冠军。

---

① 1998年6月30日，阿根廷队在八分之一决赛中遭遇老对手英格兰队。阿根廷队上半场赢得一个前场任意球，在一系列的跑位和扯动后，胡安·贝隆把球推给在禁区的萨内蒂，后者起左脚射门得分，英格兰队的防守队员毫无反应。这是世界杯史上最经典的任意球团队配合之一。

② 1996—1997赛季意大利杯半决赛次回合，国际米兰最终点球大战惜败。

③ 2009—2010赛季联赛对尤文图斯次回合，麦孔在尤文图斯禁区前连续挑球过人，最后凌空抽射破门，帮助球队拿到夺冠路上关键的3分。

④ 安德烈斯·布雷默（Andreas Brehme），1990年随德国队捧起世界杯冠军的左后卫。布雷默职业生涯中最为人称道的日子是在国际米兰度过的。1988年夏天，他登陆亚平宁，加盟国际米兰，在这里与同胞洛塔尔·马特乌斯（Lothar Matthaeus）相聚。1988—1989赛季，正是这两个德国人，成了国际米兰雄霸意甲大业的关键角色，他们统帅国米以11分的优势夺取了意甲冠军。1989年夏天，于尔根·克林斯曼（Jürgen Klinsmann）披上了国米球衣，德国三架马车成型。在那个赛季，虽然国际米兰在意甲冠军争夺中输给了马拉多纳的那不勒斯，但他们以及AC米兰三剑客的存在，也造就了意甲历史上最辉煌的巨星时代。

我在国际米兰一共有两个决赛进球，对拉齐奥的这个我已经介绍了，还有一个是对罗马的，留到后面再说。我是一名中后场球员，进球不是我的本职工作，每次在禁区里拿球，我的第一反应不是射门而是给队友做球，我助攻过许多超级前锋——迭戈·米利托（Diego Milito）、埃尔南·克雷斯波（HernÁn Crespo）、加夫列尔·巴蒂斯图塔（Gabriel Batistuta）、兹拉坦·伊布拉希莫维奇、韦斯利·斯内德（Wesley Sneijder）、伊万·萨莫拉诺、克里斯蒂安·维埃里（Christian Vieri）、塞缪尔·埃托奥（Samuel Eto'o）、罗纳尔多、罗伯特·巴乔……这些超级前锋都拥有无与伦比的天赋，但是如果没有球场下辛勤付出的汗水，他们也达不到今天的高度。在没有摄像机的训练场上，在球迷们上班或者做工时，我们球员在教练和体能师的指导下挥汗如雨，日复一日，年复一年。球员是足球世界最重要的财富，是天赋与汗水的结晶。

我也见过许多天才荒废的例子：有些孩子，在青年队时就展现出了非凡的潜力，似乎可以拿到一尊又一尊的金靴奖。可是到最后，这些孩子却只能混迹于低级别联赛，最终销声匿迹。这些孩子的共性，是吃不了苦，不愿牺牲，心不在焉。话又说回来，足球圈的压力确实不是人人都能够承受的：让球迷眼花缭乱的战术需要一则一则去记，每天机械性的身体训练需要持之以恒，有时候，你付出了一切努力，可是比赛中横梁和立柱却来拒绝你。还记得前文里提到的索里亚诺的小说吗？“那一天，即使球门变得像彩虹一样大，他也射不进去。”有时候，你接连射中横梁和立柱之后，对手却在第94分钟进球绝杀。还有些时候，裁判和你作对……

即使踢上了意甲，你也不能高枕无忧。无论场内场外，记者和球迷手里的照相机只会对准豪门和大牌球星，掌声和鲜花只会献给赢球的一方。那些默默奉献的中小球队，还有任劳任怨的豪门替补球员们，都被忽视了。其实他们才是足球世界的主体，他们的汗水、他们的付出理应受到大家的尊重。

马里奥·巴洛特利①是一名我看着成长起来的球员，在更衣室里，我不厌其烦地给他提出建议。这些建议，有时候被他采纳，有时候却被当成了耳边风，因为他有着自己的想法。现在他是AC米兰的主力前锋，也是意大利队主教练切萨雷·普兰德利②器重的年轻人。他也有成为顶级球星的一切条件：身体，速度，技术，意识。现在，他在“好球员”（buon giocatore）和“真冠军”（vero campione）之间浮动，造成这种不稳定的是他不成熟的心智。2009—2010赛季，我们曾经一起踢过与巴塞罗那的欧冠半决赛：那之前从没有球队领先过佩普·瓜迪奥拉（Pep Guardiola）的巴塞罗那两球，而当时我们在主场3：1领先。为了保持对对手的压力，主教练何塞·穆里尼奥（José Mourinho）在最后时刻换上了马里奥·巴洛特利，希望他利用个人技术牵制巴萨的天才们。当马里奥出场时，看台上的国际米兰极端球迷开始嘘他，因为他们不喜欢马里奥此前的一些行为③。场上我和埃托奥这样的老队员都上来安抚他，告

---

① 马里奥·巴洛特利（Mario Balotelli），1990年8月12日出生于意大利巴勒莫，技术出众的意大利黑人前锋。15岁时，巴洛特利代表意丙联赛的卢梅扎内出场，创造了意大利职业联赛的历史最年轻出场纪录。2006年，巴洛特利转会至国际米兰。随后他又先后转会至AC米兰和利物浦。

② 切萨雷·普兰德利（Cesare Prandelli），意大利教练，有升级专家之称，曾带领维罗纳、威尼斯等弱队杀入意甲。2010年7月1日，普兰德利被意大利足协正式任命为意大利国家队主教练。2012年6月，普兰德利带领意大利队在国内赌球风波未平的情况下参加2012年欧洲杯，并夺得亚军。2014年6月，意大利队在2014年巴西世界杯小组赛中被淘汰，普兰德利宣布辞任国家队教练。

③ 巴洛特利那个赛季曾经在国际米兰更衣室里用口哨吹AC米兰队歌，还在一个搞笑节目中穿上AC米兰队服。

诉他这种情况下应该为球队着想，场边的穆里尼奥一直让他冷静下来。可事实正好相反，马里奥丧失了理智，他开始和球迷们斗气，巴塞罗那险些乘乱扳回一球。

马里奥·巴洛特利的行为是自私的，更让人不能接受的是，比赛结束后，当我们忙着庆祝时，他却怒气冲冲地脱下球衣扔在地上。那场比赛后，每名队友都告诉他，摔球衣的行为是不可接受的，马尔科·马特拉齐（Marco Materazzi）是最为生气的一个①，但每个人的出发点都是为他好。

类似的行为，绝不应该发生在职业球员身上。在此之前，我只见过一次——塔里博·威斯特有一次因为不满被换下摔了球衣。但是塔里博是个没有野心的球员，他不像马里奥，目标是成为世界第一。

如果不是丧失了理智，马里奥本可以为我们攻入第4球（赛后穆里尼奥在更衣室里喊："我们应该进4个。"），那样诺坎普的第二回合就变成了走过场。要知道，主场的巴萨可以把任何劣势弥补回来——2012—2013赛季欧冠八分之一决赛，他们在客场0：2输给AC米兰的情况下，主场连入4球以4：0翻盘。

我希望有一天，马里奥能够变得成熟。在曼城，罗伯托·曼奇尼用耐心教会了他许多；在意大利国家队，切萨雷·普兰德利把他看成是自己的孩子。我想，他现在应该给自己打个分，他应该想想，是满足于天赋带给他的7分或者8分，还是通过努力，把分数提高到梅西那样的10分。

---

① 有报道称在回更衣室的通道中，马特拉齐狠狠地教训了一下年轻的小将，马特拉齐说出了当时的细节："我必须让他知道那样做是错误的，所以一上去我就给了他一耳光，并且把鞋扔在了他脸上。"

另一个让我失望的例子，是“中国男孩”雷科巴：阿尔瓦罗的左脚，简直可以拉小提琴，他是个善良的人，我也爱他，可是如果他能够在训练中更努力一些，世界上没有后卫能够防住他。

还有阿德里亚诺（Adriano），他拥有着野兽般的身体、精妙的技术，还有闪电般的速度，他刚来到国际米兰，就在与皇家马德里的友谊赛上攻入一个雷霆万钧的进球。在训练中，两三个人联手也防不住他。当时有人说：“这就是新罗纳尔多。”他来自巴西的贫民窟，那里的环境和南港很相似（当然要更加恶劣一些），因此我尽自己所能帮助他：我知道，对于一个曾经连饭都吃不饱的穷小子来说，突如其来的财富意味着什么。在阿德里亚诺的成长道路上，父亲是他的精神支柱，就像鲁道夫之于我。我还记得2004年夏天的TIM三角杯前，家人打电话给刚刚从巴西度假归来的阿德里亚诺：“你爸爸死了。”后来的比赛中，他每次进球后都要双手指天，把进球献给父亲，他还把妈妈和女友接到了米兰。我和伊万·科尔多瓦经常找他聊天，有一次伊万说：“你知道吗？你是罗纳尔多和伊布拉希莫维奇的综合体，你能够变得比他们都强。”尽管我、伊万·科尔多瓦、莫拉蒂主席以及整个球队，都像关心亲人一样关心他，但是我们的努力最终还是失败了，他没能战胜心魔。离开球队之前，他哭着向大家道歉。

当被问到什么是一名现代球员最重要的素质时，阿里戈·萨基[①]——

---

① 阿里戈·萨基（Arrigo Sacchi），1946年4月1日出生于富西尼亚诺。任教练之前，萨基只是意大利低级别联赛俱乐部的业余球员，正职则是鞋店的推销员。1985年正式成为教练，首家俱乐部为帕尔马，当时只是意大利丙级联赛。其后于1987年转投AC米兰，首赛季就成功赢得意甲联赛冠军。当时他一手收购了古利特、里杰卡尔德、范巴斯滕等名将，并提拔了如马尔蒂尼等后卫。1989年、1990年，更是连续两届赢得欧洲冠军杯。萨基于1991年开始执教意大利国家队，曾带领国家队打入1994年世界杯决赛。1996年萨基又重返AC米兰，但因战绩欠佳而下课。此后萨基把重心放在了西甲。

帮助AC米兰建立王朝、率意大利队拿到世界杯亚军的战术大师——答道：“智慧。”真是太有道理了：今天的职业球员，需要理解比萨基笔记本上那些站位、套路还要复杂得多的战术，我甚至相信每名退役球员都能够拿到几何学荣誉学位。另外，如果没有一颗聪明的脑袋，球员们又怎么能够抵挡得住超级跑车、夜店、毒品、舞女带来的诱惑呢?

对一名足球运动员来说，脑袋和双脚一样重要。在萨内蒂的自我评分中，我几乎已经提到了我的所有强项，下面我得坦白自己的弱项［门将技术除外，因为这几乎是我在球场上唯一从未踢过的位置。弗朗西斯科・法里诺斯（Francisco Farinós）和罗德里戈・帕拉西奥（Rodrigo Palacio），都曾经在我们队换人名额用光而守门员被罚下或者受伤的情况下，当过救火门将，他们的门将技术让人惊叹］。我承认，头脑和头球是我的弱点，如果不是因为这两点，我的自我评分应该要高于7.5分。

在我的印象中，埃尔南・克雷斯波是最好的头球专家，排在他之后的是伊万・萨莫拉诺、迭戈・西蒙尼、塞缪尔・埃托奥，还有达沃・苏克（Davor Šuker）——皇马曾经的克罗地亚尖刀。有一次保拉问我：“Pupi，你到底什么时候退役啊？”在我们的日常对话中，玩笑占据了很大一部分，于是我说：“保拉，我向你保证，只要我进一个头球，马上就退役。”

身材不高的巴西前锋贝利，职业生涯中却有许多次头球破门，其中最著名的要算1970年世界杯决赛那个：负责盯防他的是“大国际”中卫塔尔奇西奥・布尔尼奇（Tarcisio Burgnich），巴西队员从左路起球，贝利高高跃起，把球砸进了阿尔贝托西（Albertosi）把守的大门。贝利的滞空时间如此之长，以至于人们怀疑地心引力对他不起作用，对于现在的我来说，地心引力要起到双倍的作用。

就像打桥牌一样，笑到最后的不一定是牌面最好的。虽然我的能力值只有7.5分，但是我却赢得了许多。不是人人都能穿上10号球衣，我的经历告诉大家，穿4号球衣的人，也可以笑得很开心。只要努力，只要保持一颗乐观的心，任何一个现在只能得到5分、6分的球员，总有一天也能够拿到我的分数。

第九章

哈维尔·萨内蒂，你每天都想训练吗？

“我的宿命是痛苦。”罗伯特·巴乔这样对一个《晚邮报》的记者说。1994年美国世界杯，他引领阿里戈·萨基的那支意大利国家队，一路杀进了决赛，惜败于罗马里奥（Romario）的巴西队（年轻的罗纳尔多坐在板凳上）。罗伯特是个佛教徒，他相信宿命：这是一种来自东方的古老哲学，当我们行善时，宿命便向好的方向发展；当我们作恶时，宿命便向坏的方面发展。伟大的罗伯特，我不知道你是不是意大利足球史上最伟大的球员，但是我知道没有人能够在人格魅力上超过你。

“我的宿命是痛苦。”巴乔常常重复这句话。美国世界杯半决赛对保加利亚队，巴乔攻入两球后受伤，几乎错过了所有球员梦寐以求的世界杯决赛。可他做到了，决赛前意大利队医同意主教练萨基将巴乔排入首发阵容，而那场决赛恰恰是对“我的宿命就是痛苦” 最好的诠释。加时赛后的点球大战，全世界都在期待罗伯特·巴乔的点球，可他却一脚将球踢向了天空。加利福尼亚的玫瑰碗球场，变成了黄衫巴西人狂欢的广场。

有一位记者在整个美国世界杯期间，都在新泽西宾格利高中（Pingry School del New Jersey，意大利大本营所在地）跟踪报道。这位记者回忆道，每天训练完，罗伯特·巴乔都会和朱塞佩·西格诺里（Giuseppe Signori）一起加练点球，为他们守门的是帕柳卡和马切吉亚尼。每一次射门之前，罗伯特都要喊：“注意，我要射右（左）边。”然后他真就射向那一边。还有时候，罗伯特会退到禁区外射“点球”。无论什么情况，他都能够把球射进。就我在国际米兰训练中亲眼看到的情况，我觉得即使把罗伯特的双眼蒙上他也能够罚进点球。不过，人生中最重要的一个点球，他没踢进。这就是足球……

1998—1999赛季，罗伯特·巴乔和我成了队友，他也把他的宿命和痛苦“传染”给了整个国际米兰。这当然不是他的错，事实上他场上场下都让人肃然起敬。身为佛教徒，罗伯特却有一个不那么友善的爱好——打猎。罗伯特最亲密的猎友是安杰洛·佩鲁济，他们各自养了几条优秀的猎犬。罗伯特加入球队不久，我就见识了他的慷慨。那是假期后的集训期间，他给我看了一段在阿根廷打猎的录像。罗伯特开了一枪，一只野鸭应声而落，一只猎犬像箭一样冲过去，叼回猎物。“多棒的狗啊！”我忍不住赞道，“我也想要一只，这是什么品种的狗？”他答道：“拉布拉多。”“嗯，我一定要找一只送给保拉，她会高兴坏的。”

第二天，罗伯特·巴乔给我打电话：“嘿，我们一起吃晚饭吧，去吃野猪肉和烤土豆。我有个朋友在帕维亚（Pavia）开了家餐馆，他会亲自为我们下厨。”在上菜前，罗伯特对我说：“和我去一趟车里吧，我忘了拿葡萄酒。”他打开后备箱，一个毛线织的手提袋中，一只拉布拉多睁大眼睛看着我们。“真可爱！”我情不自禁地说。“这是你们的啦，算我送给保拉的礼物。”我们给它起名叫辛巴（Simba），就是迪士尼卡通片《狮子王》中主角的名字。辛巴不久前刚刚去世，我家的每一个成员都很伤心。罗伯特一知道这个消息，马上就给我打电话：“Pupi，你给我姐姐打电话，她是个拉布拉多专家，可以帮你找一只一模一样的小狗。”

在足球场上，罗伯特·巴乔也是个无私的人。在他宁静的外表下，其实隐藏着一颗勇敢的心。他一次次跌倒，又一次次爬起来。他遭遇了外人无法想象的伤病，每一次他都坚强地面对漫长、枯燥的恢复期。每一次当他被外界判定“废掉了”时，当球迷已经忘了病榻上的他时，当媒体为新的天才欢呼时，他都依靠着惊人的毅力回到球场上，向世界展示那颗勇敢的心。巴乔的经历，是我人生中重要的一课，当我在普雷迪奥（Predio）进行艰难的跟腱恢复训练时，常常用他来激励自己。

那个赛季的国际米兰，遭受了巨大的痛苦。我永远忘不了当时报纸上的这段话：国际米兰是独特的，我的意思是不合群的，他们被其他球队孤立了。它忙自己的，也总喜欢标新立异，无论在战术上还是经营上……国际米兰和其他球队压根儿就不是同一种“生物”。

作为一名基督徒，我并不相信宿命。事实上我对那个赛季充满了期待：那将是我第一次参加欧冠联赛，尽管与皇马、格拉茨风暴（Sturm Graz）以及莫斯科斯巴达克分在一组不算是好消息。整个赛季最难忘的一场比赛，是在梅阿查3：1战胜皇马。那一战前，吉吉·西蒙尼像往常一样坦率，他叫来我和罗伯特·巴乔，“小伙子们，你们这一场得从板凳席开始，随时做好上场准备。”谁不想和皇马比赛？但是在西蒙尼面前，没有人会生气，于是我和巴乔说：“是，教练。”

罗纳尔多一记势大力沉的射门被扑出后，伊万·萨莫拉诺补射破门。几分钟后，克拉伦斯·西多夫就为皇马扳平了比分（我已经说过我有多么欣赏他），接着罗纳尔多又让皇马后卫们疲于奔命。下半场我顶替精疲力尽的切科·莫雷罗（Checco Moriero）出场，当我们都以为比赛将以平局收场时，西蒙尼教练换上了罗伯特·巴乔：他在短短4分钟内梅开二度，第二球还漂亮地过掉了门将。

欧冠我们以小组第一出线，联赛名列前茅，所有的赛事都很顺利，为什么我说那是一个痛苦的赛季呢？一切都从西蒙尼突然被解雇开始，顶替他的是米尔恰·卢塞斯库（Mircea Lucescu），多年以后，这位经验丰富的老帅带领着顿涅茨克矿工（Shaktar Donetsk）拿到了欧联杯冠军。

欧冠八分之一决赛，我们抽到了亚历克斯·弗格森爵士（Sir Alex Ferguson）的曼联。在老特拉福德球场，我们以0：2败北，人气堪比娱乐明星的大卫·贝克汉姆（David Beckham）助攻两次，而迭戈·西蒙尼的一个好球却被吹掉。次回合回到梅阿查球场，尼古拉·文托拉（Nicola Ventola）帮助我们取得领先，接着泽·埃利亚斯本有机会把总比分扳平，可是他失误了。下半场，曼联扳平比分，将我们淘汰出局，最终他们也神奇地赢得了那个赛季的欧冠冠军。我们的宿命，是痛苦。

在0：4输给桑普多利亚后，米尔恰·卢塞斯库也被解雇了。那个赛季教练更替得如此频繁，许多人批评主席马西莫·莫拉蒂，以至于他不得不短暂地把主席职务交给贾钦托·法切蒂[1]。

我们要选择性地遗忘“五个教练的赛季”吗？当然不是：失败乃成功之母，只有铭记失败，你才能够走出失败，才能够激励自己变得更强大。在失败之中，你能够找到重新开始的理由。“重新开始”不只是教练用来激励球员的一句口号，就像萨基和沃尔特·马扎里（Walter Mazzarri）喜欢用的。每一名球员，每个人都要重新开始，如果用罗伯特·巴乔的话说，那就是“我们的宿命就是重新开始”。

有些人，失败以后就一直活在阴影里，无论在球场上还是生活里都无法战胜失败。我在结束了那个可怕的赛季之后，脑子里想的只有新赛

---

① 贾钦托·法切蒂（Giacinto Facchetti），1942年7月18日—2006年9月4日，已故意大利著名足球运动员，司职后卫。他是“大国际米兰”时代的核心球员之一，也是意大利国家队最伟大的球员之一。在他参加的634场赛事中，打进了75个进球，带领国际米兰赢得了1963年、1965年、1966年、1971年总共四届意甲联赛冠军；又在1964年、1965年赢得两届欧洲冠军杯冠军及洲际杯冠军。此外，法切蒂还代表意大利国家队出场达94次（是当时代表意大利最多纪录），带领意大利队在1970年世界杯上赢得亚军及1968年欧洲杯上获得冠军。退役后，法切蒂仍然留在国际米兰，长期担任管理职务。2006年9月4日，贾钦托·法切蒂因病去世。为了纪念这位伟大的球星，国际米兰已经做出将3号球衣“终身退役”的决定。

季。一整个夏天，我都在刻苦训练，即使一个人在家也不例外。我的食谱和赛季中别无二致：我滴酒不沾（我一辈子只喝过一杯啤酒，还是为了庆祝成年时喝的）；意大利面，瘦肉（猪肉除外），一点点鱼（我知道鱼是很好的食物，但是阿根廷人都不喜欢吃鱼），水果，蔬菜。我从不喝咖啡，提神只会喝马黛茶，有时候会吃一个我最喜欢的杏酱馅饼。

1998年我刚在巴黎拿到自己的第一尊奖杯，可转眼之间1999年就在各条战线一败涂地。知耻而后勇是唯一出路。

在足球之外，1999年于我个人是无比甜蜜的：那一年的12月23日，在布宜诺斯艾利斯数百位亲友面前，我和保拉完成了婚礼，从"准情侣"升级为正式的夫妻。在今天的世界里，名人的一切八卦都逃不过社交媒体，许多人在脸书（Facebook）上看过一套我婚礼的照片：我穿着浅灰色的礼服，很显然这一套比我加盟国际米兰时穿的那一套更加精致。还有一张照片里，我高举着香槟杯（里面装的是顶级的"库克香槟"，这是欧洲豪门用来庆祝欧冠夺魁的佳酿）。大家别误会，我从来不喝酒，我只是假装举起杯子，大家干杯的时候我也只是用嘴唇沾一点儿酒。有时候PUPI基金会举行慈善晚宴，我也会端着一杯酒，但是在那种情况下我甚至连嘴唇都不打湿，只是表示我对客人们的尊重。有一个美国记者对我说："我们的前总统罗纳德·里根（Ronald Reagan）也和你一样，在与伊丽莎白二世（Her Majesty Queen Elizabeth II）还有苏联最后一任总书记米哈伊尔·谢尔盖耶维奇·戈尔巴乔夫（Mikhail Sergeyevich Gorbachev）的宴会上，他都是象征性地举了一下杯。"

保拉那天特别高兴，甚至当我提出了下面这个"无理要求"之后她都没生气，"亲爱的，现在没事了，教堂里的仪式已经完成了，我们交换过戒指了，晚宴的客人们还在路上，我想去跑一会儿步，我包里正好带着跑鞋。"

新郎官在婚礼当天还要训练？听听新娘保拉·德拉·富恩特对那一天的回忆吧：“我们终于结婚了，可是日子却选在圣诞节，难道那一天我们不应该在准备圣诞树、圣诞礼物，唱着圣诞歌，等待圣诞老人从烟囱里跳下来吗？但是哈维尔平时忙着踢联赛，踢欧冠，踢国家队比赛，圣诞假期是他唯一的空闲时间了。当哈维尔问我‘我能去跑一会儿步，就一小会儿吗’时，我一点儿也不生气。从我14岁和他在一起开始，我从未抱怨过他训练。人们都惊叹哈维尔的竞技状态，少有人知道他背后的付出。对于许多运动员来说，训练是一种牺牲，就像是严格遵守营养食谱一样，所以每到假期，这些人都会放松训练，喝几杯小酒，吃许多甜食。哈维尔喜欢训练，他一年到头的食谱都是营养师制定的。每次过完假期之后，其他人都挺着小肚子回到球队报到，可是哈维尔却带着更加健硕的肌肉，还有满满的体能储备回来。这就是为什么哈维尔能够轻松地面对密集的赛程，在每场比赛中展示他“拖拉机”式的奔跑。至于婚礼那天，哈维尔绕着院子跑了许多圈，然后洗了个澡，梳好头，又换回礼服，春风满面地和我一起招待宾客们。”

并不是每个女孩都能够接受丈夫在婚礼当天跑步，事实上我还干过一些更夸张的事情。我一直怀疑，保拉有一本秘密笔记，上面记录了这些年来我千奇百怪的训练方式。每次茶余饭后，她的讲述都能够让家人捧腹大笑，有朝一日也许她还能把这本笔记卖给女性杂志编辑部。现在你们自己来听听她是怎么说的吧，在此期间我可以去跑个步……

“你们也许要问，哈维尔还能干出什么比‘结婚日慢跑’更搞笑的事？我也希望没有，那样的话孩子们将来也少一点儿嘲笑老爸的料。事实上，孩子们亲身经历过一次——2012年8月，我们在马德里机场接朋友，那是一班阿根廷来的飞机。那天酷热难当，候机和接机的人都躲在开足冷气的航站楼里。那时候，哈维尔刚完成夏训，在新赛季开始前有3

天假期，于是我们决定带着孩子去马德里的华纳公园（Parque Warner）玩。广播里忽然通知，我们等的那趟航班晚点了，接着告示牌不断延长晚点时间，十分钟，一个小时……我看着有点儿焦虑的哈维尔说：‘不等到他们的航班我绝对不去华纳公园。’哈维尔又坐了一会儿，终于没忍住，‘保拉，真不好意思，我……’我有点儿生气了，‘Pupi，你说什么？你穿着平底鹿皮鞋，怎么跑步？你没看到吗，外面起码有40℃，你会中暑的。’他不依不饶，‘后备箱里有跑鞋，我知道用得上的。’于是他去盥洗室换好装备，开始在航站楼之间折返跑。我带着孩子们隔着玻璃看他，那是我平生第一次感觉自己嫁给了一个疯子。我的朋友们终于出来了，丝毫不知道发生了什么，全身湿透的哈维尔也心满意足地回来了，就像一朵沾着水滴的玫瑰。无论是圣诞节、新年还是其他什么节日，哈维尔的包里永远放着跑鞋和体能教练斯特凡诺·拉佩蒂（Stefano Rapetti）给他制定的计划。他永远不给自己放假，他永远不觉得自己在做牺牲，因为他真的喜欢训练。”

结婚的间隙，候机的间隙，我这些非典型的训练时间，着实为保拉提供了聚会时的谈资，每次她逗得来访的宾客捧腹大笑时，我都要看看手表，然后说：“不好意思，我得去睡觉了，明天还有训练……”这些对外人来说不可思议的训练，对我来说再平常不过。下面保拉要告诉大家最后一个故事。

“我和哈维尔，”保拉的口气像在念一篇悬疑小说，“几乎没吵过架。偶尔拌嘴都是因为我不守时，他能够包容别人的一切缺点，除了迟到。有一次我们去突尼斯的杰尔巴岛（sull’isola di Djerba）度假，我预订的酒店没有健身房，方圆几公里内也没有，哈维尔差点儿因为我的这点疏忽和我大吵一架。那次度假前，国际米兰的训练师建议哈维尔加强腿部肌肉，具体方法是顶着75公斤的杠铃做深蹲。如果有台深蹲器的话，这是一组再简单不过的训练，而在一个度假岛上，只有遮阳伞、躺椅和卖椰子的小贩。‘亲爱的，你多重？’吃完饭的时候，哈维尔的这个问题吓了我一跳。‘50公斤。’ 我板着脸回答，对女孩来说这绝不是令人开心的问题。第二天一早，当我躺在沙滩上开始享受日光浴时，哈维尔冲到市内，买了两个5公斤的小哑铃回来。接着，他又央求厨师，用天平称我们带来的几本书，称完后全装进我的书包里［直到今天，我仍然喜欢背着小书包出门。当我还是个学生时，背着包和我闺蜜洛莱（Lole）游遍了欧洲］。哈维尔背着书包（15公斤重）来到沙滩上，说服我一手拿一个哑铃。加上我的体重，哈维尔‘制造’了一台深蹲仪，和阿皮亚诺·詹蒂莱训练基地的那台深蹲器械分毫不差。哈维尔把我驮在肩上，光着脚一下一下地深蹲。在我们身边，我忘了是一位欧洲的、日本的还是美国的游客，用相机照下了那让我尴尬的画面。我的丈夫就是这样，我真是拿他没辙。两年前，哈维尔开始学习吉他，接着我们家就被他的噪音困扰。我希望他放弃，可我的一个闺蜜却说：‘如果Pupi下决心学吉他，假以时日他一定会成为新吉米·亨德里克斯①。’"

也许我成不了吉米，我不可能像他一样在伍德斯托克砸吉他②。但是只要我努力，确实没有做不到的事情。努力是改变命运、走出低谷的最好方式，在最黑暗的1999年以及接下来的几年，我一直没有放弃过努力。训练使我兴奋，而不是劳累。马塞洛·贝尔萨（Marcelo Bielsa）——1998年到2004年阿根廷国家队的主教练，在一次艰苦的国家队集训期间问我："Pupi，有多少个早晨，你重复这样机械、枯燥的训

---

① 吉米·亨德里克斯（Jimi Hendrix），美国著名音乐人，公认的电吉他大师。

② 1969年伍德斯托克音乐节，叛逆的吉米·亨德里克斯表演到高潮时，砸掉了自己的吉他，成为音乐史上第一个在舞台上摧毁乐器的家伙。

练？从小时候就开始了吗？你难道从不感觉到厌倦？怎么可能？你没有吐过吗？”

不，马塞洛先生，怎么可能吐呢？训练让我幸福，因为比赛的胜负都在训练场上决定，在裁判吹响开场哨之前。我们永远不能决定对手有多么强大，我们永远不能确定裁判水平如何，我们能够做的，只是让自己变得更强大。我已经习惯了，把工作、付出看作是幸福、乐趣，而不是痛苦。著名男子网球运动员安德烈·阿加西说过，他一直在从事一项自己厌恶的运动。

我爱我的运动，我爱足球。

第十章

从不畏惧

一名执教过尤文图斯的教练能够带国际米兰吗？这两种身份之间不会产生什么“基因排斥”吗？

历史上，这个易位有过成功先例——1989年乔瓦尼·特拉帕托尼[①]率领布雷默、马特乌斯的国际米兰以创18队意甲时代的积分纪录夺冠，两年后还拿到一座欧洲联盟杯。马西莫·莫拉蒂想要复制成功，1999—2000赛季请来了马切洛·里皮——一名因为冷峻性格和满头银发而获誉“保罗·纽曼”[②]的名帅。不过，当吉吉·西蒙尼冲入球场抗议主裁判切卡里尼无视罗纳尔多的点球时，尤文图斯教练席上坐的正是里皮。

毫无疑问，里皮是一位好教练，2006年率领意大利队夺得世界杯冠军让他跻身历史最佳教练的名人堂。里皮是在球迷和球员巨大的期望中来到国际米兰的。“大叔”（lo Zio）朱塞佩·贝尔戈米（Giuseppe Bergomi）选择了退役，成为天空体育台的解说嘉宾；帕柳卡也离开了

---

① 乔瓦尼·特拉帕托尼（Giovanni Trapattoni），1939年3月17日生于意大利米兰，被认为意甲历史上最为成功的主教练。他的球员时代只效力于AC米兰，夺得了两座意甲冠军和1963年、1969年欧洲冠军杯，还代表意大利队参加了1962年世界杯。他和恩斯特·哈佩尔（Ernst Happel）、何塞·穆里尼奥（José Mourinho）和托米斯拉夫·伊维奇（Tomislav Ivić）并列为在4个不同国家夺得过联赛冠军的教练。特拉帕托尼10次带队夺得联赛冠军，因此也有“金牌教练”的美誉。他还曾带意大利队征战过2002年世界杯和2004年欧洲杯。

② 保罗·纽曼（Paul Newman），1925年1月26日—2008年9月26日，美国著名演员、赛车选手、慈善家，获得过戛纳影展、金球奖、艾美奖最佳演员奖，奥斯卡终身成就奖。他以一头潇洒的银发留下了经典的荧幕形象。

球队，于是我当上了球队的队长。那时候我26岁，算不上老将，但是在球队更衣室里已经是资历最老的人。我的队长处子秀很完美：1999年8月29日，米兰的暑气尚未退去，依靠波波·维耶里[①]上演的帽子戏法，我们取得了一场大胜。

我和新任主教练马切洛·里皮的关系很单纯，第一次见面时，他就对我说："萨内蒂，我很器重你，你是我的队长。"我不想成为那种带着"扩音器"上场的队长，只知道吼队友、吼对手。我想以身作则，示范给年轻人看，"别紧张，我们没问题的，球迷等着看我们表演呢。"我想成为教练和球队之间的桥梁，建立一种相互的尊重、信任关系。

不过，并不是队中所有人都为里皮的到来而开心，比如罗伯特·巴乔，他和里皮有着截然不同的性格和价值观。在他的自传《天上的门》[②]里，罗比回忆了他与里皮的不和："他是个'大军阀'，他就是一个专制的将军。为了打击我，他用尽了教练所能做到的一切方法，一分钟都不停歇，而且没有任何逻辑，毫无意义。在一场集训比赛中，我摆脱了紧盯送出了一记40多米的长传球，将球传给维耶里，波波射门成功，转身在禁区向我鼓掌，克里斯蒂安·帕努奇（Christian Panucci）也向我表示祝贺。队友们之间这样做再正常不过了。你怎么也想不到里皮的反应有多么激烈，他无法克制自己。'维耶里、帕努奇，你们他妈的在干什么？'他大喊大叫，'你们以为这里是剧场？我们到这里不是为了得到恭维，是为了工作！'"帕努奇后来也受到了里皮的攻击，据说原因是他有一次被换下时不高兴。2006年世界杯，虽然里皮极力否认，但是大

① 波波（Bobo）是克里斯蒂安·维耶里的昵称。

② 《天上的门》（*Una porta nel cielo*）是罗伯特·巴乔于2001年撰写的一本授权自传，包括对于他的职业生涯、童年、宗教信仰、私人生活和与教练们的冲突的细节描述。

家都猜测帕努奇的落选是因为里皮公报私仇。

我已经坦白了自己与主教练罗伊·霍奇森在欧洲联盟杯决赛中的争吵，足球圈是一个很容易爆发矛盾的地方，与我和霍奇森的故事不同，有时候裂痕一旦产生就很难弥补。

里皮执教国际米兰遇到的困境（2000—2001赛季，他率队打完第一轮就被俱乐部解雇），我认为首先是一种文化背景、性格特点上的冲突。这种冲突的根源存在于各自的DNA中，是肉眼看不见的：打上了尤文图斯烙印的人，骨子里都有一种特别的骄傲，他们认为自己是最好的，自己的血统最高贵，与国际米兰不同……你永远不可能要求两种截然不同的文化和传统融合在一起。在“电话门”之后，尤文图斯与其他队的鸿沟非但没有消解，反而变得更加畸形。

里皮是个尤文蒂诺①，他来到国际米兰时的心态，就像17世纪日不落帝国的子民踏上新大陆。他理所当然地认为，凭借着自己率领尤文图斯夺得过的众多荣誉，国际米兰的所有人都要服从他的指挥，接受他的性格和工作方式。但是很快，他便发现自己陷入了困境，因为我们球员不是奴隶，我们的球迷也不认为自己比尤文图斯低贱。

我还是要强调一点，我和里皮维持着非常职业的关系，我是他的队长，我忠于球队，忠于队友，也忠于教练。当里皮与球队的文化爆发冲突时，我毫不犹豫地选择忠于蓝黑色。

对于巴乔和里皮的矛盾，我感到十分遗憾。我知道罗比无比渴望着上场比赛，我确信曾经听到里皮对罗比说：“我器重你，很器重。”可是，事实却不是这样。当时的报纸上，列出过一份里皮亲信的名单，其中有保罗·索萨（Paulo Sousa）和弗拉基米尔·尤戈维奇（Vladimir

① 尤文蒂诺（juventino），意大利语尤文图斯球迷的单数，这里指里皮是尤文图斯的人。

Jugovic），我当时极力地帮助他们融入更衣室。那段时间，对我帮助最大的是门将安杰洛·佩鲁济，他既受到里皮的完全信任，也是更衣室里人缘最好的人之一。

我们那支球队很强大，记者们把维耶里形容为“一名拥有皮奥拉（Piola）和博宁塞尼亚（Boninsegna）神力的中锋”。在为国际米兰踢的144场比赛中，波波进了103个球，多么恐怖的纪录。马西莫·莫拉蒂主席为里皮教练准备了一手“好牌”。我们5：1大胜帕尔马，伊万·萨莫拉诺梅开二度，莫雷罗有一个进球，最后我们甚至逼迫伟大的图拉姆进了一个乌龙球。维耶里也进了一个，那个球至今让人记忆犹新：波波当时在禁区右上角倚住图拉姆——一位新晋世界冠军，队友的低平球传入禁区，波波轻巧地一磕，闪出身位抡起左脚射门，皮球飞入大门左上角。

好景不长，到最后，我承认我的努力都白费了。紧张、迷茫、混乱渐渐成了我们比赛的主题，无论我怎么努力，都无法消除里皮与球员们之间的隔阂，尤其是当我们准备与尤文图斯的客场比赛之前，里皮当着全队的面说出了下面这段话后：

“我们现在要去都灵比赛。我们必须赢。我们要改变一种惯性，你们每次去都灵，都会感到害怕，你们心里有太多恐惧。我记得非常清楚，你们每次迎战我执教的尤文图斯时，心里都很害怕。”

队员们听着这话，连眼睛都不敢眨一下，更不会有人敢反驳。要在威严的教练面前提出异议，绝不是一件容易的事情。但是我是一队之长，我代表着球队的尊严和利益。我去都灵踢过很多次比赛，那只是几十个意甲客场比赛之中普通的一个而已。我赢过，也输过，但是我从未害怕过。每次输球，都只是因为我们自己在球场上表现得不够好，更别提吉吉·西蒙尼抗议那一次了。在死一般的寂静中，我举起了手，向里皮提出了异议：“并不是你说的那样，我们从来没有过畏惧。”

“从不畏惧”（Mai paura），这是我想告诉所有年轻球员的比赛哲学。畏惧，是最让人羞耻的情绪。只有当你准备不充分、工作不努力时，才有理由畏惧。里皮先生，我们的失利和畏惧没有关系，我们可以接受失利，但是绝不接受别人无视我们的努力。这些道理，是小时候父亲鲁道夫教给我的。

里皮与这件蓝黑球衣的缘分，那一刻就走到了尽头。这不是里皮的责任，也不是我们的。他身上的尤文图斯烙印太深了，而我们是国际米兰，这是一段本不应该发生的关系。尤文图斯和国际米兰的关系，不应该像某些媒体、企业包装的那样，是一种你死我活的战场上的对手。我们之间，既要有场上的对抗，也要有场下相互的尊重。

那个赛季，国际米兰最后的救世主，恰恰是罗伯特·巴乔。倒数第二轮迎战自己深爱的佛罗伦萨，巴乔下半场不久就被换下，我们也以4球惨败。那场比赛之后，巴乔得知自己赛季结束就将转会，若换作其他人，在那种情况下一定心灰意冷，消极比赛。可我们说的是巴乔，一位最具有人格魅力的巨星：最后一轮对卡利亚里，他打进一粒关键的点球，为球队赢得了欧冠资格赛的附加赛机会。在与帕尔马的附加赛中，又是罗伯特·巴乔，在全队疲惫不堪、内乱未平的情况下，两次洞穿了吉吉·布冯[①]把守的大门。在这样一个巴乔面前，另外两个进球者萨莫拉诺和（帕尔马的）马里奥·斯塔尼奇（Mario Stanic）都只能是配角。最终，国际米兰以3：1淘汰了对手杀入了欧冠资格赛。

2000—2001赛季意甲，里皮只带了球队一场比赛。那年夏天的欧冠

① 吉吉·布冯（Gigi Buffon），Gigi是尤文图斯和意大利队传奇门将詹路易吉·布冯（Gianluigi Buffon）的昵称。

资格赛上，我们悲剧地被瑞典球队赫尔辛堡（Helsingborgs）淘汰。第二回合进行到第90分钟，“中国男孩”雷科巴罚丢了一个本可以帮助我们扳平比分的点球。在意大利超级杯上，拉齐奥不可思议地以4：3战胜了我们。到了第一轮联赛，我们又在雷乔卡拉布里亚客场以1：2不敌雷吉纳。尽管我已经尽了自己的最大努力，但还是没能消除球员和教练之间的隔阂。输给雷吉纳后，这种内部矛盾以一种激烈的方式爆发出来，马切洛·里皮当着记者的面说：“如果我是主席，我首先要炒掉教练，然后命令球员们靠墙挨个儿站好，我要给每个人的屁股上来一脚，因为他们简直在侮辱球员这个职业。”

那真是一段糟糕的回忆，造成那种情况的，并不是某一个人，教练、俱乐部、每一名球员都有责任。马西莫·莫拉蒂主席请来“救火”的，是马尔科·塔尔德利①——一名在1982年世界杯决赛上为意大利队进球后发出怒吼的传奇球星。在执教我们以前，他刚刚率领意大利21岁以下青年队夺取了欧青赛冠军。

诚实，是一项重要的品格，诚实在短时间内可能会让人吃亏，但是长久来看一定让人受益。我在里皮面前说了实话，如果再让我选一次，我还会那样说。关于马尔科·塔尔德利，我还想说句实话，尽管他现在在爱尔兰国家队辅佐伟大的特拉帕托尼：从迪士尼乐园到欧冠决赛的伯纳乌球场，我接受过无数教练的指导，塔尔德利是最差的一个，没有之一。在做人和执教上，他都一塌糊涂。

---

① 马尔科·塔尔德利（Marco Tardelli），1954年9月24日出生于佛罗伦萨，意大利著名中场，曾随国家队参加过1978年、1982年和1986年三届世界杯赛，共出场13次，进球2个。在职业生涯中，塔尔德利曾经在尤文图斯效力10年，其间5次夺取意甲冠军，并先后夺取过欧洲冠军杯、欧洲联盟杯、欧洲优胜者杯和欧洲超级杯各一次。作为老马尔蒂尼的助手，塔尔德利参加了1998年世界杯，在老马尔蒂尼下台后，他接手了意大利21岁以下国家队，并夺得了2000年U21欧青赛冠军，还率队参加了悉尼奥运会。

马塞洛·贝尔萨（Marcelo Bielsa）、丹尼尔·帕萨雷拉（Daniel Passarella）、吉吉·西蒙尼、罗伊·霍奇森、马切洛·里皮、迭戈·马拉多纳、阿尔贝托·扎切罗尼（Alberto Zaccheroni）、何塞·穆里尼奥、莱昂纳多（Leonardo）、罗伯托·曼奇尼、克劳迪奥·拉涅利、安德烈·斯特拉马乔尼（Andrea Stramaccioni），现在还有瓦尔特·马扎里（Walter Mazzarri），我合作过的教练性格千差万别，有的喜欢防守反击，有的强调两翼齐飞，还有的迷恋控球。马尔科·塔尔德利，是唯一一个没有战术的教练。他的训练课简直不是为职业球员准备的：每天都是一样的计划，单调、呆板，既没有身体训练也没有战术训练。如果像我这样在婚礼日都坚持训练的人，都说一个教练的训练无聊，你们可以想象其他队员是什么感觉。

不可能有两场一模一样的比赛，且不说每个对手都有自己的风格特点，就算是本队球员在不同时间段的状态也不相同。可是塔尔德利不这么认为，他觉得自己的战术设计是一劳永逸的，就像沙滩上的小孩觉得自己用沙子堆砌的城堡可以永远矗立在那里。

刚刚来到球队，他就招手让我过去，“你是队长，对吗？”这是个有趣的问题：包括里皮在内，全意大利都知道我佩戴着国际米兰的队长袖标。无论如何，我尊重新教练，“我是球队的队长，教练。”

“好吧，你别见怪，我的性格就是这样，明白吗？”

亲爱的读者，你们千万别误会，我没有为塔尔德利的问题生气：如果教练在队员面前没有威信，球队根本无法运转。何塞·穆里尼奥经常给队员训话，有时候甚至会大声训斥我，这都是再正常不过的，都是对事不对人。教练要让队员们知道，球队里没有特权人士。

我会虚心接受教练提出的任何技术要求，毫不犹豫地按照教练的要求提高自己。可是作为一个男人、一名球员、国际米兰的队长，我无法接受傲慢、想当然或者自以为是的要求。如果我的表现损害了全队的利益，我一定会反省，然后改正。可是如果对我的指责是空穴来风，对球队也有害无益，我决不接受。

我们有个傲慢的教练，我们的训练还不如业余队，成绩可想而知。队友们怨声载道，大家找到我问："Pupi，现在怎么回事？我们要怎么做才能够走出困境？"

记者们有一种天性，就是挖掘事件背后的"阴谋"，在政治和足球报道上尤其如此。国际米兰是一家大俱乐部，全世界的无数目光都在注视它，因此它也成了记者们穷追猛打的对象。长久以来有一种说法，国际米兰内部存在一个"阿根廷团伙"（clan degli argentini）或者说"马黛茶帮"（patto del mate），这个秘密组织的成员是我、萨穆埃尔、坎比亚索、迭戈·米利托，传说我们有能力决定任何一名队友或者教练在球队里的命运。

事实胜于雄辩，国际米兰夺得"三冠王"的那一年，更衣室里有我们阿根廷人，有麦孔、卢西奥（Lúcio）、儒利奥·塞萨尔（Júlio César）这群巴西人，马特拉齐、巴洛特利、弗朗切斯科·托尔多（Francesco Toldo）这群意大利人，还有斯内德、埃托奥、德扬·斯坦科维奇（Dejan Stankovic），教练席上是葡萄牙人穆里尼奥，不同种族、说不同语言的人其乐融融，为着一个共同的目标努力。

又有人说，成功可以掩盖许多矛盾，只有在困境中才能够看清事实。这些人想说，在国际米兰的低潮期，我和另外几名老友可以左右教练的战术，乃至于只让我们喜欢的队友上场。

虽说这些人的话是无稽之谈，但是在我的职业生涯中，确实给过教练战术建议，只是建议，发生在塔尔德利时代。

在一场又一场的失利后，队友们又来找我。

“队长，我们最近踢得很糟糕……”

“要我说，是糟糕透顶。”

“我们能做什么，Pupi？如果继续踢这套阵型，我们没什么希望。”

“你们想到了什么？”

“我们得找教练谈谈。每次我们打回4-4-2阵型，我们的防守覆盖面积就更大，进球率更高，拿的积分也更多。这很明显，你也知道的。我们也许赢不了冠军，但是看看我们的名单吧——洛朗·布兰克（Laurent Blanc）、科尔多瓦、西多夫、路易吉·迪比亚吉奥（Luigi Di Biagio）、维耶里、雷科巴，难道我们不应该做得更好吗？”

有时候，队长袖标压得人喘不过气来，比如和马尔科·塔尔德利谈话时。可看着队友们信任的眼神，我知道自己得担起队长的责任，“伙计们，上场踢球的是我们，把欢乐和痛苦送给球迷的也是我们。如果教练的战术没办法让我们信服，球队一场比赛也赢不了。我现在去找教练，推心置腹地和他谈一次，把大家的真实想法告诉他。”大伙儿都走上来拍拍我的肩膀，感谢我承担这项艰难的任务。

我不止一次在更衣室和教练之间担当“信使”的角色，每一次，当教练听到有来自队员的反馈意见，都会仔细地听，耐心地和我一起寻找解决办法。这是一种良性的沟通，虽然我要做大量的工作，但是这让我感到开心。我做梦都没想到，和主教练马尔科·塔尔德利的这次沟通，竟然没有遇到一点儿困难，也没有耗费什么时间。当我来到他的办公室，刚张口说：“教练，我们现在有一个问题，队友们都和我说……”

“哦，是这样啊。没问题，就按你们说的那样做吧。不过，很快你们就知道，你们是错的。”他说这些话时，都没有面向着我。

“教练，你有权利坚持你认为有效的战术。我们都会服从你的安排，我这次来只是告诉你一些队员的想法。”

他有点儿不耐烦了，“不不，我已经说了，按你们想的去做吧。我们就来踢这个著名的4-4-2阵型吧，既然你们这么喜欢。”

变阵的效果立竿见影，我们在主场大胜佛罗伦萨，下一个主场我们又依靠维耶里的梅开二度以及雷科巴的进球，战胜了亚特兰大。5月11日，我们要在主场迎战AC米兰，如果赢下这场比赛，一个赛季的阴霾都会一扫而空。

德比之前，塔尔德利毫无征兆地宣布："我们回归三后卫。”由于这个临时变阵，AC米兰中场塞尔吉尼奥（Serginho）在比赛中可以不受限制地活动（球员们赛前就预想到了）。最终的结果，是一场让国际米兰球迷永生难忘的0：6。

终场哨响起，可以想象我们球员听到的嘘声有多大。摄像师在场内寻找采访对象，可是教练早已不知去向。谁代表全队站出来发言？我是队长，责无旁贷。我尽量控制住自己的情绪，“我们必须向前看……我们要走出目前的困境……我们得向球迷道歉……”我现在已经记不清当时都说了什么，也不想再看那段录像。我一直坚信着“失败乃成功之母”的哲学信条，但是那天恐怕没人愿意相信我。我是队长，无论在什么情况下都要代表球队，那一天也不例外。

马西莫·莫拉蒂通常被形容为一个球迷主席。有人认为这是一个侮辱性的评价，可是我却认为这是对他最好的赞美。足球不仅仅是一门生意，如果你利欲熏心，绝对搞不好足球。莫拉蒂是国际米兰的主席、球迷，还是一位企业家，他的住处和工作地点都在米兰市中心。在那场0：6之后，每天都有成千上万的AC米兰球迷等着嘲笑他。

我们回到阿皮亚诺·詹蒂莱基地，就接到一个紧急会议通知，开会地点是主席先生家里。我们乘坐着大巴来到主席家，每个人都低着头，双手插进口袋里。当时每个人都觉得，主席先生要过来狠狠地敲每个人的头一下才好。

我们进了房间，分别找位置坐下。我记得房间里有一张写字台，主席先生坐在写字台后面，看着大家。和我们一起进来的马尔科・塔尔德利，径直走到主席旁边坐下。我站起来，开门见山地对他说（没有用敬语）：“不，教练，你得和我们坐在一起，和队员们一起。主席先生没有输球，是我们丢了6个球，你当时和我们一起在球场，在板凳席上，现在你得到我们这边来，到犯错的这边来。”

主席先生的话让我们每个人汗颜：“输球是可以接受的，我从小就进入足球圈了，我知道这一点。但像这样输球不行，至少穿着我的球队的球衣时，不能这样输。”没有人再说一句话，房间里连苍蝇飞过的声音都听得见。当队友们都离开之后，我走到主席身前说：“主席先生，您说得对。但是我还是认为，教练应该和我们坐在一起。”

在那之后不久，我碰到一个相熟的记者，他拉住我的胳膊，凑到我的耳边。这一类记者总是知道球队的一些隐情，总能够早早预言后来发生的事情。那一次，他郑重其事地对我说：“Pupi，我想告诉你，马尔科・塔尔德利已经向俱乐部申请，本赛季结束之后就将你挂牌。皇家马德里已经表示了对你的兴趣，这将是你在国际米兰的最后一个赛季，亲爱的队长。”

第十一章

皇马的影子

现在回头看看，1995年夏天，当我穿着那套灰西装，从班菲尔德转会国际米兰时，一定想不到自己能够在这里待这么多年。我之前已经说过，每家俱乐部都有自己的性格，在经历过里皮和塔尔德利两位有着尤文图斯性格的教练之后，我却发现自己身上的国际米兰烙印更深了。然而，当2000—2001赛季走向终点时，一切似乎都暗示着我的国际米兰生涯已到了尽头，我不得不交出队长袖标，清空更衣室里属于我的那个柜子，去寻找我的下一站。

要想在足球世界中平静地生活，就得学会辨别转会新闻的真假。在经纪人口中，任何一个资质平庸的小孩都可以是新贝利、新马拉多纳、新梅西，球队也不时制造一些烟幕，以抬高手上球员的身价。但是那一则关于我的传言，却不是空穴来风。

马尔科·塔尔德利已经让国际米兰卖掉我，在众多买家中，维森特·德尔·博斯克（Vicente Del Bosque）执教的“银河战舰”皇马最有诚意。现在我们得称呼他为德尔·博斯克侯爵（Marchese Del Bosque），在率领西班牙国家队捧起2010年世界杯后，西班牙国王胡安·卡洛斯一世授予了他这一贵族头衔。那之后的2012年欧洲杯上，博斯克又成为了第一位大满贯教练（欧冠、欧洲杯、世界杯），捧杯路上先后击败了斯内德的荷兰队和巴洛特利的意大利队。在过去几十年中，西班牙人一直是国际足坛的“睡美人”（Bella addormentata）：无论他们有多少天才，无论外界的期望有多大，他们就是赢不了大赛冠军。德尔·博斯克侯爵以他超人的智慧和魄力，当然还有技战术修为，捏合了皇马和巴萨各自阵营的天才球员，让他们以一支团队而不是各自为战的姿态迎敌。打个有趣的比方，他就像是一位慈祥而又耐心的叔叔，在餐桌上不动声色地就让吵得不可开交的两个堂兄弟和好如初。国际大赛的“两连冠”，是对西班牙足球最好的褒奖。

保拉看着我，沉默无语。我知道，离别对她来说太过于沉重。我们已经在科莫湖边的那所房子里生活了三年，营造出了一个属于我们的世界。保拉交了许多新朋友，她已经习惯了那里的生活。而现在，我们要把这一切抛在身后，让记忆像浪花上的白沫一样消失在沙滩上。

国际米兰的板凳上，来了一位阿根廷人——赫克托·劳尔·库珀（Héctor Raúl Cúper）。这位消瘦的老人，长了一张忧郁的脸，让人不由得想起古典小说中带着悲剧色彩的绿林豪杰，比如说唐吉珂德骑士。库珀的履历也颇符合绿林豪杰劫富济贫的特点：他到欧洲后接手的第一支球队，是名不见经传的西甲马洛卡。带队不到一年，他就杀入了国王杯决赛，只是最后点球憾负于巴塞罗那。转头来到了西班牙超级杯，他就复仇成功。带队第二年（1999年），他又率领马洛卡杀入了欧洲优胜者杯决赛，可惜最后又输给曼奇尼和维耶里的拉齐奥。优异的成绩让他获得了瓦伦西亚的垂青，他上任后的第一场正式比赛，就率领瓦伦西亚捧起了西班牙超级杯。在接下来的两年里，他带队连续杀入欧冠联赛决赛，可惜头一次（2000年）输给皇马，第二次（2001年）又点球大战输给了拜仁。

严肃、严谨、专业，库珀简直是马西莫·莫拉蒂梦寐以求的“拨乱反正”的教练。我在家看着科莫湖，好像外面的风向变了，我为自己不能够再佩戴那条队长袖标而遗憾。

通常我对转会新闻毫不关心，但是那个夏天，我变得极为敏感。我的经纪人来到我家，和我喝了一杯咖啡，“准备好，Pupi，我们要去皇马了。我已经和皇马技术总监巴尔达诺谈过，他和我确认了，皇马要签下你。”豪尔赫·巴尔达诺（Jorge Valdano），我的阿根廷同胞，来自圣塔菲省的罗萨里奥，曾经在纽维尔老男孩队效力十六载。在皇马效力时，他拿到了两座西甲联赛、两座欧洲联盟杯冠军奖杯，80场比赛进40球的效率十分惊人。在1986年世界杯上，他为阿根廷国家队攻入4球，包括决赛对联邦德国队的一球。作为主教练，他还率领皇马拿到一次西甲联赛冠军，后来他成了皇马的技术总监（直到2011年）。

最让我激动的，倒不是巴尔达诺的话，而是一段儿时的记忆。那是1986年6月22日，在南港的家里，我妈妈维奥莱塔刚把桌子上的电视摆放得端端正正。那一天，爸爸不用去工地，我和哥哥也不用去训练，因为在墨西哥的阿兹台克体育场，阿根廷队将要在世界杯四分之一决赛中迎战英格兰队。仅仅四年之前，这两个国家之间刚刚打了一场血腥的马岛之战。直到今天，领导这场战争的英国前首相玛格丽特·撒切尔夫人（Margaret Thatcher），依旧是布宜诺斯艾利斯人最讨厌的政治人物。据统计，那场战争一共夺去了649名阿根廷军人、255名英国军人，以及3名马岛居民的生命。

1986年世界杯那场英阿之战，也因此混合了体育、政治、爱国主义元素，对于年幼的我来说，那就是一场纯粹的足球盛宴。那场比赛的经典画面，留在了每一位足球爱好者的头脑之中：马拉多纳在英格兰门将彼得·希尔顿（Peter Shilton）头顶攻入的“上帝之手”（la mano de dios，这个称呼是马拉多纳自己起的，由此可见他在营销技巧上和球技一样出色）；还有马纳多纳连过六人的那记被称为“20世纪最伟大的”进球（也许21世纪也没有比那更漂亮的进球了）。

我闭着眼睛也能够复述那个进球的过程：被称为“黑人”（el

negro）的阿根廷中场赫克托·恩里克（Héctor Enrique）犯了一个错误，在中场把球传给了受到对手包夹的马拉多纳，彼得·比尔兹利（Peter Beardsley）在前，肯尼·桑森姆（kenny Sansom）在后，身旁还有彼得·里德（Peter Reid）游弋。我在少年队时，教练不厌其烦地叮嘱我们，要避免类似传球，因为除了马拉多纳以外，没有人能够在那种情况下停住球，然后带出包围圈。如果说我是“威尼斯人”，马拉多纳就是“威尼斯之王”：他两个假动作就过掉了这三名英格兰球员的前后堵截，带球高速向前。在进入禁区前，他又利用两次变向先后骗过了两名后卫特里·布彻（Terry Butcher）和特里·芬威克（Terry Fenwick），最后趟过了弃门出击的守门员彼得·希尔顿，射门得分。有人一帧一帧地检查过比赛录像，对于马拉多纳这个进球的过程做出了最精确的统计：15次触球，过掉6名英格兰球员，10秒钟内带球奔跑了60米。

那一天，我家被亲朋好友还有邻居们挤得满满当当，人声鼎沸。可是当马拉多纳开始长途奔袭时，所有人都屏住了呼吸，屋子里只有解说员维克托·乌戈·莫拉莱斯（Victor Hugo Morales）热血沸腾的声音：“马拉多纳控住了球，他面对两名英格兰球员的防守，以一个踩球过人大步蹚向右路，不愧是世界足坛的头号天才。他过掉了第三个人，他要传给豪尔赫·布鲁查加（Jorge Burruchaga）。还是马拉多纳，天才，天才，天才，嗒嗒嗒嗒嗒（模拟带球的声音），球进了！球进了！上帝啊，足球万岁！惊世进球（golazo）！请原谅，我激动得哭了。这是一次令人难以置信的过人，这是人类历史上最漂亮的进球……宇宙之鹰（aquilone cosmico）……请问你来自哪一颗星球，为什么你能够把那么多英国人甩在身后？请大家和我一起，为阿根廷队振臂高呼！阿根廷2，英格兰0……Diegol（迭戈进球），Diegol，迭戈·阿曼多·马拉多纳（Diego Armando Maradona）……感谢上帝，因为足球，因为马拉多纳，因为这些眼泪，因为这场2：0。”

在这段回忆中，豪尔赫·巴尔达诺在哪儿呢？我小时候只看到，进球的是马拉多纳，传球的是“黑人”赫克托·恩里克。对于后者来说，这脚勉强算得上的助攻，也是值得骄傲一辈子的，“对亲爱的迭戈来说，那是个再简单不过的进球，全靠我送出的巧妙助攻。”

可是长大以后，当我以一名职业球员的视角再重新观看那段录像视频，却发现了豪尔赫·巴尔达诺的伟大。大家都只注意到，马拉多纳在10秒钟内奔袭了60米，却很少有人发现，在整个过程中，有一名队友像影子一般紧紧地跟在马拉多纳身后，那个人便是巴尔达诺。马拉多纳最后没有传球，而是把球射进了大门，可是由于巴尔达诺的存在，我们知道，即使是布彻、芬威克或者希尔顿最后封住了角度，马拉多纳还是可以把球传给巴尔达诺，完成“史上最佳助攻”。巴尔达诺的这一表现诠释了我的足球价值观：球场上的主角是天才们，但是那些付出辛劳与汗水的普通人，也能够在天才旁边拥有一席之地。

我欣赏巴尔达诺，所以尽管我为离开国际米兰而感到遗憾，我也为受到一家全世界最成功的球队的垂青而骄傲，还为能够与阿根廷人的“无名英雄”合作而兴奋。从布宜诺斯艾利斯南港的一个平房中走出的我，即将踏上更大的舞台，即便是我的母亲维奥莱特也会为我微笑。我就是这样一台热爱足球、永不停歇的“拖拉机”。

总之，我的内心已经准备好了前往皇马，和豪尔赫·巴尔达诺签下那份合同。又有一位记者告诉我：“库珀开口了，他说你不适合他的战术。‘既然皇马想要他，就让他去吧。’”还有一份报纸，竟然登出了一篇我的专访（我自己都不知道接受过这样一次专访），上面说是我自己提出申请要转会的。事实很明显，有人在针对我，想把我赶出俱乐部。我决定问问妻子保拉的意见。

“亲爱的，你喜欢马德里吗？”

“那是世界上最美丽的城市之一。”

“保拉，我在说足球。”

“皇马？你知道，他们赢得了一切，给他们踢球本身就是一种荣誉。”保拉的语气中，带着一点儿不易察觉的讽刺。

“亲爱的，告诉我你的真实想法。”

“哈维尔，听我说。”每次保拉说“听我说”的时候，就意味着她真的有很重要的事情要说了，“谁不想为皇马踢球？他们是‘银河战舰’，赢球对于他们来说很简单。但是在皇马，俱乐部是永恒的主角，球员只是附属品。成为传奇的是俱乐部，不是在球场上拼杀的人。我相信，我们的命运会是留在国际米兰，留在意大利。亲爱的，有朝一日你会和国际米兰一起获得成功，你会被载入足球历史的。过程也许会很艰难，要比我们已经经历过的一切更加艰难，但是我相信我们值得为此而付出。”

保拉的话动摇了我离开的决心。她唤起了我的责任感、我的忠诚，她让我想再次戴上留在了皮内蒂纳基地的队长袖标。那时候假期也结束了，我们要从布宜诺斯艾利斯飞回米兰，我要回去接受命运的安排。

保拉一直认为，人就应该活得干脆一点儿，在命运的十字路口绝不能瞻前顾后。“我是个阿根廷女孩，有点儿理想主义，有点儿浪漫主义。我相信，命运女神一开始就为我们安排好了一场人生，在足球世界尤其如此。那个夏天，哈维尔就要回去参加夏训，可是他却被转会市场的消息搞得心神不宁。我当时已经准备好了，一回米兰就到训练基地，直截了当地问库珀教练：‘有人说你不想要哈维尔。这没关系，如果你真是这样想的，不妨直接告诉我们。皇马喜欢哈维尔，如果你想让他走，我们半小时内就能够打包好行李，没问题。’如果我真的问库珀这个问题，说不定他会以阿根廷人的倔强脾气反唇相讥，那样‘Pupi’萨内蒂在国际米兰的故事就真的完结了。但是……”

但是，在从布宜诺斯艾利斯飞往米兰的航班上，在我和保拉的邻座，我们遇见了一个清瘦、安静的老者——赫克托·劳尔·库珀。我认出了他，心情忐忑，最后我还是鼓起勇气走到他的座位旁边。

“晚上好，教练，可以打扰一下吗？我是哈维尔·萨内蒂，欢迎来到国际米兰。本来我们要到集训时才见面的，但是……请容许我问你一个问题，要不然我可能睡不好觉。有人说，我不在你的计划内。一整个夏天，皇马也都在联系我。可以告诉我你的真实想法吗？”

“你说什么？萨内蒂，你在我的计划之内，你还是队长。我和莫拉蒂主席签约后的第一个要求，就是留住萨内蒂。我很器重你。”

“既然你这样说，我一定会留下，心甘情愿的。即使皇马想要我，我也不愿意离开国际米兰。这个夏天，我遇到了一些外人想象不到的麻烦。现在，我迫不及待地想要参加训练了。我想和老队友们聊聊，还想认识新的队友。上赛季结束时，我压根儿就没想过还能够回到阿皮亚诺·詹蒂莱基地，我已经打包了所有的个人物品，只需要让人帮我带走……”

“不，不，萨内蒂……”库珀笑了，“我们基地见。”

可是我还是要打一个电话。飞机一着陆，在通过海关的长队里，我拨通了马西莫·莫拉蒂主席的号码。从1995年加盟国际米兰开始，我和主席先生之间就建立了一种家人一般的关系，不论顺境和逆境，我们都会携手同行。尽管库珀教练的话一定程度上安抚了我，但是如果得不到老板的首肯，我还是不一定留得下来。电话那头响起了主席浓重的米兰口音：“你回来啦？状态怎么样？”

“主席，告诉我真相吧。我刚和库珀教练聊完，他说我在他的计划内。可是我听到了许多流言，我不能确定……我爱国际米兰，但是我不想给大家添麻烦。如果您觉得我损害了球队利益的话，我不会赖着不走的。”

主席先生耐心地听完我的话，忍不住放声大笑，“萨内蒂！你说了些什么！大伙儿想死你了！我们集训见！”

Pupi，队长，真的可以留在蓝黑军团了。我又想起了马拉多纳的世纪进球，马拉多纳身旁一直有个影子。如今，豪尔赫·巴尔达诺先生，也是我身旁的一个影子，永远只是个影子。

第十二章

可爱的一天

阿根廷的《国家报》（*La Nación*）曾为阿根廷足球做过两个整版的专题报道，取名为“20年，永恒”（20 anos，una eternidad）：1993年7月4日，阿根廷队在厄瓜多尔的瓜亚基尔市捧起了美洲杯。那支球队的主教练是“科科”巴西莱①，核心球员是巴蒂斯图塔和“乔洛”西蒙尼。在那之后，阿根廷队再也无缘大赛冠军。

20年的等待，像永恒那么久。《国家报》请我——阿根廷国家队曾经的队长，出来讲述我们对于奖杯的渴望。那时候我正在术后恢复之中，每当我厌倦了布宜诺斯艾利斯的嘈杂时，都会回自己家附近的绿地散心。

显然，体育圈和政治圈、演艺圈、商业圈一样，聚光灯追逐的永远是那些赢家。这无可厚非，而且永远不会改变。但是，我还是想说，那些在比赛中展现了勇气、忠诚、天赋，那些奋斗到最后一刻的失败者，也必须获得掌声。

---

① 阿尔弗雷多·巴西莱（Alfredo Basile），出生于1943年11月1日，阿根廷球员和教练，科科（Coco）是他的绰号。巴西莱曾是一名强健的中后卫，为阿根廷竞技队效力，并为球队赢得1966年阿根廷甲级联赛冠军以及1967年南美解放者杯和世界俱乐部杯冠军立下汗马功劳。巴西莱曾于1991年至1994年担任阿根廷队主教练，带领球队连续夺得1991年和1993年美洲杯冠军。1994年美国世界杯第二轮比赛中，阿根廷队2∶3不敌罗马尼亚队，被淘汰出局。巴西莱随后辞去主教练一职。2006年德国世界杯结束后，巴西莱接替佩克尔曼重新执掌阿根廷国家足球队。2008年10月16日，阿根廷队在世界杯预选赛中惨败于智利队之后，巴西莱引咎辞职，而马拉多纳此后接掌阿根廷队。

当我回忆起自己那些成功的历史时，发现恰恰是那些伟大的对手，让我的成功更加珍贵，更加难忘。如果说圣地亚哥·伯纳乌的那一夜，是包括我自己在内的许多国际米兰球迷一生中最难忘的足球记忆的话，那么我们都要感谢夺冠道路上给我们制造了困难的对手：迪迪埃·德罗巴（Didier Drogba）和他的切尔西、梅西和他不可战胜的巴塞罗那、阿尔延·罗本（Arjen Robben）和他的拜仁慕尼黑，他们分别是英超、西甲、德甲冠军。如果没有了他们，这个冠军的含金量不会那么高。

可是，足球已经变成了一种“表演生意”（show business），我说的那种精神早已经被人们遗忘了：只有赢家才值得被歌颂，其他人都只不过是泛黄的背景板。可是我认识的每一个巨星，从大卫·贝克汉姆、德尔·皮耶罗到保罗·马尔蒂尼、罗伯特·巴乔，从罗纳尔多、梅西到西多夫、卡卡，有哪一个没有当过胜利者的“背景板”？如果将他们从胜利者的比赛画面中抹去，那些奖杯还会同样的金光熠熠吗?

我代表国际米兰先后四次迎战亚历克斯·弗格森爵士的曼联，很遗憾，每一次被淘汰的都是我们。但是请你们听听“红魔”阵中的王牌球员瑞安·吉格斯（Ryan Giggs）是如何评价我的：“我整个职业生涯之中所遇到过的最难缠的对手，非哈维尔·萨内蒂莫属。第一次和他交锋，是1999年欧冠四分之一决赛。他是右后卫，我是左边锋。他的全能给我留下了很深刻的印象：他的速度很快，有力量，踢球聪明，还很老练。我和他后来还交手过三次，他绝对是最难缠的对手。”

吉格斯提到的那些比赛里，他都是赢家，而我是输家。不过瑞安体会到，他赢球后那种巨大的成就感，是建立在一个可敬对手的基础之上。上升到球队的层面，正是因为国际米兰的拼搏、永不放弃，曼联的胜利才更有价值，只有英雄和英雄，才能够惺惺相惜。这就是所谓的体育精神，如果连这一点都理解不了，那就不配当职业运动员。

虽然我是一名足球运动员，从事的是一项团体运动，但是我非常喜欢网球：网球运动员是“一个人的团队”（farsi squadra da soli），他们身边不会有时不时吼醒你的队长，不会有人在你反手击球失误后上来拍你的肩，安慰你。在网球的圣殿温布尔登球场外，矗立着曾经赢得过这项荣誉的伟大网球运动员的雕塑：罗德·拉沃尔、亚瑟·阿什、比约恩·博格、约翰·麦肯罗、罗杰·费德勒、拉斐尔·纳达尔。

如果我们耐心地去翻这些网球运动员夺冠路上的记分牌，一回合一回合地看，就会发现，胜利者之所以能走到金字塔的顶端，是因为对手一块一块地在他们脚下垫砖头。球迷们为那些拿到“抢七”胜利的球手欢呼，但是比赛之所以打到“抢七”，是比赛双方你一拍、我一拍打出来的。网球这项运动，最能够体现竞技运动中对手的重要性。

在温布尔登中心球场的入口处，镌刻着英国诗人鲁德亚德·吉卜林（Rudyard Kipling）著名诗作《如果》中的两句，任何参加这项大满贯决赛的球手都能够在上场前看到：如果在成功之中能不忘形于色，而在灾难之后也勇于咀嚼苦果（If you can meet with Triumph and Disaster, And treat those two impostors just the same）。在我的人生之中，经历过一些成功和灾难，我很庆幸自己没有喜形于色，也没有怨天尤人。无论成功或者失败，都没有改变我的天性，没有影响我的价值观，没有阻碍我在成功和失败之后都一样地继续努力工作，没有妨碍我对家人、对生活的爱。

国际米兰的赫克托·库珀时代充满了悲剧色彩：2002年5月5日，或许是俱乐部历史上最惨痛的一天。当我在这本书里描述那段回忆时，却早已没有了当时的绝望：这只是这本书许多篇章中的一章，是我完整人生之中的一章。如果没有这一章，我没办法去叙述那些关于胜利、成功的篇章。

在国际米兰，我们和库珀一起输了，相反和迭戈·西蒙尼、罗伯托·曼奇尼、何塞·穆里尼奥、拉法·贝尼特斯（Rafael Benitez）、莱昂纳多一起，我们赢了。难道"输家"付出的辛劳和汗水，就没有赢家付出的有价值？在记者们和球迷们的心里，或许是的，但是在我心里，两者具有同样的价值。

阿里戈·萨基曾经说过，在现代体育的世界里，只有足球，尤其是意大利足球，还保留了一点儿体育文化。我赞同他的观点：每当球队拼尽全力却输球时，球迷仍然把掌声献给场上的球员，我都会十分感动。每次在梅阿查比赛，我最大的动力都是北看台死忠的国际米兰球迷，他们在90分钟内一刻不停地呐喊助威，不论球队领先还是落后。虽然情况并不总像我描述的那样，但是看到球员们和球迷们一起成熟，这本身就是一种快乐。

当库珀成为过去时，当在罗马奥林匹克球场的那场比赛成为过去时（我们本应该赢下那场对拉齐奥的比赛，把意甲奖杯带回米兰），当罗纳尔多的眼泪和无数蓝黑拥趸的绝望成为过去时，当我和队友们站上足球世界的巅峰时，我们既要把掌声献给带领我们赢得冠军的人，也要把掌声献给和我们一起失败、一起承受命运捉弄的库珀。

库珀把未来成功的基础带到了阿皮亚诺·詹蒂莱训练基地，队员们在他的影响下开始脚踏实地地工作。库珀的精神和我父亲鲁道夫的很像：在我的记忆里，每天的工作结束之后，工友们迫不及待地赶回家吃饭，鲁道夫却留下来，擦干净每一件劳动工具。库珀从来不看报纸，也不看电视上的足球评论节目，只是埋头工作。

球迷们还是爱着库珀，因为在内心深处他们知道，库珀建立了一个赢球的团队（虽然最后距离冠军还有一步之遥），他理应获得尊重和感激。

现在我们已经知道，2001—2002赛季受到了“电话门”的影响。在拉齐奥与尤文图斯比赛的前一周，坊间传闻尤文图斯总经理卢西亚诺·莫吉（Luciano Moggi，后来被指控为“电话门”的头号罪犯）一直在罗马活动。库珀教练也一直在抱怨，倒数第三轮对维罗纳时，主裁判德桑蒂斯（De Santis）漏判了罗纳尔多一记点球（德桑蒂斯后来被检方证明吹过黑哨，被判刑1年零7个月）。正是那场与维罗纳的2∶2，让尤文图斯缩小了与我们的差距①。如果没有那个漏判，我们与尤文图斯的分差很可能就是5分，而最后的结果是他们将分差缩小到了1分。

当一切真相大白时，我感到无比悲伤：“电话门”是体育史上最黑暗的一页之一，并不是仅仅因为它让国际米兰蒙冤，还因为它败坏了意大利足球在全世界的声誉。在讲述“电话门”的经过之前，我想先告诉大家，2002年5月5日那场比赛给我的内心带来了什么。如果无意中冒犯了某些人，我提前说声对不起。

直到今天我仍然认为，那个冠军是属于我们的。无论面对国际米兰球迷还是尤文图斯球迷，无论是对当时的队友还是对手，我都敢于这么说。我还可以拿出后来“电话门”的判决结果，充分证明我内心的想法。但是我从来没有把这个想法告诉任何人，因为再多的解释和借口，也改变不了一个事实：输给拉齐奥的，是我们自己，如果当时我们赢了，其他一切都不重要了。作为队长，我必须承担那场失利的责任，就像我可以享受胜利带来的荣耀一样。如果每个人都能够像我这样直面失败，足球一定会变成一项更美妙的运动。

---

① 倒数第二轮前，尤文图斯积62分，国际米兰积65分。尤文图斯迟迟无法攻破皮亚琴察的大门，直到终场前2分钟才由内德维德绝杀破门。

尤文图斯，2002年5月5日，对阵的是乌迪内斯。特雷泽盖和德尔·皮耶罗的进球确保了胜利，他们平静地等待着我们这边的结果。那一天的罗马奥林匹克球场，挤满了过节一样的蓝黑拥趸。从1989年以来，国际米兰就一直无缘意甲联赛冠军，我们等待的时间太长了，即使是佩皮诺·普里斯科律师①的这个玩笑，也无法完全安慰国际米兰球迷："我最怀念的，是意大利足球的黄金年月——从1908年到1951年。在那43年间，AC米兰从未放弃过争夺意甲联赛冠军，却没有一次成功。"

天空很蓝，香槟已经准备好了。我们两度取得了领先，进球的分别是波波·维耶里和吉吉·迪比亚吉奥，但是两次我们都被扳平了比分。有些人注意到，尤文图斯中场内德维德的捷克老乡、拉齐奥中场卡雷尔·波博斯基（Karel Poborsk）比赛当天异常兴奋，当时的拉齐奥已经无欲无求。我们本应该拿下那场比赛，为了莫拉蒂主席，为了远道而来的球迷，也为了我们自己。

下半场比赛，空气仿佛凝固了。拉齐奥的求胜心忽然旺盛起来：一名前国际米兰球员进球了——"乔洛"西蒙尼，我多么希望这么无畏的斗士当时是和我在同一阵营里。迭戈·西蒙尼洞穿了他曾经队友的城门，那个进球也意味着，他和爱过他的蓝黑拥趸们彻底决裂。他并没有庆祝，只是默默地走向中场，只是把苦涩留在我们心里。对于一名球员来说，这是最好的"报复"方式。当拉齐奥打入第四球时，我们恨不得马上从奥林匹克球场蒸发掉。那场比赛我打的是右后卫，我不想为自己开脱，不想找借口，那是我个人，也是国际米兰踢得最糟糕的比赛。

有一次，我问保拉："拉齐奥与国际米兰的那场比赛之后，我是什么

---

① 佩皮诺·普里斯科（Peppino Prisco），国际米兰前副主席，为俱乐部工作了半个世纪，因为其敏锐的思维、幽默的言辞而深受意大利球迷的爱戴，于2001年去世。

表情？”当时已经过了很多年，我只是偶然问起。

她的脸色变了，“那天晚上你让我恐惧。你的脸色铁青，我从没见过你那么伤心。你没有一天不微笑，除了那个该死的晚上。”

“你还记得我对你说过什么吗？”

“是的。”

“你能告诉我吗？”

保拉沉默了一会，可能是因为我的话着实吓到她了，以至于让她复述一遍都需要鼓足勇气。“那天晚上我试着把我从朋友那里听到的事情告诉你，我以为这样你会好过点儿。我说了关于主裁判德桑蒂斯、尤文图斯总经理莫吉还有拉齐奥中场波博斯基的事。你没听完就粗野地打断了我，还说：‘我一点儿也不关心这些，保拉。我们本应该拿下这场比赛，在球场上。我现在只想着穿好球鞋，戴上护腿板，去把这场比赛重新踢一次。’”

“这是真的吗？”

“是的，你没有找借口，你对自己生气极了，你还说：‘我应该表现得更好，我应该流更多的汗。’然后你还对球队、对你们自己犯的错误表示生气。你很后悔，因为你们已经走到最后一步了，却功亏一篑。你把自己和队友挨个儿数落了一遍，但是到最后你还是想自己把责任扛起来。”

直到今天，我的观点还是和那一晚一样：我们应该赢下那场比赛。不过，我们后来之所以能够在“电话门”之后复兴，之所以能完成意甲五连冠，又拿下两座国际赛事冠军（欧冠联赛、世俱杯），应该感谢2002年5月5日的锤炼。对于球员、俱乐部和球迷来说，那都是我们生命之中的一部分。那段经历让我们变得更加坚强，也让我们变得更好。现在，它是我们很多难忘的过去之中的一页，这一页让我们变得成熟，让我们学会成长，也让后来的成功更加美妙，难以忘怀。

每一次在梅阿查球场听到“爱她吧”（amala）的口号，我都觉得，2002年5月5日那一天也值得我们去“爱她吧”。

第十三章

荣耀，无关胜负

我的这本自传，从普雷迪奥开始叙述，那是阿根廷国家队训练基地，2013年4月28日我在与巴勒莫的比赛中跟腱断裂后，回到普雷迪奥，开始了漫长的术后恢复。接着，我又讲述了我的童年、青年时代，我如何成为一名职业球员，以及与国际米兰一起经历的风风雨雨、喜怒哀乐。到目前为止，我还没有提到一件我生命中最重要的球衣，一件不同于塔勒莱斯、班菲尔德、国际米兰的球衣——阿根廷国家队的蓝白间条衫。

普雷迪奥可能是这个世界上最适合我术后恢复的地方，因为那里就像是我的家，有我熟悉的一切：当我感到疲倦的时候，仓库管理员大叔会递给我一杯马黛茶；在更衣室里，清洁工会停下来和我聊几句家常，帮我缓解压力。我选择回到这里训练，还有另一个原因——成为阿根廷国家队的一分子，与在俱乐部效力是完全不一样的。穿上国家队的球衣，你就代表整个国家的人。

我在阿根廷出生和成长，后来获得了意大利国籍，因为我的曾祖父来自弗留利大区。我的妻子保拉也来自于一个意大利移民家庭，她的家族来自皮埃蒙特大区。我们是两个意大利移民的后代，如今又回到了祖辈们出发的土地。某一天，在科莫的一家餐馆里，当时我的脚上还戴着护具，我的好朋友同时也是国际米兰的体育经理玛丽亚·克里斯蒂娜·鲁索（Maria Cristina Russo）对大家说：“Pupi是阿根廷人，骨子里都是阿根廷人。”“什么阿根廷人，哈维尔基本上变成意大利人了，他的三个孩子都出生在这里。我们的队长是意大利人。”我坐在一旁听着他们的谈话，忽然想起那个所有小孩子都回答过的问题：“你究竟喜欢爸爸多一些还是妈妈多一些？”成年人可以平衡自己的感情，所以我对这个问题的回答是：“我对两个国家的爱一样多。”

阿根廷，我的祖国，是一片迷人的土地。我们拥有一切：大海，高山，河流，平原，潘帕斯草原。阿根廷国土的北方是热带气候，到了南方已接近寒冷的南极圈。任何一艘从南大西洋驶向南太平洋的船只，都要经过我们的麦哲伦海峡。在中学的地理课上，我们学到：阿空加瓜山（海拔6962米）是南半球最高的山峰；我们是在一片广袤的土地上，国土面积达到278.04万平方公里，全世界只有7个国家比我们大。在这片布满山峰、河流和湖泊的土地上，却只有4200万人口。与之对应的，意大利有6148万人口，国土面积却只有30.134万平方公里。密集的人口加快了生活节奏：意大利人的咖啡会一口喝掉，而阿根廷人的马黛茶却要喝上好几个小时。意大利面讲究快煮弹牙，而阿根廷人的烤肉则一定要花时间准备。

尽管现在大部分时间都生活在意大利，我还是尽量了解阿根廷发生的事情，所以每次回家，我都要见一个朋友，他和我年纪相仿，成长环境一模一样，现在是一位成功的商人，常年在布宜诺斯艾利斯、伦敦、纽约之间飞行。我们经常一起吃饭，我们最常吃的是炸三角（empanada），每次他还要喝杯阿根廷的马尔贝克（malbec）葡萄酒（我当然是喝水）。这一天，我忍不住在饭桌上问了他一个问题：“所有拉美国家都在飞速发展，为什么我们阿根廷却停滞不前？给我解释一下——别用经济学家那种专业的口吻，阿根廷的症结到底在哪里？”

我的朋友看着我，就像一名职业球员看着问他“如何才能踢上世界杯决赛”的小孩。他细细咂摸了一口马尔贝克，尝试着向我解释：“亲爱的Pupi，万能的上帝对我们的祖国如此慷慨。他赐给我们丰富珍贵的自然资源：潘帕斯草原土地肥沃，水草丰盛，是养殖牛羊的天堂；那里还有丰富的铅矿、锌矿、铁矿和铜矿。这还没完，我们的祖国还有石油和铀矿。如果回到1910年，我们的生产总值远超德国、法国，是美国、英国之后全世界第三富有的国家。人们从巴黎、柏林、马德里、罗马以及世界的一切角落移民到布宜诺斯艾利斯。我们接受、消化了一批又一批移民，未来看起来无比美好。可是一代又一代的领导人，却渐渐扼杀了人民的希望，直到21世纪初的经济危机。我知道，你不想听太过专业的经济学术语，那我这样解释吧：如果一个国家无法偿还外债，那么这个国家就会被宣布破产，阿根廷刚刚遭受这一致命打击。你一定还记得那次通货膨胀吧？当我们念书的时候，一个三明治加一瓶可口可乐的价格，到下午放学时已经比早晨翻了两倍。你的父亲那时候一定也没办法继续盖房子，因为砖头和水泥的价格每周都在翻番……我们还遭受了军事独裁统治，在所谓的'肮脏战争'中，许多年青的异见分子成了'消失的人'（desaparecidos）。整个南美洲都在大发展，我们的情况也一度好转，可现在经济形势又严峻起来。在最苦难的年份里，有一半的阿根廷人生活在贫困线以下，至少现在这个数字降到了三分之一。这的确是进步，可是还不够，三分之一的人口就是1400万，其中有一半还是儿童。你的PUPI基金会给穷苦的孩子们提供了课堂和食物，可是毕竟光凭你一个人的力量还是有限的。"

为了更直观地了解阿根廷的现状，我又去找岳父安德烈斯·德拉·富恩特聊天，他是一位学者，花了大半辈子研究贫穷的问题，一直试图找出最好的解决之道。这些年来，他还在力所能及的范围内，为社会贡献出自己的能量：过去他是雷梅迪奥斯·德·埃斯克拉达青年足球队（Remedios de Escalada）的义务经理，如今他是PUPI基金会的实际负责人。当我们的祖国陷入困境时，他最经常挂在嘴边的一句话是："阿根廷，集合了西班牙、意大利，还有阿拉伯世界所有的问题。"仿佛我们就是世界上最落后的国家。

我在PUPI基金会的食堂里找到了安德烈斯，厨师给了我一盘孩子们正在吃的午餐鸡肉和土豆泥，又递给我一大杯水。安德烈斯开始给我上课："阿根廷正在为政治动荡还债。我们曾经很富裕，我们有良好的工业基础。现在我们需要一部有效的国家机器，消除贫富差距，保证司法公正，重新投资基础设施建设，还需要扶持制造业，整治腐败。相反，我们现在的政府尸位素餐，任凭国家衰败，任凭贫民窟暗无天日。"

在一个百年前还是全世界最富有，现在却积贫积弱的国家，足球成了"国民运动"（pasion de multitudes）：足球是团结和骄傲的理由，通过一场足球场上的胜利，人们期望个人和国家的富强。每当球场内响起阿根廷国歌，每一座城市都出现了万人空巷的场面：

大地的生民！听神圣的呼声：
"自由，自由，自由！"
奴隶的枷锁被打破，被打破，
自由登上宝座。
充满尊荣的宝座已经建成，
胜利归南方各省联盟！
全世界自由人民齐欢呼：
"祝福伟大国家阿根廷！"
全世界自由人民齐欢呼：
"祝福伟大国家阿根廷！"
全世界自由人民齐欢呼：
"祝福伟大国家阿根廷！"

批评家们，还有最严肃的学者，指责足球让人们忽略了现实生活的问题。阿里戈·萨基说过："足球就是所有不重要的事情之中最重要的。"萨基的论断很精辟，可是我并不认为生活应该像俄罗斯套娃：工作、政治、足球和家庭，这些不是一个套在另一个里面的，而是各自分开的。我认为，一个人思考政治经济问题，与他对于某支足球队的爱并不矛盾。足球不是毒品，尤其在阿根廷这个身处于困境之中的国家，国家队象征着一种集体精神，足球比赛能够让人们在艰难的生活之余看到未来的希望。

穿着阿根廷国奥队的球衣，我唱过12次国歌，我们在1996年亚特兰大奥运会上拿到银牌，决赛中2：3负于尼日利亚队。我以145场出场保持着阿根廷国家队的出场纪录，其中25场比赛佩戴着队长袖标。在我身后，是一长串伟大的名字：阿亚拉（Ayala）、迭戈·西蒙尼、鲁杰里（Ruggeri）、马拉多纳、巴蒂斯图塔。就是放眼全世界，也没有几个人的国家队出场次数比我多，可能掰着指头就数得过来：德国的洛塔尔·马特乌斯（Lothar Matthäus）、爱沙尼亚的马丁·雷米（Martin Reim）、拉脱维亚的阿斯塔夫耶夫斯（Astafjevs）、厄瓜多尔的伊万·胡尔塔多（IvÁn Hurtado），他们都曾经是足坛常青树。成为他们之中的一员是一种荣耀，但是我自己的纪录和他们的纪录一样，终有一天会被后人所超越，这是体育世界恒定的规律。我已经看到了那个即将超越我的人——一个安静而又谦逊的小伙子，作为国家队老大哥，我给过他许多建议。当我写这本书的时候，他已经获得了82顶国家队的鸭舌帽。这个小伙子，名叫莱昂内尔·安德烈斯·梅西·库奇蒂尼（Lionel Andrés Messi Cuccittini），大家都叫他莱奥。当他第146次代表阿根廷队出场时，我要第一个上去，叫他一声莱奥，祝贺他。2013年4月28日，当巴勒莫球场的那次受伤还折磨着我的神经时，梅西是第一个发短信问候我的朋友。在他之后，何塞·穆里尼奥、弗朗切斯科·托蒂，还有大卫·贝克汉姆都对我表示了关心，大卫说："感觉好点儿了吗，队长？早点儿回来，我等着你。"

梅西经常被批评和指责，承受着巨大的压力，就像所有历史级的巨星一样：报纸头版的记者，说他在西班牙偷税；体育版的记者，说他的荣誉簿还配不上球王的级别。在26岁的年纪，他已经攻入348粒俱乐部进球、35粒国家队进球。将来的球员，需要付出多大努力才能够追上他的纪录？

有人说："要想赶上贝利和马拉多纳的历史地位，梅西至少得拿到一次世界杯。"为什么？难道三尊欧洲金球奖①、一块奥运金牌还不够吗？我相当确定，即便是梅西拿到了世界杯冠军，还是会有人说："嘿，看看贝利拿了三座世界杯，梅西只有一座……"

我不认为一名运动员的天赋和人格魅力需要依靠奖杯来证明。我们需要一套更客观、更科学的评价体系。让我们看看26岁的梅西正在创造的历史……他已经到了一个其他人难以企及的高度。

我在丹尼尔·帕萨雷拉手下完成了阿根廷国家队的处子秀，他是一个真正的硬汉，国际米兰球迷们一定记得他球员时代那些玩命的回追。我的第一场比赛在1994年11月16日，阿根廷队在圣地亚哥3：0战胜了友谊赛对手智利队。在那一年的美国世界杯上，我们在八分之一决赛被淘汰，马拉多纳由于兴奋剂检测呈阳性而直接被禁赛，开除出国家队。总之，阿根廷足球跌倒了谷底，重建势在必行。

当时我们那一批帕萨雷拉的国家队成员包括：马蒂亚斯·阿尔梅达

---

① 梅西于2009年、2010年、2011年和2012年连夺四届金球奖（包括欧洲金球奖与国际足联世界足球先生合并后的国际足联金球奖）。

（Matías Almeyda）、罗伯托·阿亚拉、埃尔南·克雷斯波、克劳迪奥·洛佩斯（Claudio López）、内斯托尔·森西尼（Néstor Sensini）和迭戈·西蒙尼。

在代表阿根廷国奥队参加的亚特兰大奥运会上，我们在决赛输给了尼日利亚队。那几乎是属于未来国际米兰球员的一届比赛：半决赛中尼日利亚队对阵巴西队，双方分别拥有恩万科沃·卡努（Nwankwo Kanu）、塔里博·威斯特（Taribo West），罗纳尔多（Ronaldo）、罗伯特·卡洛斯（Roberto Carlos）、泽·埃利亚斯（Zé Elias）。而在我的阿根廷队，则还有阿尔梅达、西蒙尼、克雷斯波。

在所有这些未来队友之中，有两个人我至今记忆犹新——威斯特和阿尔梅达：在一个人人都背公关话语，人人试图隐藏内心真实想法的足球世界，他们的坦诚和率真，让人很容易产生一种亲近感。

塔里博·威斯特，高大强壮，就像一个巨人。可是他却是一名虔诚的五旬教徒（基督教的一个分支），甚至在训练期间也会停下来祈祷。我对于他的记忆，定格在那一头用花色皮筋绑起来的小辫儿上。每次和我见面，他都要献上一个大大的拥抱，并对我说："你是我的兄弟。"在餐厅里，他经常更新自己的"威斯特食谱"（il menu West）。"意大利菜不错，但是我得教教你们怎么改进。比如，你们意大利人都是先吃意大利面再吃甜点，这可不对，你们看我……"在皮内蒂纳基地大厨怪异的眼神下，塔里博端起一盘番茄意面，在上面盖了一块水果馅饼，再撒上一勺帕尔马奶酪粉，然后津津有味地吃了起来。

有一年圣诞节，威斯特飞回了尼日利亚国家队，球队集结日期是元旦后一天。整个一月份，塔里博都没有一天出现在阿皮亚诺·詹蒂莱基地。直到二月，他才穿着一件典型的非洲花衬衫，大摇大摆地走进了更衣室。

“塔里博，”我问道，“你去哪儿了？大家都没有你的消息。”

“我结婚了。”

“好吧，可结婚就结婚，大家结婚后都马上回来，你怎么失踪了？”

“失踪？怎么会？你们不知道吗，在我们尼日利亚，结婚的仪式要持续一个月。这一个月我都住在部落里……”

乐观开朗、精力旺盛，威斯特的性格完全是主教练马切洛·里皮的反面。有一次，我们全队进行分组战术训练，威斯特要盯防对手的中锋。里皮在场边冲着威斯特喊道："上抢，塔里博，上抢。"

威斯特站在原地不动，对手中锋轻易地拿到了球。里皮又喊："现在，上抢，塔里博。"可是他还是像雕塑一样一动不动。当第三次提醒无效后，里皮吹停了训练。

“发生了什么？塔里博，你听不懂我说什么吗？我让你上抢。”

“上帝对我说，别上抢。”塔里博严肃地说。

里皮快疯了。

有一天晚上，塔里博邀请我去他家吃饭，我决定接受邀请。效力于一支多国部队的好处，是你总有机会近距离体验与自己不一样的风俗习惯，这种文化碰撞的结果，通常是发现人性的共同点。我不知道每天晚上吃饭前塔里博都需要祈祷两个小时，所以那一天，我直到半夜才吃上晚饭。

马蒂亚斯·阿尔梅达的性格和塔里博完全不一样。他是我在阿根廷国家队多年的队友，我们一起在奥运会上输给了尼日利亚队。安德烈·阿加西在自传里透露，他一辈子都在抵触网球，无论是训练、比赛还是商业活动都让他感到厌倦。他还曾经追问自己的网球伉俪、世界冠军施特菲·格拉芙（Steffi Graf），要如何才能够爱上这项运动，尽管到最后他的努力都白费了。在一次集训期间，马蒂亚斯叫住我，在一个没人的角落里，向我倾诉了与阿加西相似的感受："Pupi，我恨足球，你理解吗？足球太无聊了，让我恶心。你没觉得训练很无趣吗？"

"不，马蒂亚斯，我和队友们玩得很开心，我认为，比赛前的封闭集训和准备是我们工作中最有趣的部分。"

"我没办法理解你。如果再让我选一次，我愿意干足球以外的任何工作。我讨厌球类，我讨厌足球，相信我……"

这不是经常在更衣室发生的对话。阿尔梅达是一位拥有着超凡智慧的球员，他总是试图思考体育，思考人生的本质。我想问问他，既然他在球场下这么讨厌足球，为什么在球场上他还是获得了以下这些荣誉：在河床的三个联赛冠军、一个南美解放者杯冠军，在拉齐奥的一个意甲联赛冠军、一个欧洲优胜者杯、一个欧洲超级杯、一个意大利超级杯，在帕尔马的一个意大利杯。

我想问问他，今天再回首，他是真的恨这项运动，还是在恨的表象中隐藏着最深的爱？我倾向于后者，否则他也不会在退役之后先执教河床，又拿起我深爱的班菲尔德的教鞭。

阿尔梅达的困扰，对于大多数阿根廷人来说都不可理喻：每当"蓝白军团"有比赛，无数阿根廷人会涌入球场，或守候在电视机、收音机跟前，现在，还有很多年轻人打开电脑，只为呐喊90分钟。可是在夺得1978和1986两届世界杯后，阿根廷球迷收获的更多是苦涩。就像我上一章提到的，在阿根廷最有影响的《国家报》为"蓝白军团"20年未能获得冠军（从1993年夺得美洲杯到2013年）做了一次特别报道。

1993年，阿根廷的总统官邸住的是卡洛斯·梅内姆，他为了抑制通货膨胀而采取了市场经济政策；同一年，美国白宫里住的是年轻的比尔·克林顿，那时他甚至还不认识莫妮卡·莱温斯基。2013年，阿根廷总统换成了克里斯蒂娜·费尔南德斯·德基什内尔，她下令拆除了布宜诺斯艾利斯中心的哥伦布雕像，代之以阿根廷独立战争中的女英雄胡安娜·阿苏尔杜伊的雕像；同一年在华盛顿，巴拉克·奥巴马正在全力复苏美国经济。20年的跨度，一代新人换旧人。

在我当队长的这些年，有一种情况经常发生：在一场难堪的失败之后，队友们都匆匆赶回休息室洗澡，然后迅速地“逃离”球场，主教练在新闻发布会上只会重复说“球员们有一个战术没有执行好”，俱乐部经理不停地看表，仿佛要赶回家睡觉。每当这种时候，我就知道，作为队长我应该出去面对那些等候多时的记者，准备好回答他们最犀利的问题。正是因为如此，当《国家报》的总编打电话来说“我们的国家队已经20年没成功过了，你能够和我们谈谈原因吗”时（我本可以让普雷迪奥的老朋友接电话，让报纸晚点儿打电话来，然后关掉手机，找个地方藏起来，但是这种事我只干过一次，就是小时候和爸爸妈妈开玩笑那次），我毫不犹豫地回答：“当然，什么时间合适？你们需要多少字？”

几天以后，我的专栏刊登在了《国家报》题为“20年，永恒”的专版上。我不知道自己的文字有没有让报纸编辑们满意，但是我知道这些话是发自内心的，是我对于体育精神的诠释：

我是个非常幸运的人。1994年我就第一次代表阿根廷国家队出场，我的最后一场比赛是在2011年。我这里说的“最后”，可能只是一个暂时的“最后”，因为没有职业球员可以从国家队退役，必须时刻做好为国出战的准备。回想17年的国脚生涯，我和所有的阿根廷人一样清楚，我没有获得过哪怕一项冠军。有些人据此得出结论，说我是一个“失败者”，很好，但是在我自己心中，穿着蓝白球衣征战的那些比赛，是我职业生涯最宝贵的回忆。

我珍视145场比赛中的每一场，即便是那些失败。你们知道吗？如果有人问我：“Pupi，你想不想再踢145场，即使你知道拿不了奖杯？”我想说，我心甘情愿。因为荣誉、民族的归属感，能够给一名球员带来最大的成就感，这一点和胜负没有任何关系。

我理解，大家都想知道这些年阿根廷足球内部有什么隐情。但是，找出一个原因、一个替罪羊，都没有意义。如果有某个单独的原因，那么它早已被发现并清除了。事实上，足球是一项复杂无比的运动，在足球场上一加一很可能不等于二。我认为，在这20年的大部分失利之中，我们只不过遇到了比自己更强的对手，也许很多球迷和球员都不愿意承认这一点。有时候，我们缺少胜利者必备的那种运气。有时候，我们其实已经发挥了自己的最大潜能，拿到了可能的最高名次。还有时候，我们在大赛上的状态出得太早了，这种情况在世界杯和美洲杯上都出现过。

1993年，我还在雷梅迪奥斯·德·埃斯克拉达的塔勒莱斯队踢球。那时我密切关注“科科”巴西莱的阿根廷国家队。我像成千上万的阿根廷球迷一样，为国家队而痴狂。那支国家队有多少伟大的球员啊：塞尔吉奥·戈伊科切亚（Sergio Goycochea）、奥斯卡·鲁杰里（Oscar Ruggeri）、“乔洛”西蒙尼（“El Cholo”Simeone）、加夫列尔·巴蒂斯图塔、费尔南多·雷东多（Fernando Redondo），最后这位天才，有着桀骜不驯的性格，在阿根廷国家队历史上留下了自己的色彩[①]。他们中的许多人，后来在意大利成了我的队友。我和巴西莱教练也共事过，他有着钢铁一般的意志，为了球队殚精竭虑。

是的，我在阿根廷国家队踢了145场，却没有拿到一个冠军。这是事实，千真万确，但是，我的名字永远会和那件蓝白球衣联系在一起。没

---

① 指雷东多拒绝铁帅帕萨雷拉的“削发令”，坚持留一头飘逸的长发，因而长时间无缘国家队。

有人能够剥夺我的这项“荣誉”，在我心中，这是最珍贵的“胜利”，比任何奖杯都要光彩照人。

我在《国家报》这篇专栏的标题，是《荣耀，无关胜负》（*El orgullo no sabe de derrotas*）。在我的自传里，我还想再重复一遍：我的胜利，就是参加过那些比赛，无论胜负，我都参加过。

1998年6月14日，我在法国的图卢兹踢了人生之中第一场世界杯比赛，对手是日本队。我不知如何向你形容，穿着国家队球衣当着全世界球迷的面唱国歌的心情。因为这些经历，即使是在最黑暗的日子里，我也在内心对自己说：“我是幸运又幸福的。”

在八分之一决赛中，我们面对英格兰队。他们拥有大卫·贝克汉姆——一位定义了风格的大师，还有人为了向他致敬拍了部电影叫《像贝克汉姆一样踢球》（*Sognando Beckham*）。贝克汉姆是一位真正的冠军，也是一位真诚的朋友。虽然两队之间许多球员都有很深的交情，但是到了国家队的比赛中，只有对抗。1982年，阿根廷和英国进行了马尔维纳斯群岛（福克兰群岛）战争；1986年，阿根廷人在球场上找回了尊严，马拉多纳先是完成了“上帝之手”，接着又用脚踢进了世纪进球。在布宜诺斯艾利斯南巴勒莫区的咖啡铺里，那场比赛被用来证明“我们的足球比英国佬先进”；可是在伦敦切尔西区的酒吧里，大伙儿都说：“如果马拉多纳因为故意手球被罚下场，压根儿就不会有什么世纪进球……”阿根廷与英格兰的足球恩怨，这些年一直从未停止过发酵。尤其是有了网络以后，甚至有人专门建了一个名叫“英阿大战”（Inghilterra contro Argentina）的网站。更多历史被挖掘出来：1966年世界杯的英阿大战中，蓝白军团的队长安东尼奥·拉廷（Antonio Rattín）因为言语冒犯裁判而被罚出场，要知道主裁判是个德国人，压根儿听不懂西班牙语。这个判罚争议巨大，球员本人和许多阿根廷球员都不能接受，以至于最后警察都出来平息混乱。比赛结束后，英格兰队主帅阿尔弗雷德·拉姆塞爵士（Sir Alfred Ramsey）还禁止英格兰球员与阿根廷人握手。

迭戈·阿曼多·马拉多纳说，比起“世纪进球”他更喜欢“上帝之手”，因为“那有点儿像偷走了英国人的钱包……就像我击败了一整个国家，不仅是一支球队……所有人都说，政治、马岛战争和足球无关，但是他们忘了吗，有一群阿根廷年轻人，被英格兰人像杀小鸟一样杀死了。我的进球就是一种报复”。

我得说，尽管我知道“英阿大战”在阿根廷人心里意味着什么，我入场时还是有一种与众不同的心情。我尊重英格兰球员：大卫·贝克汉姆是我的朋友。保罗·因斯与我在国际米兰共事，每次我们见面，他都会说“Pupi，你是我的亲兄弟，永远都是”。在球场上，他真的像大哥一样保护我，在一场硬碰硬的比赛中，我被对手凶狠地侵犯，保罗二话不说就把侵犯我的那个对手放倒，然后笑着走到我面前说：“你喜欢吗，小兄弟？”

我很关心政治，我一直在学习如何才能成为一名更好的公民，无论是在阿根廷还是在意大利。我知道，足球对于凝聚一国人民的作用，但是，我还是无法接受“球场上报仇”“球场就是战场”之类的说法。大卫·贝克汉姆、保罗·因斯，还有其他英格兰球员，他们都不是我的敌人，无论我们的国家有什么深仇大恨。我希望，有一天“英阿大战”能够回归足球本身，到那时候，我还是会为蓝白军团呐喊，尤其是最后当两队球员交换球衣时。

怀着这种心情，我开始比赛。比赛最终的结果是2：2，贝克汉姆还被罚下——经验丰富的“乔洛”西蒙尼用一次犯规激怒了大卫，致使大卫做出了一个不理智的报复动作。这张红牌饱受争议，也为以后的“英阿大战”增加了火药味。

上半场行将结束时，我们以1：2落后：虽然巴蒂斯图塔的点球为比赛首开纪录，但是阿兰·希勒（Alan Shearer）和天才少年迈克尔·欧文（Michael Owen）的进球，让英格兰队取得了领先，我们面临着被淘汰的危险。第四官员示意，补时一分钟。恰好这时，保罗·因斯在本方禁区前对阿里尔·奥特加（Ariel Ortega）犯规，阿根廷队获得任意球。巴蒂斯图塔和胡安·贝隆（Juan Verón）同时站在球前，其他队友都在禁区内扯动。巴蒂斯图塔开始助跑，看起来他又要踢出一脚标志性的大力射门，可事实上他却虚晃一枪，由身后的贝隆把球推向人墙右侧。在那里，一个身穿22号球衣的年轻人“从天而降”，那个人就是我。我舒服地用右脚停下球——当时英格兰队的人墙都在提防巴蒂斯图塔和贝隆的射门，然后我左脚发力射门，伟大的门将大卫·希曼（David Seaman）只能眼睁睁地看着皮球飞进大门，Gol（进球）！

这一次，南港的父老乡亲欣喜若狂，因为一个南港走出来的孩子为阿根廷队进球了。我跑向替补席，拥抱了主教练帕萨雷拉，队友们冲上来一一祝贺我，阿亚拉直接骑到了我身上，激动久久不能平息。尽管裁判已经示意我们回去比赛，我又再次来到帕萨雷拉身边，和他击掌。回去比赛前，我指了指自己的左腿，“我是用左脚进的，嘿，是左脚！”

老实说，我不是一个善于使用左脚的球员。我的庆祝动作是想告诉大家，那些年我给自己的弱势脚安排的加练取得了成果。在后来的点球大战中，我们击败了英格兰队。不过，我并没有丝毫复仇的快感，只是享受着纯粹竞技胜利所带来的喜悦。

很可惜，四分之一决赛我们被荷兰队淘汰了。我带着6次出场和1个进球回到了阿根廷，生活中有比这更糟糕的情况。

与1998年世界杯相反，很难找到比1999年美洲杯更糟糕的故事了：在与哥伦比亚队的比赛中，我们的中锋马丁·帕勒莫（Martín Palermo）射丢了三个点球（其中只有一个是被对方门将扑掉的）；我的国际米兰队友伊万·拉米罗·科尔多瓦（IvÁn Ramiro Córdoba）为哥伦比亚队射进一个点球；我也在比赛中拿到了代表“蓝白军团”的第一张红牌（我职业生涯很少给裁判制造麻烦）。

也是在1999年，在国际米兰与帕尔马的一场比赛中，当值主裁布拉斯基（Braschi）先是将我们诚实、正直的老队长贝佩·贝尔戈米（Beppe Bergomi）罚下场，接着又罚掉了我们另一名中卫科隆内塞（Colonnese）。在这样的情况下，我忍不住和裁判交涉（也许那时候我已经有了一种未来队长的气质），我只是说了一句："够了……"布拉斯基甚至都没看我一眼，就掏出了第三张红牌，我就第一次提前回更衣室洗澡了。另一个把我罚出场的裁判是热尔瓦索尼（Gervasoni）：在（2011—2012赛季）与乌迪内斯的比赛中，他向我出示了两张黄牌。我甚至在赛后采访中当着国际米兰频道主播罗伯托·斯卡尔皮尼（Roberto Scarpini）［国际米兰球迷对他再熟悉不过了，我们的队歌《疯狂的国际米兰》（*Pazza Inter*）就是以他的解说开始的，"球进了，球进了，球进了……"］的面说了一句脏话："第二张黄牌是合理的，因为我确实对阿萨莫阿（Asamoah）犯规了，但我去他娘的完全不能够理解热尔瓦索尼给我的第一张黄牌。"

后来我又碰见了布拉斯基，我没有追问他为什么要给我那张红牌。那有什么必要？我们无法改变过去，没必要让自己陷在里面。

2002年韩日世界杯，阿根廷队的主教练换成了马塞洛·贝尔萨（Marcelo Bielsa），没想到那届比赛成了所有人的恶魔。贝尔萨很器重我，大伙儿对于球队的期望也很高：我们有一支优秀的团队，大伙儿士气高涨。小组赛第一轮，我们的对手是1996年奥运会的“仇人”尼日利亚队，在一场头球轰炸后，我们取得了胜利（制胜球也是巴蒂斯图塔的头球）。我们小组赛的第二个对手，又是英格兰队。

1998年世界杯英阿大战吃到那张红牌后，贝克汉姆成了千夫所指，甚至有报纸用“十只狮子和一个流鼻涕的小孩”来羞辱他。大卫想“复仇”，而机会很快就来了。英格兰队在比赛中获得了一粒点球，贝克汉姆稳稳地罚进，英格兰队也依靠着那个进球战胜了我们。赛后，大卫又成了民族英雄，一份报纸登出了题为《大卫王给自己加冕》的文章。最后一轮对瑞典队，我们没能主宰自己的命运，双方1：1战平，阿根廷队回家了。

阿根廷队最好的夺冠机会，是2004年美洲杯，那一次我们与阿德里亚诺的巴西队相会决赛。那场决赛首开纪录的是基利·冈萨雷斯（Kily GonzÁlez）——我的另一位国际米兰和阿根廷国家队双重队友，接着路易松（Luisão）为巴西队扳平比分。终场前4分钟，德尔加多（Delgado）再次为阿根廷队取得领先。巴西队中，除了阿德里亚诺，还有两名国际米兰球员：防线上的儒利奥·塞萨尔和麦孔。我们距离奖杯只剩下240秒，那座耀眼的奖杯似乎只等着我们捧回布宜诺斯艾利斯，我已经想着赛后和塞萨尔或者麦孔交换球衣了。

我已经说过，输球的方式有无数种，其中最苦涩的一种是被命运女神抛弃。那支拥有阿亚拉、卡洛斯·特维斯（Carlos Tévez）、哈维尔·马斯切拉诺（Javier Mascherano）的阿根廷队很强大，很专注。尽管如此，阿德里亚诺还是在补时第3分钟攻破了我们的大门。我在阿根廷队的命运，又一次被一名国际米兰的队友改写（第一次是科尔多瓦）。我们最终点球大战被巴西人击败，只拿到第二。

阿根廷队再次更替了教练，接过巴西莱教鞭的是何塞·佩克尔曼

（José Pekerman）——一个深沉内敛的人，你很难知道他的内心想法。佩克尔曼征召我参加了他上任后的第一场比赛——2006年世界杯预选赛对乌拉圭队。那场比赛，我打入了奠定胜局的第三球，又是一脚禁区前的远射，这次是右脚。第一个过来拥抱我的，是埃斯特万·坎比亚索（Esteban Cambiasso），那时候他刚刚到国际米兰，还留着一头迎风飘舞的长发，不是像现在一样的光头。阿根廷队慢慢成长，2005年联合会杯上一路杀入决赛，输给阿德里亚诺（Adriano）、卡卡（KakÁ）、罗纳尔迪尼奥（Ronaldinho）的巴西队。不过，大伙儿对于即将到来的德国世界杯都信心满满。

可是当阿根廷足协的世界杯大名单公布时，我却哑然失色：在那份名单上，没有萨穆埃尔、贝隆，没有德米凯利斯（Demichelis）、达历桑德罗（D’Alessandro）……也没有萨内蒂。Pupi没机会踢那届世界杯。

记者们等候在国际米兰总部外，想听听我的想法。尽管我尽力在他们面前掩饰自己的伤心，但是颤抖的声音出卖了我自己：“我很失望，因为我想参加我的第三届世界杯。但是我也很平静，因为我已经尽了一切可能去争取那个机会。佩克尔曼教练有自己的人选，在宣布最终大名单之前，他和我沟通过。他没有给出理由，因此我不知道（落选）是足球上的原因还是足球外的。现在我能睡得好一些了，因为我已经为阿根廷国家队做了许多。即使现在，我也觉得自己是阿根廷队的一员。我会挨个儿问候入选的队友，鼓励他们在世界杯上好好表现。显然，我不是佩克尔曼的球员，我没追问过他原因，因为我知道他要么不想说，要么不能说。他是现任国家队主帅，我不想给任何人制造麻烦，所以我要祝他在世界杯上好运。从我这里，你们永远不会听到告别阿根廷国家队的决定。在未来的日子里，我会像以往一样努力，争取捍卫蓝白球衣的荣誉。未来还有很多机会，我希望自己能够做到。”

有个记者，一直追问佩克尔曼和国际米兰球员的矛盾：“你不觉得，教练先生对国际米兰的阿根廷球员一直另眼相看吗？”以下是我的回答：“国际米兰有许多阿根廷人，很遗憾我们不能为国效力。佩克尔曼先生组建了自己的团队，他信任自己选的人，我们都祝他好运。”

在记者面前，我的回答滴水不漏，既保持了自己的风度，又给了教练面子。可是在保拉的记忆里，那段时间我完全不像以往的我：

“哈维尔难受极了。在2002年5月5日以后，他从未如此受伤过。佩克尔曼让他参加了所有预选赛，Pupi每次都不辞辛劳地跨越大西洋。对他来说，欧洲到南美的旅程就像科莫的家到米兰的训练、比赛地点一样频繁。他从来没有推辞过国家队，永远保持着最好的状态、最好的训练态度。那是一次毫无理由的抛弃，哈维尔很受伤。”

大部分国际米兰的阿根廷人没有去德国，唯一去了的坎比亚索大部分时间也坐在板凳上。阿根廷队在八分之一决赛被东道主德国队淘汰，佩克尔曼被迫辞职。传奇的“科科”巴西莱回来了，他将我召入了2007委内瑞拉美洲杯大名单，那是我个人的第三届美洲杯。我们又一次杀入了决赛，对手还是巴西队。这一次，阿根廷队的核心球员叫莱昂内尔·梅西。

可是我们还是没赢，巴西队打了我们一个3：0。我的老队友罗伯托·阿亚拉，在决赛中攻入一粒苦涩的乌龙球后，决定退出国家队。他的队长袖标传到了我手里。2007年11月17日，阿根廷队对玻利维亚队，我以116场的次数超过阿亚拉，成为代表“蓝白军团”出场次数最多的人。

就在那时，阿根廷足协决定进行一场豪赌：让迭戈·阿曼多·马拉多纳成为国家队新主帅，冲击2010年南非世界杯，尽管马拉多纳此前在教练席上从未拿出有说服力的表现。球迷们都希望，马拉多纳的天才能够与萨内蒂的勤勉结合，为阿根廷队争取1993年后的第一项大赛锦标。

对我来说，那又是一段苦涩的回忆。大家不妨来听听保拉是怎么说的，她的叙述一定更客观：“2010是‘三冠王’之年，几乎所有国际米兰球员都去了世界杯，韦斯利·斯内德还是那届大赛表现最好的球员之一，帮助荷兰队获得了亚军。几乎全意大利甚至全世界的体育记者，都把Pupi和埃斯特万·坎比亚索的组合形容为一架毫不走音的阿根廷老钢琴，理应登上世界杯的大舞台。马拉多纳的阿根廷队，前场有以梅西为箭头的天才攻击手群，如果中后场能加入Pupi和库楚（Cuchu，坎比亚索的昵称）这样经验丰富、冷静稳定的老将，夺冠希望一定很大。马拉多纳也让哈维尔参加了几乎全部预选赛，可最后他也像佩克尔曼一样，把哈维尔排除在最终的大名单以外。Pupi经常说‘我幸运又幸福’，可在那段日子里他一直愁眉不展。马拉多纳说哈维尔‘不在状态’，但是全世界的报纸都说‘我们从未见过一个状态如此出色的萨内蒂’。也许马拉多纳直接说‘哈维尔，你不在我的计划内’会更好些，教练的做法太残忍了。当哈维尔在马德里夺取欧冠冠军后热泪盈眶时，球迷们觉得他只是为夺回这座旁落半个世纪的奖杯喜极而泣，只有我知道，他的泪水中，也包含了无缘2010年南非世界杯的委屈。”

我和保拉有一个约定，永远不把比赛的情绪带回家里。我和保拉不想让我的胜利或者失败、进球或者越位、助攻或者红牌，影响到三个孩子平静的生活。我想，不止我们球员家庭，普通人的家庭也都有着这样的约定：工作是工作，生活是生活。

在马拉多纳公布大名单后，我没能坚守与保拉的约定。我觉得自己被利用了，和佩克尔曼那次一样，我没有得到一个合理的解释。后来的结果证明，单就战术来说，把我和坎比亚索这样刚赢得所有奖杯的球员留在家里，是一个错误。事实上，阿根廷队又一次倒在德国队脚下。我全程关注了那届世界杯，为我的队友们呐喊助威，我仍感觉自己是他们中的一员。

马拉多纳之后，阿根廷教练换成了塞尔吉奥·巴蒂斯塔（Sergio Batista）。2010年9月，我再次被召入国家队，在4：1战胜新科世界冠军西班牙队的比赛中打满全场。2011年，我还参加了个人的第四届美洲杯，可惜我们还是没能走到最后：在对乌拉圭队的四分之一决赛后，我的美洲杯出场纪录停留在了22场。

现在阿根廷队的主帅是亚历杭德罗·萨维利亚（Alejandro Sabella）。在普雷迪奥基地的照片墙上，挂着一张我处子秀的照片，照片中站在我身旁的就是萨维利亚（那时候我们看起来都年轻得多），他那时是帕萨雷拉的助理教练。萨维利亚是一位优秀的教练，坚持自己的风格。在他的球队里，梅西是当之无愧的核心。

和儿时在电视机前看阿根廷队一样，我现在还是国家队的头号球迷。我代表国家队穿过的每一件球衣，对我来说都是无价之宝。如果有人问我获得过什么奖杯，我会像在《国家报》写过的那样回答他：为国效力的荣耀就是我的奖杯。

第十四章

球场外的球场

得体的围巾，是罗伯托·曼奇尼[①]的标志之一。在他2004年在皮内蒂纳训练基地成为我们的教练之前，我一直认为，围巾的功能就是保护脖子不受寒冷侵扰，一年顶多用两三次。在我的家乡南港，只有卖水果的小贩才会在脖子上系一条抹布围巾，勉强用来擦汗；在意大利，球迷们去球场时，把围巾系在手腕上，以表现对球队的忠诚；在电影院里，哈利·波特会在脖子上系一条魔法围巾。总之，围巾都是实用的。

可以说，曼奇尼向我展示了围巾作为一种完美饰物的可能性：在国际米兰那些年，每当天气不那么热的时候，他都会戴着一条围巾到更衣室，向大伙儿展示教科书一般的戏法。他先把围巾对折，然后围在肩上，潇洒地打一个再简单不过的结，让围巾在胸前垂下。曼奇尼的围巾，比任何领带看起来都要高雅。无论是因为胜利而微笑还是因为失败而皱眉，曼奇尼的一举一动都是看台上女士们的焦点所在。

我也十分注重穿着，我有满满一衣橱订做的西装，还有无数件Brooks Brothers（国际米兰赞助商）的特别版衬衫。但是由于每天都要

---

① 罗伯托·曼奇尼（Roberto Mancini），出生于1964年11月27日，已退役的意大利著名足球运动员。曼奇尼在球员时代中曾效力博洛尼亚、桑普多利亚、拉齐奥及莱斯特城，场上位置是前锋。在意大利国家队则出场36场射入4球。退役后开始其教练生涯至今。2004—2008年曼奇尼执教国际米兰。2005—2006赛季，由于“电话门”事件，该赛季的意甲联赛冠军被改判给国际米兰，接着连续三个赛季曼奇尼带领球队夺得意甲联赛冠军。但由于国际米兰的欧战战绩始终不佳，他最终被国际米兰主席马西莫·莫拉蒂解雇，取代他的人，是前切尔西主教练何塞·穆里尼奥。2014年11月14日，曼奇尼重返意甲再次担任国际米兰主教练。

训练的关系，我更喜欢穿休闲的运动鞋。曼奇尼则不一样，形象对于他很重要，因此在任何有公众的场合，他都西装革履，皮鞋锃亮。

曼奇尼对外形的讲究并不是一种做作，他的穿着品位和踢球风格是一脉相承的：当球员时，他的球风极其简练，常常是一个基础的假动作后就射门或者传球，节奏是如此流畅（就像他系围巾的方法），以至于对手来不及反应他就已经完成了进球或者助攻。他先后在桑普多利亚、拉齐奥以及意大利国家队度过了辉煌的球员生涯，成为教练后，他勇敢地接过了国际米兰的教鞭，担负起率领球员们夺回自从1989年起就旁落的意甲联赛冠军的重任。

在阿皮亚诺·詹蒂莱基地，他经常大声地指挥我们——“上抢”“传球”“收缩防守”“散开阵型”。在梅阿查比赛时，他也常常从教练席起身，到场边朝我们喊：“回防，回防，断下他的球。好的，现在组织进攻……”每次队员们都觉得，他自己会忍不住上来踢两个回合。我和他在球场上交过手，我十分确定，如果他解开围巾，脱下西装和皮鞋，换上球衣、球鞋，一定可以和我们一起上场，也许他的身体机能已经不如退役之前，但是射手的嗅觉绝不会丢。

马西莫·莫拉蒂曾经不惜一切代价引进球员时代的曼奇尼，因为他是主席先生最喜欢的那一类天才，是吸引球迷到球场看球的元素。就连曼奇尼那种桀骜不驯、个人主义的性格，也让他适合当梅阿查这座足球歌剧院的主角。最终莫拉蒂主席没能拥有球员曼奇尼，所以当一有机会签下教练曼奇尼时，他想都没想就奉上了一纸合同。主席先生还全力支持曼奇尼组建一支和他性格相似的球队：灵活，神秘，在看似分心和不专注时给出致命一击。

作为主教练，曼奇尼兼具了表演欲望和求胜欲望。每当他提高声调，就意味着某个人的工作没有达到他的要求，同时曼奇尼又知道，怎样的批评既能够纠正队员的错误，又不让其在队友面前没有面子。有一堂训练课，当我们正要进行最后的拉伸训练时，一位队友凑到我耳边说：“天哪，今天教练有点儿歇斯底里。你听听他是怎么吼的。”我笑了笑，把这个队友扛在肩上，让他背对曼奇尼，我可不想训练中出现什么麻烦。不过，这不代表我认同他的观点：罗伯托·曼奇尼教练，从来就不是一个歇斯底里的人，他只是有着超强的表现欲。事实上，任何一个像他一样年少成名、天纵奇才的人，都有一点儿爱表现和愤世嫉俗。要知道，曼奇尼13岁就被博洛尼亚买下，16岁就在意甲登场并跳级进入意大利U21国家队。教练席上系着围巾的曼奇尼，就像交响乐团拿着指挥棒的指挥家，他理解并尊重自己的“乐手”，可是当某一名“小提琴手”不按照他打的拍子演奏时，他一定会严厉地提出批评。

在曼奇尼面前，我也像在里皮面前一样坦率，有什么问题我们都会坐下来谈，而不是争吵或者在背后说别人坏话。曼奇尼刚刚上任时，刻意减少了我的出场时间。在（2004—2005赛季）客场与瓦伦西亚（他们的主教练是克劳迪奥·拉涅利）的欧冠小组赛，我照例坐在板凳席上。上半场，尼古拉斯·布尔迪索（NicolÁs Burdisso）因伤无法坚持比赛，曼奇尼对我说：“你上去踢右后卫，行吗？”在梅斯塔利亚球场，我踢了一场完美的比赛（甚至没有一次传球失误），我们以5：1战胜了西甲冠军，跃升到小组第一。第二天，当着全体队员的面，曼奇尼指着我说：“如果所有从板凳席上场的人，都能够有他那么好的状态，我们会走得很远。有他这种训练态度的人，理应获得上场机会。”于是我又回到了主力阵容之中。

与罗马队的联赛之前（那几个赛季，我们与罗马的比赛总是决定着意甲联赛冠军的归属），曼奇尼对我说：“这场比赛你踢中场，左中场。我们是三中场阵型，你负责左路。没问题吧？”

“没问题，教练。”

那场比赛我们踢得很顺利，新阵型取得开门红，我的足球生涯也随之而改变。在青年队时，我曾经踢过前锋；在职业生涯前半段，我都被固定在后防线上；是曼奇尼开发了我的另一项潜能，从此我更多地出现在了攻防枢纽的位置上。

我尊重曼奇尼，是他带领国际米兰走出了长久的黑暗，是他把笑容带回每个人的脸上。我们不是永远都能够达成一致，事实上我们对许多事情的看法都不一样，因为我们都是个性很强的人。但是我还是尊重他，他也尊重我。不过，另一些队友，却受不了曼奇尼的执教风格：有些人只是心里面抵触，还有些人则在行动上抵触。法比奥·格罗索（Fabio Grosso）是个伟大的球员，德国世界杯决赛中，正是他射入了意大利队的制胜点球。格罗索很不习惯曼奇尼的做事方法，他们甚至爆发过冲突。如果有可能，我总是试图调和他们之间的矛盾，我的努力有时候能够奏效，有时候却不能。

曼奇尼最让我敬仰的，是面对“电话门”主角们恶毒而又阴损的攻击时，没有选择退缩，而是勇敢地反击。在危急关头，曼奇尼既保持了斗士的个性，又展现出翩翩的君子风度。

那些年最有代表性的一场比赛，发生在2005年1月。那一天寒风刺骨，国际米兰频道的主持人罗伯托·斯卡尔皮尼蜷缩在他的大衣里解说国际米兰对桑普多利亚的比赛。桑普多利亚是曼奇尼球员时代最美好的回忆，老主席保罗·曼托瓦尼（Paolo Mantovani）就像他的父亲一样。

当时和我一起在场上的有科尔多瓦、马特拉齐、坎比亚索和斯坦科维奇，这帮后来赢得一切的伙计们那一天都有些疲倦，糟糕的状态很快就在比分上展现出来。上半场结束之前，桑普多利亚的马克斯·托内托（Max Tonetto）首开纪录，下半场第38分钟，白俄罗斯前锋维塔利·库图佐夫（Vitali Kutuzov）的进球似乎为他们锁定了胜局。主场以2球落后，时间只剩下7分钟，许多观众开始提前退场。如果是一支普通球队，队员们这时候应该都想着早点儿回更衣室洗澡，等着待会儿被教练骂个狗血淋头，然后准备好明天敷衍记者的台词。

“爱她吧！爱疯狂的国际米兰……”国际米兰队歌里的这句歌词，曾经由我领着队友们录制。一支疯狂的球队永远不按常理出牌，即使这支球队的队长——哈维尔·萨内蒂——以冷静而闻名。比赛结束前2分钟，绰号“奥巴奥巴”（Oba Oba）的奥巴费米·马丁斯（Obafemi Martins，尼日利亚前锋，成长于我们国际米兰青训营，每次进球后都做出漂亮的空翻动作，我认为如果他去参加奥运会体操比赛，一定不会像我一样只拿到银牌，而是拿到金牌），为国际米兰扳回一城。不到一分钟，“奥巴奥巴”又助攻维耶里破门，我们扳平了比分，比赛还有1分钟补时。斯卡尔皮尼的嗓子几乎已经喊哑了，梅阿查剩下的观众也陷入了癫狂。我大脚向前传球，“中国男孩”雷科巴卸下皮球，用他那无所不能的左脚完成射门，皮球“义无反顾”地穿越了对方门将弗朗切斯科·安东尼奥利（Francesco Antonioli）的防守。爱她吧！罗伯托·曼奇尼手下这支疯狂的国际米兰：88分钟内两球落后，最后4分钟内连进3球反超比分！

曼奇尼那天系了一条金属银色的围巾，垂在胸口就像19世纪欧洲律师们喜欢系的那种领带。任何教练在那样一场荡气回肠的逆转之后，都会走入球场和球员一起庆祝，聆听球迷们的掌声。但是曼奇尼没有，他天生就是个完美主义者，他没有向鼓掌欢呼的球迷们鞠躬致意，而是走到了教练席背后几个在比分落后时对他恶语相向的球迷面前，说：“你们把刚才那些话再说一遍吧。”这时候，那几个球迷竟无言以对。很多比赛，曼奇尼都像个拳击场上老谋深算的拳手，比赛中先要卖几个破绽，然后等待时机甩出自己杀手锏的重拳，一击致命。

曼奇尼带领着国际米兰回到胜利的轨道之上。他足智多谋，雄心勃勃，只是有的时候过于执拗（这一点后来在他执教曼城时制约了他的发挥）。成为教练后，他先后带领佛罗伦萨和拉齐奥赢得过意大利杯，来到国际米兰的第一年，他获得了个人执教生涯的第三座意大利杯。我们在决赛的对手，是拥有托蒂、卡萨诺和克里斯蒂安·齐沃（Cristian Chivu）的罗马。客场的首回合比赛，阿德里亚诺梅开二度，回到梅阿查，西尼沙·米哈伊诺维奇（Sinisa Mihajlovic）为我们锁定胜局：作为一名前拉齐奥球员，他每次都把对罗马的比赛当成人生最后一场比赛来踢。

西尼沙·米哈伊洛维奇和曼奇尼关系非比寻常，他们先后在桑普多利亚和拉齐奥当过队友，米哈伊洛维奇退役之后马上成为曼奇尼在国际米兰的副帅。对罗马的那场决赛，他射入了一个标志性的任意球，在训练基地的每一天，米哈都要锤炼自己的任意球技术。他用左脚搓出一道道美妙的弧线，让陪他训练的门将鞭长莫及。尽管罗马队门将詹卢卡·库尔奇（Gianluca Curci）预判到了下坠路线，但是米哈射出的皮球被他扑了一下后击中立柱内侧，照样飞入了球网。

一场更加美妙的胜利在等待着我们。那年夏天的意大利超级杯上，我们的对手是尤文图斯。他们的教练法比奥·卡佩罗[①]，作为球员和教练一共赢得过11座联赛冠军（包括意甲和西甲），尤文图斯的阵容中则有詹路易吉·布冯、法比奥·卡纳瓦罗、兹拉坦·伊布拉希莫维奇、

---

① 法比奥·卡佩罗（Fabio Capello），1946年6月18日出生于意大利的戈里齐亚省（Gorizia），世界上最知名的足球教练之一，曾执教过多家顶级球会，如意大利的AC米兰、西班牙的皇家马德里和英格兰足球代表队。

帕特里克·维埃拉、大卫·特雷泽盖。我前面就说过，尤文图斯球员有一种特别的自信（对于对手来说是一种傲慢），这种自信可能源自里皮“只要我们认真踢，意大利的任何球队都会颤抖”的执教哲学。当里皮把这种傲慢施加到国际米兰身上时，我当面指正了他：“不，教练，不是这样的。”

人人都说，曼奇尼是个“菜鸟教练”（inesperto），国际米兰也还是那支“疯狂的球队”（la solita Pazza Inter），但是事实上改变正在悄悄发生。那支国际米兰，有一批在全世界都取得成功的球员，再没有人能够污蔑我们是“软脚蟹”了。

我们有德扬·斯坦科维奇（Dejan Stankovic），球迷们都叫他德基（Deki）或者德拉戈（Drago），他的招牌是势大力沉的远射（有时候甚至从中场起脚射门）。我们有埃斯特万·坎比亚索，球迷们喜欢叫他库楚[①]，他是我的国家队队友。只要有他在场上，队友就别想偷懒。他对后卫喊：“快回防，快回防！”他对中场喊：“你们他娘的怎么踢的，快前插。”他对边锋喊：“冲冲冲！”

许多记者提到过一种“球场上的教练”，我觉得这个称谓简直就是专为“库楚”坎比亚索量身打造的。他是个球痴，最喜欢钻研战术。埃斯特万·坎比亚索和迭戈·西蒙尼是我所见过的两个最特殊的球员：在七月魔鬼训练的某一天后，在其他队友躺在椅子上直喘粗气、浑身酸痛时，他们却边咀嚼着西红柿意大利面，边和教练讨论新赛季的挑战。“乔洛”西蒙尼和坎比亚索也是我长久以来的朋友。

---

① 库楚（El Cuchu），坎比亚索的这个绰号来自20世纪八九十年代阿根廷家喻户晓的电视喜剧明星库楚·菲利托（Cuchu Flito），这位阿根廷的“周星驰”拥有着一头耀眼的金发，擅长插科打诨，而坎比亚索除了同样拥有金发外，也有一口伶牙俐齿，因此而得名。

当我闭上眼睛，还能看见“库楚”一次神奇的自言自语。那是许多年前的一次赛前封闭集训，队友们吃完晚饭都回房休息了，只剩下“库楚”一个人在餐厅里。他把所有装调味品的盘子都集中到一起，“嗯，如果他们把前腰安排在这里。”坎比亚索边说，边在桌子中心放了一个装海盐的小瓶，“那么我们就要加强边路的防守。”说着他在桌子一侧放了一个胡椒碾和一瓶橄榄油。他沉默了一会儿，我猜他一定是在想象对方教练会加强右边路的进攻，因为他把一个黑色的醋瓶放到桌子的另一侧，“嗯，他们这一招也没用，因为我们的阵型会整体压上……”当调味瓶不够用时，他又拿出放在一旁的刀叉，摆出一个四后卫的阵型，开始琢磨起造越位的战术，被拿来代表对手前锋的，是他的手机。我确定，坎比亚索有朝一日会变成一位冠军主帅，我也确定，他的脱发问题与夜以继日地思考战术有关，所以我经常提醒他：“好了，别想足球了，是时候笑一笑了。”

有一次，坎比亚索带着妻子和女儿来到梅阿查的看台上（我忘了他是受伤还是停赛无法出场比赛）。他的一位好朋友和他们一家一起看了整场比赛，后来这个朋友忍不住对我吐槽：“（坎比亚索）幸福的一家。一个彬彬有礼的爸爸，一个甜美的妈妈，还有一个全身穿着红色的小可爱。可是，当裁判吹响了开场哨，‘库楚’就像‘化身博士’喝下了药水一样[①]，变成了另一个人：他朝队友大喊（由于隔得远，队友当然听不到）；他大声咒骂裁判，因为刚刚有一个犯规没有吹。他嘴里连珠炮般地蹦出战术名词，还有一些很难听的词语送给对手。我实在忍不住

---

① 《化身博士》（*Dottor Jekyll e Mister Hyde*）是英国作家斯蒂文森的著名小说，讲述了科学家杰基尔喝下实验药剂后，晚上化身海德博士四处作恶，他终日徘徊在善恶之间，心里的内疚和犯罪的快感不断冲突，令他饱受折磨。

了，就问他：‘坎比亚索先生，你在孩子面前也这样？’他的夫人回答了我：‘足球就是足球，我们都习惯了。’”

除了坎比亚索这个“球场上的教练”，我们还有一群能够在最紧张的时刻保持冷静的球员：门将弗朗切斯科·托尔多（Francesco Toldo），他曾经在2000年欧洲杯上，以一己之力帮助意大利队战胜荷兰队；后卫马尔科·马特拉齐（Marco Materazzi），他在2006年世界杯决赛上为意大利队攻入了扳平一球，又在点球大战中一蹴而就，不过，让大家印象更深刻的，可能是法国人齐内迪纳·齐达内（Zinedine Zidane）给他的那一头①。

另外，还有我从阿根廷国奥队就在一起的队友塞巴斯蒂安·贝隆。在他的职业生涯中，代表拉齐奥、国际米兰、曼联、大学生四支球队捧起过联赛奖杯。

执法那场意大利超级杯决赛的，是马西莫·德桑蒂斯（Massimo De Santis，那场比赛后不到一年，他就成了“电话门”的焦点人物）。比赛常规时间以0：0结束，进入加时赛。阿德里亚诺带球前进，在摆脱了卡纳瓦罗的防守后传中，中路的贝隆轻松攻破了安东尼奥·奇门蒂（Antonio Chimenti）把守的大门，记分牌上显示：第96分钟，国际米兰1：尤文图斯0，这个比分维持到了终场。在球迷们的注视下，贝隆和德基·斯坦科维奇激情庆祝：不是常见的击掌或者拥抱，而是高高跃起，以胸撞胸，这是勇士特有的庆祝方式，他们想告诉莫拉蒂主席、曼奇尼

---

① 2006年世界杯决赛在意大利队和法国队之间展开，两队在90分钟内1：1战平，比赛进入加时赛阶段。全场比赛第109分钟，马特拉齐后场盯防齐达内，两人似乎发生了口角，齐达内突然之间丧失了理智，头部顶在马特拉齐胸口上，马特拉齐应声倒地。阿根廷籍主裁判埃利松多鸣哨暂停了比赛，助理裁判也没看到齐达内的动作，但是球场大屏幕播放了慢镜头，齐达内被红牌罚下，他的职业生涯就此宣告结束。这也成为了法国队最终失利的原因之一。

教练，还有全体队员：逆境、折磨、不公都没有击倒我们，只是让我们变得更加强大。意大利，欧洲，还有全世界，请做好准备，迎接“大国际”（Grande Inter）。

2005—2006赛季结束了，却又没有结束（finisce senza finire）。尤文图斯在积分榜上领先AC米兰和我们，但是赛季还未结束时，意大利司法系统针对“电话门”的调查已经开始。调查的结果是：尤文图斯被勒令降入意乙联赛，这在他们百年的历史上还是头一回。此外，尤文图斯在2004—2005、2005—2006赛季夺得的意甲联赛冠军被剥夺，AC米兰等其他球队也受到不同程度的处罚。

2005—2006赛季的意甲冠军，被划到国际米兰名下。这是体育界的一种传统，许多奥运会的比赛中，当前两名的运动员被罚下后，第三名的运动员自动成为冠军。无论是后来的队友、街上遇见的球迷，还是布宜诺斯艾利斯的老朋友，都喜欢问我这个问题：“队长，你们真的是清白的吗？有那么多非法的活动，你们真的没有主动参与吗？和我说实话吧。”

以下所说的就是事实：在球场上，在如此多的负面事件面前，我依然善意地相信，每个人都在遵守体育精神，无论对手还是裁判。这就是我的天性——我的父母一直教育我，要往好的方向看，不要把目光停留在丑恶上。我知道，意大利前总理朱利奥·安德烈奥蒂曾经说过：“丑陋的事情令人不悦，但往往却是真相。”我曾经对这句话不以为然——尽管球场上反复遇到一些令我不解的状况，我还是不愿意把这些蛛丝马迹联系在一起，推测出背后那个巨大的黑幕，直到“电话门”的真相大白于天下。直到那时，莫拉蒂、法切蒂、教练，还有我本人，才开始发声，只为讨回公道。

对于2002年5月5日对拉齐奥的那场比赛，我说过，我们本应该表现得更好，本应该赢得胜利。直到今天我还为自己的表现懊恼。在“电话门”之前的那些年，每当失败来临，我都深深地自责，这是每个运动员的天性。为了改变命运，国际米兰迎来过多少天才球员——巴乔、维耶里、罗纳尔多；为了改变命运，莫拉蒂主席请过多少名帅——西蒙尼、库珀、曼奇尼。这些努力永远不够，永远有那么几个乌龙球，永远有一两个意大利之外根本不会发生的误判。那种感觉，就像天空布满了阴云，透不出一线光明。终于，有一个人站出来发问：“为什么总是针对我们？为什么一支像国际米兰这样的豪门要遭受如此对待？”

裁判在都灵漏判罗纳尔多的那个点球，在我看来，是一种标志，是后来一系列事件的出发点。就像在一部恐怖片中，坏人举起手枪对准了好人，子弹已经上膛，无可挽回了。切卡里尼裁判做出了一个骇人听闻的误判，历史因之而改变。好吧，我不想指责切卡里尼与“电话门”有关[①]，但是正是从那一天开始，国际米兰明白，光靠球场内的努力是拿不到冠军的，意大利存在着一个“球场外的球场”。从1998年4月26日开始，许多队员在更衣室里窃窃私语，为什么判罚总是对我们不利？为什么我们的人上去抗议都无效甚至被罚出场？为什么记者们对我们的遭遇一言不发，反而把比赛写得一团和气？我尽量不去想这些，而是把注意力集中在比赛本身。可是在我身边，总有一个声音在说：“队长，你怎能视而不见？你不能收集一些证据吗？你没看见吗？想想吧……”

我的潜意识或许已经接受了这种说法，可是每次回到家，我都会对保拉说：“我们得做得更好，我自己得流更多汗。现在有种声音在干扰我的队友们，让他们相信付出不一定会有回报。我想，我得以身作则来还

---

① 由于切卡里尼在1998年尤文图斯与国际米兰那场比赛后终止了裁判生涯，2006年的“电话门”调查并未涉及他。

击这种说法。"

直到今天，保拉还在不时地数落我："你（那时候）还能做什么？你们受到了历史上最不公正的待遇，你却不想着反击，而总是说'我们还得进步'，更加努力地训练。我认识你已经20年了，你还是那个傻小子。"保拉的话，满怀着爱意。可是其他一些人，却用满满的恶意嘲笑我们"不知变通"，活该受气。我们还能怎么做？像个泼妇那样去骂街吗？还是选择与说谎者同流合污？

支持着我走过那些日子的，有一个重要的人——贾钦托·法切蒂，国际米兰和意大利国家队的传奇人物，同时也是俱乐部多年的经理（主席）。法切蒂或许是足球史上最伟大的绅士，他的一生都在诠释着一种精神：正义与诚实，比奖杯更重要。作为"大国际"的队长，他参加过与独立队的那两届"洲际杯"，即使是最挑剔的阿根廷球迷，也会对这位对手肃然起敬。法切蒂告诉我，无论面对什么困难，都要冷静处理，不能丧失了自己的风度。

在生命最后的日子里，在去世后（2006年）很长一段时间里，法切蒂受到了一种毫无根据、让人愤怒的污蔑。

"电话门"的罪魁祸首卢西亚诺·莫吉[①]，在电话中卑鄙地把法切蒂称为"破烂"。"电话门"审理开始后，有人想把脏水泼到法切蒂身上，他们自己罪无可恕，就想拉几个清白的人给自己垫背。

在"电话门"判决结果出来前夕，我还是无法相信，意大利的整个

---

① 卢西亚诺·莫吉（Luciano Moggi），出生于1937年7月10日，先后担任都灵、那不勒斯、罗马、拉齐奥、尤文图斯足球俱乐部总经理，擅长转会运作，特别是在尤文图斯的经营，统治了意甲十余载。2006年因为"电话门"事件爆发，尤文图斯俱乐部董事会成员卢西亚诺·莫吉和安东尼奥·吉拉乌多（Antonio Giraudo）以及意大利足总的高级官员涉嫌通过电话干预裁判指定的丑闻不断败露，莫吉被终身禁止参与足球事务。

足球体系竟然可以被一个罪犯组成的系统操纵。2005—2006赛季最后一轮，5月14日，我们在撒丁岛客场挑战卡利亚里。比赛本身平淡无奇（主队已经保级成功，我们已经确保了意甲第三名），2∶2的比分不伤和气。为我们进球的，是我所认识的智商最高的球员，一位在河床、皇马、国际米兰赢得了一切的冠军球员——圣地亚哥·索拉里（Santiago Solari）。

在那段时间里，卢西亚诺·莫吉和安东尼奥·吉拉乌多①的犯罪证据一点点被媒体、警察挖掘出来，针对他们的审判也将拉开帷幕。我对此毫不知情，在回客场酒店的路上，我们被一群狂欢的国际米兰球迷拦住："队长，你不开心吗？事实证明我们是对的。"

那天晚上，我知道了一切，可是我就是开心不起来，直到今天我都开心不起来。重要的是伸张正义，使受害者的冤屈为世人所知，首当其冲的受害者，是莫拉蒂，是法切蒂，是全体国际米兰人。可是，无论如何"电话门"都让我高兴不起来：我把它看成（我想所有体育人的看法都与我一致）意大利足球令人悲伤的一页。有罪之人被绳之以法，这个事实无论哪个阵营的人都得接受。"电话门"的受益者，绝对不止国际米兰，还有尤文图斯和AC米兰，还有整个体育界：今天的意甲联赛，无论谁夺得冠军，都不会再有人在背后指指点点，不会再有争议和质疑。

很遗憾，尤文图斯受到了如此沉重的打击。我想说，那是莫吉和其党羽犯下的罪孽，和球员们无关。天网恢恢，疏而不漏。

---

① 安东尼奥·吉拉乌多（Antonio Giraudo），前尤文图斯俱乐部经理。吉拉乌多曾是尤文图斯主席翁贝托·阿涅利的亲信，其经营风格就是永远追逐利益最大化，因此他不曾讨得阿涅利家族首脑贾尼·阿涅利的喜欢。直到上世纪90年代初尤文图斯9年无缘联赛冠军，贾尼·阿涅利才接受了弟弟翁贝托的建议，让吉拉乌多出掌尤文图斯，后来吉拉乌多又挑选了莫吉作为俱乐部的总经理。

我看着我的队友们，尤其是那些和我一路从困境中走过来的队友们。“你们愤怒吗？”记者把麦克风伸到我们面前。关于这个问题，我在和科尔多瓦、萨穆埃尔一起喝马黛茶的时候就讨论过了，“不，我们不愤怒。我们会为一个被吹掉的好球愤怒，为一个被横梁拒绝的进球而愤怒，也会为第90分钟的一个乌龙球而愤怒。关于你问的这件事情，我们只是感到遗憾，而不是愤怒。慢慢地，那些我们一直等待却没有人告诉我们的答案，会一点点水落石出。”

任何和我一样经历了“电话门”曝光的夜晚，然后又像抽丝剥茧般了解了全部事实真相的人，都忍不住在心里问：“为什么在互联网上和电视里，还有人无视这些铁一般的证据？为什么有人不相信权威、公正的司法部门的调查，却相信一些道听途说的谣言，就像‘肯尼迪遇刺事件’和‘9・11事件’以后那样？”

我有许多队友，对于有人污蔑法切蒂的行为怒不可遏，我对他们说：“伙计们，尽管有些人有健忘症，但是历史事实却是无法磨灭的。‘电话门’是一个不争的事实，它将被载入足球的史册。历史可不是酒吧里醉汉们的聊天可比的。总有那么一些人，喜欢搬弄是非，故意把白的说成黑的，对此我们无能为力。不过我们也别沮丧，因为小人卑劣的伎俩没法改变事实，历史终究会给出一个公正的答案。我们，国际米兰，是受害者，因此我们得到了补偿；触犯法律的人或者组织，则受到了应有的处罚，他们也因为那些处罚重新变得清白，这就是体育世界的法则。”受处罚球队的抗议一直会持续下去，针对我们的诽谤也不会销声匿迹，但是意大利足球的整体环境已经得到净化，每一支球队、每一个喜欢足球的人都因此而获益，就像球迷们唱的那样：“再也没有假球……”

曼奇尼教练当时也和我们一样震惊，因为无论在他当球员还是教练时，都没有想到会存在那些秘密电话，存在那些被收买或者被恐吓的裁判。了解了真相以后，他对我们说：“很好，现在让全世界看看，谁才是最强的球队。”

最后，2005—2006赛季意甲冠军被改判给了我们。争议存在，而且永远不会消失，这很好。每当索尔、纳乔和托米（我的三个孩子）问我：“爸爸，你为赢得2006年的意甲联赛冠军高兴吗？你们接受那个冠军之前，没有犹豫过吗？”我看着三个孩子的眼睛，那时候他们安静地躺在沙发上，回答道：“非常高兴。莫拉蒂主席和其他人，从没有主动申请这个冠军，是体育法庭判给我们的。那一年，欧足联、国际足联都敦促意大利足协从严处罚‘电话门’，否则将把意大利俱乐部逐出各项国际赛事。仅仅一个冠军，并不能弥补过去那些年我们被非法侵占的利益。”

那个夏天，全意大利都流行着一枚徽章，上面写着“我是国际米兰人”，就好像说：“我是清白的，没有任何污点。”2006年的那座意甲奖杯，象征着诚实与勤奋得到了回报，无论在俱乐部的荣誉室里还是在我心里，它都是一尊闪闪发光的奖杯。

第十五章

最好的赛季

我对尤文图斯没有成见，对其他任何球队也没有。我尊重她的历史、她的荣誉、她的传统，我尤其尊重亚历桑德罗·德尔·皮耶罗这样的球员，因为他场内场外的举止都让人肃然起敬。国际米兰、尤文图斯和AC米兰是三家截然不同的俱乐部，拥有各自的历史以及让球迷骄傲的理由。我是个幸福的国际米兰人，我为我们赢得的荣誉骄傲，更为我们赢得荣誉的方式骄傲。我知道，尤文图斯的球迷和球员们，也为他们的荣誉和个性骄傲，就像AC米兰、皇家马德里、巴塞罗那、曼联以及任何一支球队一样。不同的国家队也有着不同的风格：巴西队的华丽，意大利队的战术，阿根廷队的流畅，英格兰队的硬朗，德国队的严谨。这些特点永远不会改变，在每届世界杯上都会表现出来。因此，尽管那个充满争议的赛季结束了，永远地结束了，但是我还是知道，这三家意大利球队永远都无法消除分歧。但是我还是想说，即使有分歧，也要学会相互尊重，相互尊重彼此的成功和失败，不要陷在过去之中无法自拔。

这三支球队的掌舵人，有着不同的年龄、性格及世界观：国际米兰的马西莫·莫拉蒂，尤文图斯的安德烈亚·阿涅利①，AC米兰的西尔维

---

① 安德烈亚·阿涅利（Andrea Agnelli），1975年12月6日出生，是一位意大利企业家和体育高管，现任尤文图斯主席，是意大利著名的阿涅利家族第四代传人，尤文图斯传奇主席翁贝托·阿涅利的次子。安德烈亚曾在英国牛津大学读书，后在尤文图斯实习时接受了万宝路烟草公司的邀请，担任万宝路在F1赛事运作中的负责人。他对尤文图斯、赛车和帆船都很着迷。他曾经为比亚乔、欧尚、法拉利工作过。2010年5月，他被任命为尤文图斯足球俱乐部第25任主席，而之前他的祖父爱德华·阿涅利、伯父贾尼·阿涅利、父亲翁贝托·阿涅利先后担任过尤文图斯主席。

奥·贝卢斯科尼[①]和阿德里亚诺·加利亚尼。尤文图斯和AC米兰的组织结构更像是一个商业公司，而国际米兰更像是一个大家庭。公司和家庭，各有优缺点。

2006年的“电话门”以后，各方的代表坐在一张谈判桌前试图签署一份“停战协议”，尽管最终未能成功：当时“电话门”的后续影响还未减弱，谈判为时过早。现在，时机已经成熟。我们不需要大佬们坐成一圈，弄出个结盟协议什么的。我们只需要各方接受事实：过去已经成为历史，大家都需要向前看，找准新的目标，瞄准新的对手，接下来就是回到球场内，开始脚踏实地地训练。

对于阿根廷队与英格兰队，我也给出了相同的建议：作为两大足球强国，也作为两个现代化国家，足球场上的“英阿大战”都必须去除多余的意义，回归一场纯粹的足球赛。

著名记者贾尼·布雷拉（Gianni Brera）将尤文图斯与国际米兰之间的比赛定义为“意大利德比”。他那个时代的“意大利德比”，是球员们意志力的比拼，是教练智慧的比拼，两支球队的对抗完全是在竞技范围之内。为什么今天的“意大利德比”不能回到古典的轨迹上呢？如果我们每一个人都放下对敌人的偏见，“和平”自然而然地就降临了，这个道理，在东方人的古代典籍之中被反复诠释。我们常常怀着善意，呼吁那些在战争中失去亲人、失去朋友、失去手臂的人，放下手中的武

① 西尔维奥·贝卢斯科尼（Silvio Berlusconi），出生于1936年9月29日，意大利政治人物、企业家，数度出任意大利总理，同时也是AC米兰老板、传媒大亨、超级富翁。1994年投身意大利政坛以来，始终是主宰意大利政局的风云核心之一，也是全世界知名度最高的意大利人之一，长期处于风口浪尖。贝卢斯科尼是第二次世界大战后第一位完成五年任期，以及执政时期最长的意大利总理。1986年收购AC米兰足球俱乐部并成为主席，AC米兰在其领导下取得卓越的成绩，包括8届意甲联赛冠军、5座欧洲冠军杯和其他国际性比赛冠军。

器，回到谈判桌上，可是我们自己却无法在体育世界中做到这一点。这很荒谬。

我说了自己对于2006年“电话门”前后发生的一些事情的真实想法。我的祖国悲惨的现实让我知道，如果我们不想一直一蹶不振下去，就不能活在偏执里，不能活在过去，不能一直舔舐已经结痂的伤口。没有人能够调和国际米兰、尤文图斯、AC米兰三队球迷历史认知上的分歧：有人永远坚信，圭多·罗西①，这位“电话门”期间临危受命主持意大利足协的老人，不但是国际米兰球迷，还以权谋私为支持的球队捞好处；有人坚信，卢西亚诺·莫吉罪有应得；有人一遍又一遍地读审判书，企图证明整个“电话门”事件不过是一场阴谋。从很小的时候我就知道，足球这项全世界最受欢迎的运动不可能只发出一种声音。因此，我想再次呼吁大家：站起来继续前进，把目光投向未来，而不是过去。

在贾钦托·法切蒂去世前夕，我前往他的病床前探望，我们一起憧憬过足球精神的变革。很可惜，贾钦托没能等到那一天，也没能看到他深爱的球队复兴，但是至少他用最后的力气呼喊：让我们翻过这一页吧，抬起头，向前走。

我之所以能够走到今天，能够继续踢下去，就是因为我对足球和生活都充满了希望。以前，我从不怀疑任何一个球员的体育精神，即使保拉和许多人都说我有点儿单纯；现在，我依然如此，甚至对未来怀揣着更大的憧憬。我们得向前看，虽然意大利足球正在经历着前所未有的低谷，但是只要从现在开始努力，两三代以后的球员，就能够迎头赶上他

---

① 圭多·罗西（Guido Rossi），出生于1931年3月16日，意大利法学家和律师。2006年5月，“电话门”爆发导致意大利足协主席卡拉罗、副主席马自尼和裁判协会主席拉尼瑟引咎辞职。意大利奥委会宣布将意大利足协托管，全体委员一致通过了意足协特派专员人选，就是反托拉斯法之父、意证监会的前主席圭多·罗西，任期6个月。

们的同龄人。在球场上，每当我和尤文图斯队长亚历克斯·德尔·皮耶罗和AC米兰队长保罗·马尔蒂尼握手时，我知道我面前的这位冠军，和我有着一样的想法、一样的价值观、一样的激情。虽然他们现在已经或者正在远离球场，可是如果能够在街上碰到他们，我还是会献上最热情的拥抱，我会告诉我的孩子们，那就是他们学习的榜样。

最近几个赛季，我能够明显地感觉到，国际米兰、尤文图斯、AC米兰之间的比赛，越来越回归到一场足球比赛的本身。比赛前和比赛中，球员们专心地准备，勇敢地拼搏。当裁判吹响终场哨时，胜利的一方庆祝，失败的一方安静地离开球场，开始为下一次碰面的“复仇”默默准备。这种变化让我欣喜，我想国际米兰人要在这方面做出表率：当尤文图斯和AC米兰代表意大利球队出征洲际比赛时，我会为他们呐喊助威，我坚信，最好的尤文图斯和AC米兰球迷也会和我们站在一起。

当我的跟腱断裂后，梅阿查球场的一些AC米兰球迷唱起了“和我们一起跳，哈维尔·萨内蒂”。我知道，这些球迷永远也听不进我的肺腑之言。但是有更多非国际米兰球迷，向我献上了最真挚的祝福：我在街上碰到过一个小尤文图斯球迷，他对我说：“萨内蒂真棒，祝你早点儿回到球场上，但是别忘了输给我们。”还有一个罗马球迷在推特上给我留言：“托蒂和萨内蒂都是伟大的旗帜，让我们放下仇恨。”

2006—2007赛季，意甲第一次不见了尤文图斯的身影，这让国际米兰成了唯一一支从未降过级的意大利球队。在世界范围内，保持这项荣誉的俱乐部也是屈指可数：西甲有皇家马德里、巴塞罗那、毕尔巴鄂竞技；德甲有拜仁慕尼黑、勒沃库森、汉堡；英超没有一支，即使是曼联、切尔西、阿森纳这样的豪门也不例外；苏超有凯尔特人和格拉斯哥流浪者；葡超有波尔图、本菲卡、里斯本竞技；阿甲有博卡青年（我最爱的独立队于2013年降级）。

那个赛季开始前，我以国际米兰队长的身份告诉队友：别打嘴仗了，让我们在球场上用表现说话。我们的更衣室里，有两位从尤文图斯来的超级新援：全能中场帕特里克·维埃拉，兼具身体与技术的前锋兹拉坦·伊布拉希莫维奇。

帕特里克那时候已经帮助法国队夺得了世界杯和欧洲杯冠军，在英超和意甲一共拿到7个联赛、7个杯赛冠军。最重要的是，他没有一点儿居功自傲的意思，对谁都和和气气，笑脸相迎。到了球场上，几乎没有对手能够跟得上他那双长腿的节奏，没有防线能够抵抗他具有穿透性的传球。帕特里克不但有着巨人的身躯，还有着天才的头脑，他防守的时候像一道巨闸，进攻的时候又像一辆装甲车，他是最完美的现代中场。

那个赛季不像看起来的那么容易，尤文图斯不在、AC米兰被扣分，所有人都知道意甲冠军非我们莫属。这种情况下，光赢得冠军就不够了，我们还得碾压对手，得以一种前所未有的气势夺冠。我们得时刻回击质疑，这些质疑来自球迷和记者，就像猫头鹰的叫声一样吵得人心神不宁。

维埃拉很少说话，或许他不想让人误以为他要夺我这个队长的权。不过如果感到更衣室里的风向不对，或者队友们的压力过大，他都会说出自己的想法。他有一种不怒自威的气质，他头顶上世界杯和欧洲杯的光环让大家心悦诚服。不过维埃拉的这种领袖气质，也给他带来过麻烦。

2006年10月28日，“电话门”后的第一次米兰德比：即使在平常，米兰德比也是一场意义非凡的比赛，凡是参加过米兰德比的球员，都说这是他们职业生涯中压力最大的比赛。到了比赛这天，平时没有交集的经理、富豪、工人、学生从米兰城的各个角落涌向梅阿查，为自己的球队喊哑嗓子。获胜的一方不但能够拿到三分，还能够在下一场德比前的几个月里保持一种优越感。

那场比赛一开始就进入了我们的节奏：克雷斯波打破僵局，接着担任组织核心的斯坦科维奇射进了一个绝妙的远射。中场休息的时候，AC米兰主帅卡洛·安切洛蒂换上了马尔蒂尼，意图加强边路防守。

下半场刚开始，伊布拉希莫维奇（那时候他还不知道自己后来会穿上AC米兰球衣）的进球几乎为我们锁定了胜局。接下来红黑军团完美诠释了足球的不可预知性：克拉伦斯·西多夫，一个让我惋惜的前队友，为AC米兰吹响了反击的号角。不过，我的队友马尔科·马特拉齐——新科世界冠军，为我们扩大了领先，4：1。进球后的马尔科，用他自己的方式庆祝（掀起球衣露出了球衣下的一件向儿子展示父爱的T恤），AC米兰球迷却认为马尔科是在羞辱他们，裁判斯特凡诺·法里纳（Stefano Farina）也认为马尔科·马特拉齐违反了不准脱衣庆祝的新规定，于是向他出示了第二张黄牌。

利用人数上的优势，AC米兰开始全力反扑：阿尔贝托·吉拉迪诺（Alberto Gilardino）为他们把比分扳成了2：4；补时的第1分钟，卡卡再下一城将比分差距缩小到了1球，3：4，米兰人似乎看到了一场我们对桑普多利亚那样的大逆转的希望，全场球迷都快窒息了。

在比分变成4：2时，维埃拉就向我示意："Pupi，我的跟腱很疼，帮我请求换人。"我很快示意教练："换下维埃拉，他坚持不住了。"队医和米哈伊洛维奇都准备向第四官员示意换人，可是主教练罗伯托·曼奇尼阻止了他们："我们的优势还不保险，米兰随时都可能追回来。"

在一次死球时，维埃拉走到教练面前说："换我，换我。"看台上的观众都注意到了，"维埃拉受伤了，他想下场。"可是曼奇尼仍然无动于衷。AC米兰将比分扳成了3：4，我们像狗一样狼狈。我记得，亚历山德罗·内斯塔（Alessandro Nesta）在最后时刻的一脚传球穿透了我们整条防线从门前划过，我当时就想："完了，肯定有人会把球捅进。"

好在，没有米兰人出现在传球线路上，裁判终于吹响了终场哨。谢天谢地，我们赢了。

就当大家庆祝完准备回更衣室洗澡时，我看见维埃拉一瘸一拐地追上曼奇尼，“你是个疯子。我下半场开始就受伤了，最后15分钟都是一只脚在跳，你没看见吗？你想让我残废还是想让球队输球？”气氛剑拔弩张，米哈伊洛维奇站了出来，他搂住维埃拉，把他扶回了更衣室。

事后，我悄悄问过曼奇尼，他当时是怎么想的。如果帕特里克听到了答案，一定会转怒为喜的：在马特拉齐被罚下后，面对对手疯狂的反扑，一个瘸腿的维埃拉比板凳席上任何一个人带给安切洛蒂和AC米兰球员们的威慑力都要大，因此曼奇尼选择把他一直留在场上。这就像日本电影《影子武士》①（*Kagemusha*）里，日本战国第一名将武田信玄在死后仍然可以依靠威名和一个替身震慑群雄。

另一个从尤文图斯加盟的球员，足以以一己之力改写一个联赛的走势——兹拉坦·伊布拉希莫维奇。在他的自传中，伊布拉②讲述了他的过去：作为一名成长在瑞典的斯拉夫移民，足球是他赢得尊重的唯一方式。他成长在马尔默市郊的罗森加德区（Rosengård），那里有来自全世界的移民。小时候为了训练不迟到，他甚至偷过别人的自行车。他是世界足坛最著名的“吉卜赛人”，每到一处，他都赢得本队球迷最深的爱戴，同时激起对手球迷最深的反感。他也是“狗仔队”最喜欢的球员之一，巴塞罗那的小报记者曾经拍到过他与队友皮克在停车场“暧昧”

---

① 《影子武士》（*Kagemusha*），日文原名《影武者》，由日本著名电影导演黑泽明执导。故事讲述的是发生在日本战国时代武田家的事。通过展示当时政治、军事斗争的错综复杂，加上激烈的战争场面，烘托出了“影子武士”的伟岸形象，仿佛一部悲壮的史诗。导演以深刻的表现手法和唯美的画面表达出对日本武士时代的缅怀。

② 伊布拉（Ibra），是伊布拉希莫维奇的昵称。

的照片；他还在球场上展示过一套类似比基尼的内衣[①]。无论是挑衅，厌恶，嘘声或者掌声，伊布拉都无所谓。他效力过阿贾克斯、尤文图斯、国际米兰、巴塞罗那、AC米兰、巴黎圣日耳曼，光看这一长串名字，你就知道，他是个活着的传奇。作为一名空手道高手，伊布拉在训练和比赛中都展示过敏捷的身手。你会经常觉得，镜头前的伊布拉一举一动都是在向世界宣布："我是伊布拉，一个狠角色，世界上没有人比我更狠。"他的肌肉、他的眼神、他的身体语言，都是他发出的信号。

国际米兰是冠军，冠军队的队长是我，当伊布拉顶着"刺头"的名声来到时，我知道自己得替队友试探试探。先声明一点，我从来没有和伊布拉闹过不愉快的事情，我知道兹拉坦天生就是那样，你无法改变他的性格，即使像弗洛伊德那样的心理学宗师也不能。有的时候，他会出现瞬间的"短路"，他会觉得全世界70亿人都与自己为敌，于是他竖起全身的刺来保护自己。

在那种情况下，最好让他自己待着。国际米兰的队友们和伊布拉相处得非常好。那个赛季（2006—2007赛季），我们拿了全部114个联赛积分中的97分，这是意甲的一个里程碑。伊布拉的状态非常出色，攻入了15球。每当他"短路"时，我都会送他一个阳光的微笑，或者拍拍他的肩膀。他强烈的性格，对某些人来说无法接受，对我来说却没有任何问题。或许因为我在南港的成长经历和他在瑞典贫民窟的成长经历有许多相似之处，我知道，在他坚硬的外壳之内，有一颗柔软的心，他与世界为敌，只是想引起世界的注意。如果伊布拉的情绪真的要爆发了，我

---

① 那张照片拍摄于2013年夏天巴黎圣日耳曼与皇马的友谊赛之后，网传皮克在社交网站上给伊布的照片点赞。那件类似比基尼的东西，实际上是一款实时监测球员身体状况的功能内衣。

会对他说：“嘿，伊布拉，你在干什么？你要砸烂一切吗？”伊布拉有颗聪明的脑袋，每次听到我这么说，他都会平静下来。

在比赛中，他看起来像一头狮子，可是你们大概想不到，他在训练中大多数时候都很和善。他喜欢穿每一名队友的袜，然后哈哈大笑，可是当有人穿了他的袜，他马上就翻脸。你们想想，像科尔多瓦和萨穆埃尔这样，和全世界著名前锋都搏杀过的“角斗士”，能不能接受伊布拉戏谑的态度。如果说伊布拉是一头凶猛的野兽，伊万（科尔多瓦）和瓦尔特（萨穆埃尔）则是“禁区之狐”。日复一日，他们摸清了伊布拉的习性，然后当他有出格的动作时，两只“狐狸”便联手教训他一下，“伊布拉，你别想从我们这里讨到便宜，我们对谁都不会脚软的。就算你是（跆拳道）黑带，也得和我们练练。”伊布拉只能忍气吞声，再忍气吞声，直到有一天，他指着被扯破的衣服对我说：“队长，他们究竟想对我干什么？”我假装什么都没听见，继续踢球。

至于直接的批评，我只做过一次，伊布拉一定还记得。我相信，从马尔默到巴黎，没几个批评过伊布拉的人能够像我一样安然无恙。

罗伯托·曼奇尼做球员时就很擅长踢定位球，当教练后更是成为任意球痴。在国际米兰时，他与米哈伊诺维奇研究任意球的一切细节：皮球的几何运行轨迹，如何绕开不同的人墙站位，如何根据门将的站位选择击球的脚法。在曼城，曼奇尼用一套专门的电脑软件，研究了数千次角球，从而发现角球落在禁区内哪一块区域时的进球率最高。尽管棒球界已经普及开，但是曼奇尼可能是第一个将网络大数据引进足球圈的教练，据说曼奇尼的研究让曼城多进了15个球。

伊布拉也特别喜欢练习任意球，他一直相信自己的射门天下无敌（如果你不同意这一点，可以告诉伊布拉，但是你千万别对他的反应做出任何回应，尤其是如果你发现他心情不好时）。

有一天，我们全队都在练习定位球。伊布拉踢出各种弧线，每一条弧线都从他的脚下划向球门。许多队友都在旁边看着，我发现用来做人墙的障碍和我们那位新来的喜欢在门前移动的巴西门将儒利奥·塞萨尔之间，呈一个特殊的夹角（或许这个夹角罚球人看不到）。于是，我用全世界最平和的声音对伊布拉说："伙计，如果你摆腿的时候往那边偏一点儿，或许……"

我想，或许我直接用钉鞋踢伊布拉一脚，他都没有这么生气。"你说什么？"伊布拉仿佛从鼻子里蹦出这冷冰冰的几个单词——他想让我下不来台。"很好，要不你过来踢？"他像演员一样计算了说话的间隔，然后又蹦出一个单词"现象……"。说完，他斜着眼睛打量我，等着看我的反应。

我面对过也合作过许多伟大的球星，从马拉多纳到梅西，从罗纳尔多到卡卡，从西多夫到贝克汉姆。伊布拉甩给我的那句"现象"只让我有一种反应——想发笑。这就像通心粉西部片中那些发生在小镇酒吧里的决斗：那些飞起来打爆坏人头的，不过是假的威士忌酒瓶，而每个人衣服上粘的也不是血，而是番茄酱。伊布拉对我的挑衅，就像横飞的番茄酱，如果我当真，就太幼稚了。但是，如果我不"教训"一下伊布拉，他以后在大伙儿面前一定会更加放肆，也不会像我们大家希望的那样老老实实踢球了。

我从来不像"乔洛"西蒙尼那样是一个大嗓门的队长——如果你刚到他的球队里，一定会被他的吼声吓坏，因为他的声音即使隔着几层铁门也能够钻进你的耳中。每个队长都有自己的队长之道：当有问题要说时我会说，其他时候我更喜欢以身作则，大嗓门不是我的风格。在我的记忆中，大发雷霆只有过那么几次。对热那亚的一场比赛，中场休息时我在更衣室里像个疯子，"我们的表现糟透了。你们究竟想踢球还是想洗洗回家？”通常，谈话和怒吼可以收到一样的效果，前者的体验比后者好得多，无论对言者还是听者。我坚持找马里奥·巴洛特利谈话，他总是做出一副专心致志的样子，但是我真不知道他有没有在听我的话。还有一位专给老队员制造麻烦的年轻人——马尔科·利瓦贾（Marko Livaja），在一场国际米兰对罗马的比赛中，我对他喊："利瓦贾，利瓦贾，你看到达尼埃莱·德罗西（Daniele De Rossi）没？他是罗马队中最强的，如果你觉得自己和他一样棒，你现在就别吓得发抖了，拿出你在训练中的架势来。"

我用最平缓、最放松的声音对伊布拉希莫维奇说："兹拉坦，我只是给你提了个建议，你没有理由提高声调，明白吗？这里没有'现象'，我们都是队友，一起赢球，这就够了。现在，你按我说的试试吧。"我们身旁的队友都陷入了沉默，伊布拉用他超凡的智商，认识到了自己的错误。他嘟囔了几句我可以认为是道歉的东西，然后按照我的建议射门。"好球！"我是第一个和他庆祝的人。

这就是伊布拉希莫维奇，无论你喜不喜欢。

那支拿到97分的球队，没有一个弱点。门将儒利奥·塞萨尔：在他之前，世界足坛有"巴西出不了好门将"的偏见。这个偏见缘起于1950年在巴西本土举行的世界杯：在乌拉圭队与巴西队的决赛之前，媒体就预测巴西队肯定会输球，因为他们的1号门将巴尔博萨（Barbosa）太弱了。果不其然，比赛中巴尔博萨漏进了乌拉圭队前锋吉贾（Ghiggia）的制胜球。从此之后，直到去世，巴尔博萨都是巴西的民族罪人，以至于他上街时都没人愿意和他走在一起。儒利奥·塞萨尔出现以后，大家才发现，巴西队不仅在中前场有艺术家，在门线上也有。

那条防线也是独一无二的：麦孔、科尔多瓦、马特拉齐、安德拉德·马克斯韦尔（Andrade Maxwell）。关于道格拉斯·麦孔（Douglas

Maicon），我可以连续说上好几个小时。他离开国际米兰时，我对他说："我的朋友，你是最听我话的队友。在诺坎普迎战巴萨时，在伯纳乌防守罗本时，在梅阿查的无数场战斗中，尤其是在那场比赛科尔多瓦和萨穆埃尔接连被罚下，穆里尼奥做出"手铐"手势、全场观众一起扔卫生纸时，你都服从了我的命令。你用你最擅长的突破到前场去进球，我弥补你身后的空当。每次我前插助攻，都知道你一定在身后补我的位置。我们从没有过分歧，我们在更衣室一起笑，在球场上一起挥洒汗水。如果要找一个我最喜欢的球员，我第一个想到的就是你，道格拉斯·麦孔；如果要给刚刚进入一线队的小将指出一个榜样，我第一个想到的还是你，因为你无私、忠诚、乐观，你在球场上和生活中都是一个冠军。我从没见过你生气：你的玩笑给大伙儿带来欢笑；你的表情，无论是射进球门还是射向看台时，都代表着对生活的满足。"

伊万·拉米罗·科尔多瓦（IvÁn Ramiro Córdoba）也是我的异姓兄弟，无论在球场上还是球场下，他都是一个完美的人。如今他是国际米兰的球队经理，每次看到他穿着西装在场边拿起换人的电子牌，我都会和他交换一个会心的微笑。

对马尔科·马特拉齐，我能说什么呢？2006年世界杯决赛上，他先是攻入了扳平的点球，接着在点球大战中击败了法国队门将法比安·巴特斯（Fabien Barthez）。甚至他被齐达内头顶的那个画面，都被阿尔及利亚艺术家阿德尔·阿贝德赛梅（Adel Abdessemed）做成了雕塑，收藏在巴黎的蓬皮杜艺术中心。马尔科已经不只是球星，不只是超级球星，而是一个文化符号。在库珀到来的那个夏天，我距离加盟皇马只有一步之遥，可是最后我留了下来，并和国际米兰一起经历了后来最好的岁月。与我相似，2006年夏天，一切迹象都暗示，马尔科将会离开国际米兰，加盟AC米兰。结果，从柏林回来以后，马尔科已经变成了世界冠军、大英雄，作为一名大器晚成的球员，马尔科一直没有放弃努力，他配得上这一切成功。

防线上的最后一个，是马克斯韦尔。他除了是一位优秀的球员外，还是位“驯兽师”：你很难解释，为什么凶猛如伊布拉，却唯独在马克斯韦尔面前安静无比。无论伊布拉走到哪里，马克斯韦尔都会跟随着他。

和我一起踢中场的有三个人：埃斯特万·坎比亚索，“球场上的教练”；帕特里克·维埃拉，肌肉和大脑；德扬·斯坦科维奇，战士。和我们轮换的，还有路易斯·菲戈（Luís Figo）。我不会一一罗列他获得的荣誉，否则我得新出版一本书，书名叫《25座奖杯；一个效力过巴萨、皇马、国际米兰的巨星；2000年金球奖得主》。

之所以称路易斯·菲戈为巨星，是因为他有一种独特的气质，会在某些特殊的时候灵光一现。如果我们久攻不下，时间一分一秒地过去，教练急需一个解决问题的人，巨星往往能够有一些天才的表现。2006年8月26日，我们在意大利超级杯中挑战罗马，一开场我们就被打懵了，罗马以3：0领先。“电话门”之后，全意大利都等着看我们的笑话。那时候，国际米兰已经开始发生质变，我们没有乱作一团。维埃拉连入两球，克雷斯波再下一城，比赛进入加时赛。就是那一次，菲戈告诉大家，为什么他的荣誉簿已经快写不下了：经过94分钟鏖战，我们与那些年最大的对手罗马，还是未能分出胜负，两队的体能都快耗尽，大家就等着点球大战了。但是，菲戈不答应，越到关键时刻，他的头脑越发冷静。他用右脚射入了一个精彩的任意球：国际米兰4：罗马3。

和伊布拉在锋线上搭档的，是埃尔南·克雷斯波，从我的这名老队友身上，我发现了一条“克雷斯波定理”（il Teorema di Crespo，你们可以认为这是玩笑，也可以认为我是认真的）。在介绍“克雷斯波定理”前，我得先告诉大家著名记者贾尼·布雷拉的名言：“最完美的足球比赛，不可能以0：0收场。”我不赞成这句话，因为0：0的比分多数时候意味着两队后卫表现完美，没有给对方留下任何机会。在信息科技如此发达的今天，任何一个进球都会被专家、网友用慢镜头分析无数遍，分析的结果往往是，人们发现进球与其说是前锋的功劳，不如说是后卫的失误。“这个后卫真笨，怎么不上抢而是回防？那个中卫太次了，怎么不盯人……”

足球世界的定理总是很奇怪，用到其他运动中都不成立。当牙买加短跑运动员尤塞因·博尔特（Usain Bolt）拿下伦敦奥运会百米金牌时，没有人说这是由于第二名布莱克（Blake）和第三名加特林（Gatlin）的失误。在高尔夫球场上，当“老虎”伍兹（Tiger Woods）夺冠时，大家都说这是因为他的天才，没人会想到其他球手的失误。在温布尔登，当纳达尔（Nadal）或者德约科维奇（Djokovic）赢球时［我是阿根廷选手德尔波特罗（Del Potro）的球迷］，球迷都会说是他们发挥了自己的优势，不会有人去提醒大家，其实他们的对手也送上了不少非受迫性失误。

现在让我来说说“克雷斯波定理”吧：即使在90分钟的比赛中，后卫们不犯一个错，还是可能产生进球。因为那些进攻的天才们，绝不需要捡后卫的漏进球，而是凭借自己的才华。

这个“克雷斯波定理”，是我看过一场由保罗·马尔蒂尼盯防克雷斯波的比赛后得出的。我尊敬保罗，甚至想不出一名比他更强大的后卫。英国人曾经用电脑分析过马尔蒂尼的所有比赛，为了对比他们还分析了荷兰后卫贾普·斯塔姆（Jaap Stam）的比赛。最后大家发现，马尔蒂尼职业生涯的犯规次数远远少于斯塔姆，原因是马尔蒂尼出色的预判能力让他可以轻松地瓦解对方的进攻，根本就不需要铲球甚至吃红黄牌。

即使马尔蒂尼拥有教科书般的站位，他还是让克雷斯波进球了，不是因为马尔蒂尼失误了，而是埃尔南跳得就是比后卫高，顶的球就是准确地钻进球门。所以，“克雷斯波定理”就是：进球不一定源自后卫的失误，进球的第一要素是进攻者的主观能动性。

后来我们防线上又来了个新队友——罗马尼亚人克里斯蒂安·齐沃（Cristian Chivu）。加盟的第一个赛季，他一直带着背伤作战，可是这丝毫没有影响他在场上的勇猛和专注。2010年1月6日，我们与切沃的比赛中，他为了阻止对方前锋塞尔吉奥·佩利西耶（Sergio Pellissier）的一次进攻，头部受到了狠狠的撞击。当他躺在地上失去知觉时，我们都吓坏了。他被立即送往医院，检查结果是颅骨骨折，进行了紧急手术，当时没有人知道，他还能不能回到足球场。

当他再次回到更衣室时，一头长发已经被剃光了，前额上多了一道从战场上负伤才有的疤痕。3月24日，距离他受伤不到两个月，克里斯蒂安就参加了与利沃诺的比赛，从那以后他一直带着一个特制头套比赛。每当他完成一次成功的防守，梅阿查的球迷都会献上热烈的掌声。我之所以说球员是足球世界最宝贵的财富，并不是信口开河，看看克里斯蒂安·齐沃吧，他是在用生命踢球。

2007年，我们提前五轮夺冠，创造了97分的意甲冠军积分纪录。可是到了第二年，夺冠之路就没有这么顺利了：到最后一轮之前，罗马队一直在积分榜上紧紧地咬住我们，紧张一如2002年5月5日。和当年的尤文图斯一样，罗马队也早早取得领先，由于我们迟迟打不开帕尔马队的大门，联赛冠军暂时钻进了罗马队的口袋里。

中场休息时，罗马的大街上已经出现了冠军的味道，罗马人在等待着一场将持续到第二天黎明的庆典。我们这一边，最适合用索里亚诺的语言描述：国际米兰和帕尔马，都没办法将球射入那“像彩虹一样大的球门”。比赛前一晚，我没有睡好，脑子里一直想着布丹（Budan）、雷吉纳尔多（Reginaldo）、加斯巴罗尼（Gasbarroni）进球[①]的画面。第61分钟，我接到一脚毫无威胁的传球，我看到无人防守的德扬・斯坦科维奇，想都没想就把球传了过去。德扬・斯坦科维奇带了两三步，刚替补出场的伊布拉跑位接应（那场比赛之前伊布拉受伤了，可是曼奇尼知道，这是一场没有退路的比赛，所以还是决定冒险换上他）。德扬长传找到伊布拉，后者用他标志性的远射，把冠军奖杯带回了米兰。

"永恒之城"一下子沉寂下来，可是我们的故事还没完：第79分钟，麦孔带球突到前场（我当然补上了他身后的空当），传中找到伊布拉，2：0。帕尔马的塔尔迪尼球场下着瓢泼大雨，却浇不灭我和队友们如火一般的激情。看台上的莫拉蒂主席站了起来，仿佛在说："小伙子们，你们每次都要这样折磨我的心脏吗？"

罗伯托・曼奇尼的时代，就像一个很长很长的节日：2个意大利杯，2个意大利超级杯，3个意甲联赛奖杯。不过，在欧洲赛场上，在欧冠中，我们永远走不远。从霍奇森和西蒙尼开始，到库珀和曼奇尼，国际米兰一直在变得越来越成熟，可是距离伟大总是差了那么一步。莫拉蒂主席看着他父亲上世纪60年代留下的老照片：法切蒂、皮基（Picchi）、瓜尔内里（Guarneri）等"大国际时代"功臣们围绕在他身边，中间是"大耳朵杯"……主席先生有了一个想法，一个新的想法。

① 这几名帕尔马球员都曾经攻破过国际米兰的球门。

第十六章

教　练

这是一本关于我的生活的书，关于我的想法、故事、希望和错误，我为这本书准备了很久，无数次与我的妻子保拉、父亲鲁道夫还有我的朋友们一起回忆往事。我从家里找出了那些被岁月遗忘的老照片、老物件，只为了保证这本书里的一切细节都不会出现偏差。

有一个人，一路陪我走过这条回忆之路，从米兰到科莫，从阿皮亚诺·詹蒂莱训练基地到梅阿查球场，甚至到布宜诺斯艾利斯的普雷迪奥和南港——贾尼·里奥塔（Gianni Riotta）。贾尼是我的老朋友，也是一个天生的国际米兰球迷，我们一起阅读了全世界成千上万篇关于国际米兰的报道，在Youtube上重温了几乎一切关于我的比赛录像。每次和他度过一个愉快的下午后，我们都会去我开的餐厅来一顿阿根廷晚餐（贾尼最喜欢布宜诺斯艾利斯的Quilmes啤酒）。

在餐桌上，贾尼向我讲述了一段个人回忆。在我看来，这个故事一定能够让国际米兰球迷回忆起2008年那个难忘的夏天。

“那时候我在意大利国家电视台工作。”贾尼笑着开始讲述，“我是电视一台的导播。当时国际米兰宣布，传奇教练何塞·穆里尼奥（José Mourinho）将代替罗伯托·曼奇尼出任主帅。穆里尼奥人还没到米兰，就已经放出风来，说他暂时不会接受任何媒体的采访，因为他想先摸摸意大利的情况。我的几位同事，也是意大利电视一台最资深的记者多纳代拉·斯卡尔纳蒂（Donatella Scarnati）、费利切·拉索尔萨（Felice La Sorsa）、马尔科·弗兰泽利（Marco Franzelli）一起和我开玩笑：‘嘿，我们可是国家一台，你又是国际米兰球迷。打个电话给莫拉蒂，看看我们能不能做一次专访。’我接受了挑战，拨通了莫拉蒂的电话。主席先生像一位绅士，当即让国际米兰频道主编、也是《萨内蒂757，忠诚先生》（*Zanetti 757 record di fedeltà*）一书的作者苏珊娜·韦梅林格（Susanna Wermelinger）女士协助我到阿皮亚诺·詹蒂莱基地，完成穆里尼奥来意大利之后的第一个专访。我和同事们抑制不住兴奋，想给新教练留下一个好印象。于是大家叫来了最有经验的采访团队——摄像师和编辑平时都只做总统的新闻。可是一到训练基地，穆里尼奥就给我们来了一个下马威：他压根儿不让我们到训练场边拍摄，因为‘我不想让尤文图斯和AC米兰提前看到我的战术’。他甚至不许我们拍球员进餐，因为‘在紧张的训练后，球员需要在餐桌上放松一下’。他还不准我们带着摄像机上球队大巴，因为‘只要我是教练，你们就别想来大巴上拍摄。球员们在私下的场合需要畅所欲言，不用担心他们说的话会登上报纸’。好在，我们对穆里尼奥做的专访十分有趣。当预定的采访时间结束时，他忽然打住了话头，礼貌地让我们关掉摄像机。我们坚持要问最后一个问题：‘穆里尼奥先生，你受哪本书影响最深？哪一本是你的生命之书？’他的回答让大家终生难忘：‘没有任何一本’，就好像说，‘没有任何书——无论是荷马、但丁还是托尔斯泰——影响过何塞·马里奥·多斯桑托斯·穆里尼奥·费利克斯（José MÁrio dos Santos Mourinho Félix），因为我是‘特殊的一个’（The Special One），因为我是第一个获得葡萄牙亨利王子大官佐勋章的体育人！’在回罗马的路上，我的三名同伴（很明显他们都是罗马球迷），都对这个有些不近人情的葡萄牙教练牢骚满腹。只有我心里暗暗开心，我对大家说：‘伙计们，这个铁腕教练一定会带领国际米兰捧起欧洲冠军杯的。’”

贾尼讲完了故事，我理解他想表达的意思。我们所有的球员，在穆里尼奥第一次召集全员训练前，就已经感觉到我们有了一位真正的领袖，一位有着超凡魅力的教练。我们知道，在统治了意甲之后，穆里尼奥会带着我们登上更高的领奖台。

我对穆里尼奥的第一印象好到无以复加。和赫克托·库珀一样，我与穆里尼奥的第一次交谈也发生在机场，这次是罗马的菲乌米奇诺机场，我当时要转机去布宜诺斯艾利斯。

我当时心事重重，因为报纸上已连续数周讨论罗伯托·曼奇尼解约的传闻。但是我坚持老派的做法，那就是绝不会去核实官方没有宣布的消息。我觉得，过分关注那些谣言和辟谣就是浪费时间。有许多教练、经纪人、经理、球员还有记者，一刻不停地通过各种渠道了解第一手的新闻，每当他们见到熟人时，第一反应往往不是打招呼，而是问："有什么新闻吗？"我相信，到最后他们知道的可能并不比我多。

我在候机室里，想着即将开始的那个赛季，手机忽然震动起来。马上就要登机了，因此我不太想接电话，另外，显示屏上写着"未知号码"。不过，像我这样一个在阿根廷有一大堆亲戚的名人，总会碰到紧急求助的情况，所以我有点儿不耐烦地接通了电话："喂。"

电话那头的声音中气十足，不过也很有礼貌，听起来不像打电话，而像一个向全世界直播的新闻发布会。"我是何塞·穆里尼奥，我现在刚从国际米兰总部出来。我是你的新教练。请原谅，如果你觉得我的意大利语说得还不好，看着吧，到圣诞节我就能够说得很流利了。你继续当我的队长，我们会成为朋友的。现在我只是想亲自，而不是通过别人之口，告诉你我是新教练。"

从我还是个孩子开始，到2008年夏天，我有过许多教练，有好的也有坏的，有强硬的也有软弱的，有常胜将军也有难求一胜的，有把我们当孩子的也有把我们当仇人的，就是没有一个，亲自给我打过电话，更别说主动地向我做自我介绍，最后还加一句“很高兴和你合作”。

“教练，”我说，这时候我身边的旅客都好奇地看着我，也许他们中有球迷想从我口里知道国际米兰教练席的新闻，“谢谢您的电话，我受宠若惊。如果您还有时间，我想说两句……”

“我听着，萨内蒂。”

“……您即将调教的这支团队，非常强大。我们和曼奇尼已经赢得了很多，但是我们都想做得更好。我们知道，莫拉蒂和球迷们都期待着欧战的突破，我们很愿意和您一起完成突破。我们准备好迎接挑战了！”

“我知道，萨内蒂。我很高兴来到意甲。”

我想到了不久前才发生的“电话门”，意大利足球可不在最好的时候，于是我问道：“为什么，教练。为什么你选择了意大利？”

“因为我是为新挑战而生的人。我以前在西班牙工作，后来在葡萄牙和英格兰都取得了成功，现在轮到意大利了。”

“您期待着什么，教练？”我想听听他对意甲的看法。

“我喜欢挑战，尽管（在意大利）场内、场外都有我不喜欢的事发生，我想和你们一起征服这里。好吧，我们训练营见。”

我把电话放回衣兜，心情久久不能平复，“他才学了几天意大利语，就说得这么好了，真是个不简单的人。等等，好像他会说葡萄牙语、西班牙语、加泰罗尼亚语、英语还有法语……”

我再次见到何塞·穆里尼奥，是全队回阿皮亚诺·詹蒂莱基地报到那天。整个夏天，我们队员们都带着一种好奇心度假，就像高中毕业的人前往大学报到的情况：你知道自己成年了，你期待着一个不同的世界，一个“大人们的世界”。虽然我们都是成年人，但是在穆里尼奥手下，我们每个人都可以变得更成熟。

往年，在集训的第一天，大家会从鞋柜里拿出球鞋、球袜、球衣，准备惯例的魔鬼恢复训练。即使像我这样假期坚持训练的人，也觉得头一天的训练很艰苦。至于队友们，有的直喘粗气，有的一会儿就出现抽筋，还有的直接跟不上全队的节奏。

这一次，我们压根儿没有踏上训练场：穆里尼奥把全队叫到一间会议室里，会议室墙上挂了一块大大的黑板。新教练开始详细地向我们解释他的战术，告诉每个人他的要求。在所有队员之中，坎比亚索是听得最津津有味的，刚刚从食堂经过时，他发现自己平时摆战术的餐桌，现在已经摆上了一个球员站位沙盘。

“你，麦孔，在边路你得这样踢。萨内蒂，当我们控球时，你得……当我们防守时，你得……”

“我就是这种性格，”穆里尼奥接着说，球员们鸦雀无声，“我永远不会要你们打小报告，我也不会在背后说任何人的坏话。不管好听难听，我们都要当面说出来，看着对方的眼睛。我用诚恳、忠实的态度对待你们，我要求你们以一样的态度对待我。我最讨厌阳奉阴违和投机取巧的人。这就是我们第一天的训练，我把我的原则和你们说清楚，我想这样能够让我们合作得更舒服一些。你们已经拿到了很多冠军，但是你们还想拿更多，尤其是在欧洲，不是吗？”

我们小声地说：“当然，教练。”但是何塞没有听完我们的话，便继续说：“对你们我只有两个要求：高度集中的注意力和全身心的投入。别把这事想得太简单，我要求你们在季前集训、平时训练、比赛和赛后恢复中，全部要做到这两点。如果你们的注意力高度集中，我们会走得很远，否则的话我们还没比赛就先输了。”穆里尼奥的目光和我们每个人的目光交汇了一下，就好像我们刚刚输掉了一场比赛，就好像我刚漏防了一个前锋，伊布拉希莫维奇刚射丢了一个空门，儒利奥·塞萨尔刚犯了一个低级错误。

穆里尼奥的一举一动，都让我们感到了压力，有几个队友都快坐不住了。我几乎要举手，代表队友们说“是，教练，我们会集中注意力的”，就像向一名将军立下军令状那样。穆里尼奥没有给我时间，“你们是球员，而我是一名足球教练。我们的一切训练，都得以有球为基础。我希望你们习惯我的训练方法，忘记以前的教练教给你们的吧，记住我的这句话：足球是你们一切工作的中心。我还会统一为你们安排力量训练，因为没有肌肉你就没办法在今天的足坛走得很远。不过，你们不必担心，我让你们增加肌肉的方式，不是在健身房练到要吐。你们会觉得有球训练是很有趣的，明白吗？”

球员们似懂非懂：不是说让我们集中精力吗，为什么又说会很有趣？

穆里尼奥似乎会读心术，他暂停了对一个战术的讲解，然后说：“踢球的秘诀就是思考。我会训练你们的大脑，让你们在思考中变得更强大。你们要思考我提出的战术，你们要边思考边踢球。明白吗？一名不会思考的球员，是没办法踢好球的。”

当我们第一次下到训练场，终于开始了解穆里尼奥脑子里的想法。英国人说，他们之所以战胜拿破仑，靠的是纪律和身体。我现在知道，我们之所以能够赢拜仁拿下欧冠，就是从第一次队会开始的。在足球界，不知从什么时候开始刮起一阵迷信身体的歪风：有些教练恨不得把每名球员都练成像阿诺德·施瓦辛格那样的肌肉男。穆里尼奥对此不屑一顾。他只会命令球员：“大家列好队，一公里跑，好，再跑八百米。”可是无论什么时候，他训练的核心都是有球的。麦孔对我展示出他标志性的微笑，让人感到那种他发自内心的快乐，“Pupi，这种训练真的很有趣，我甚至还没过瘾训练就结束了，不是吗？”训练的确很有趣，但是别让你的大脑闲着。如果有个球员想知道与穆里尼奥和谐相处的秘诀，我会对他说："永远别停止思考。"

在队内训练赛前，教练把全队叫到中圈，他最喜欢点巴洛特利的名："马里奥，我的比赛中有特殊要求。你在听我说话吗，马里奥？你兜里没放苹果手机吧？好的，别忘了我的规矩。你呢，伊布拉，你听清楚要求了吗？还有谁不清楚吗？如果你们没仔细听，待会儿会犯很多错的。"

穆里尼奥的训练赛并不是千篇一律的，他总是会想出一些新的要求。有一次，他把球员们叫过去点名："萨内蒂、科尔多瓦、桑顿（Santon）、斯坦科维奇……"我们的团队，主干和曼奇尼时代没有区别，只是加入了里卡多·夸雷斯马（Ricardo Quaresma）这个穆里尼奥点名要的边锋（他一直以外脚背传中闻名，可惜在梅阿查没能表现出来），还有强硬的中场苏里·蒙塔里（Sulley Muntari）和巴西人阿曼蒂诺·曼奇尼（Amantino Mancini，在罗马时，他在与里昂的欧冠中完成一个"牛尾巴"进球，因而获得了罗马北看台球迷的厚爱）。

点完名，穆里尼奥给每个人一个标号，然后根据标号把大家分成四五个人的小组，各个组轮流去迷你球场。在每一个迷你球场，穆里尼奥都定了一条特别规定："你们是一号场，每个人最多触球两下，不能超过，明白吗？""你们是二号场，触球不能多于三下，明白吗？""你们是三号场，嘿，在听我说话吗？你们只能碰一下就出球，明白吗？"

穆里尼奥训练的一切目的，都是教会我们思考。在球场上，我们一刻都不能停止思考，无论对手祭出什么战术，我们都不能够被吓倒，就像我们不能被训练中队友的一个突然传球吓倒。有时候，国际米兰频道深夜档会转播那些经典比赛，在那些黑白画面中，后卫们每次断下球就交给中场核心，这名中场球员，通常有充足的时间观察场上队友和对手的位置，从容不迫地传球。我看过的比赛中，有许多天才般的中场球员：国际米兰的路易斯·苏亚雷斯·米拉蒙特斯，AC米兰的詹尼·里维拉，博洛尼亚的贾科莫·布尔加雷利。他们的传球都像手术刀一般精准，可是穆里尼奥的训练告诉我们，这种风格的足球今天已经无法生存，因为当这些10号球员停滞在中场准备调度时，早已经有好几名对方球员冲上来围堵甚至铲翻他了。

“边思考边踢球，边踢球边思考”（Pensare giocando，giocare pensando），这便是穆里尼奥的足球哲学。高效地比赛，艰苦地训练。每当我们觉得自己已经习惯了训练的特殊规则时，穆里尼奥就会吹响口哨：“几个场地的球员，你们换一下分组，记住，要全身心投入。”

每个人完成穆里尼奥的特殊训练后，都有着不一样的感受。按部就班、规规矩矩的是我、坎比亚索、萨穆埃尔、齐沃、韦斯利·斯内德（Wesley Sneijder），每当我们犯错时，穆里尼奥就会喊“Pupi，Cuchu，你们错了”。想象力最丰富的，是麦孔，每当他犯错，还不等别人指正，他自己已经咧开嘴笑了，“我错了。”对于年轻球员来说，这种训练意味着很大的压力。

大卫·桑顿是一位我十分看好的球员（现在还是），他的基本功很扎实，职业素养也很高，切萨尔·普兰德利已经将他召入意大利国家队。现在足球世界高强度的竞争或许限制了他的发展，但是我还是坚信他会取得成功，我自己不也遇到过瓶颈吗？如果他向我寻求建议的话，我会说：“大卫，记住穆里尼奥的话，一刻也别停止思考。”

马里奥·巴洛特利，则没少挨穆里尼奥的骂（当然他也没少让教练头疼）。马里奥就像是一位球场上的爵士乐手，永远有让观众意想不到的创意。他有很强的自信心，可是却不喜欢受教练的管教。他不相信自己还能够进步，而是安于现状。就连伊布拉希莫维奇那样高傲的球员，也虚心地接受穆里尼奥的指导。只有巴洛特利，永远听不进教练的话，永远不肯思考。在一场与佛罗伦萨的比赛中，巴洛特利非常不满穆里尼奥将自己换下，他把自己的手套扔在地上，然后对着穆里尼奥喊："这个人想要干什么？"在赛后新闻发布会上，穆里尼奥高明地敲打马里奥："和伟大的队友一起训练，像马里奥那样的年轻人肯定会进步。在萨内蒂、科尔多瓦、马特拉齐这样的球员身边踢球，一个但凡有脑子的人，除了进步别无选择。不过，如果有人在这样的环境里却还止步不前，我只能说他没脑子，或者说脑子进水了。"

穆里尼奥没有点巴洛特利的名，但是其用意一目了然。在马里奥任性时，教练先生从不手软。"马里奥的努力接近于零。"在与罗马的比赛后他这么说。另一次他提前告诉记者："这场比赛马里奥只能坐在看台上，因为上周他的训练糟糕透顶。"其实，穆里尼奥对球员个人不带任何偏见：他只是想赢，而巴洛特利是一名优秀的球员，穆帅想让球员们遵守他的规则以赢下比赛胜利，可是巴洛特利不喜欢任何规则。

球队的其他人，无论老少，都被何塞・穆里尼奥征服了。"我的训练是复杂的，"在赛季最紧张的时刻，教练一刻不停地鼓励我们，"去完成身体、技巧还有战术训练，我们要把这几项训练有机地结合起来。不过，如果你们不集中精力，不全身心投入，就没办法取得效果。你们在训练中播撒种子，在比赛中收获成果。"

由于这种性格，穆里尼奥树立了很多敌人，许多人说他心胸狭窄，锱铢必较。作为队员，我们只看到他对一切细节精益求精，他夜以继日地准备比赛。穆里尼奥在每场比赛之前，都要推演整个进程，不把任何一个细节留给运气决定。他的母亲来自一个有着显赫背景的贵族家庭，可是20世纪70年代中期安东尼奥・德奥利维拉・萨拉查政权在葡萄牙倒台后，这个贵族家庭丧失了大部分财产。也许正是这个悲剧性的童年经历，使得穆里尼奥形成了要强和勤奋的性格。穆里尼奥的父母都希望他长大后成为商人、企业家，他的母亲甚至强迫他在大学注册了经济系。

在一次闲聊时，穆里尼奥告诉我们："我只上了一天（经济）课，我想投身于足球。身体条件限制我成为一名出色的球员，那么我就去当教练吧。我注册了里斯本科技大学的运动教育专业，因为足球和体育都是科学。"

每次为我们准备训练时，他都感觉自己像一个实验室里穿着白大褂的科学家。每次接受采访之前，他都要仔细读一读这名即将采访自己的记者以前写过的文章，分析他的简历，看看他有什么爱好，足球的品位如何，有没有支持的球队，是哪些教练的朋友，和俱乐部管理层的关系怎么样。采访开始前，穆里尼奥就知道，来者会提出什么样的问题。有时候，他会斥责一些记者为"犬儒"，因为他们的文字明显倾向于某些俱乐部。这种略显夸张的风格，让意大利记者们不喜欢穆里尼奥。

2009—2010赛季，伊布拉去了巴塞罗那，作为交换，塞缪尔·埃托奥加入了我们。这是穆里尼奥非常喜欢的球员，因为他总是把球队利益放在个人利益之上。赛季开始前，穆里尼奥和埃托奥进行了一次长达数小时的谈话，"塞缪尔，如果你帮助一下边路的防守，我们就会很容易赢得比赛……"

他每天都在和助手一起观看对手的比赛录像，有时候他会把我们叫过去一起看，"尝试着站在他们的角度上思考，如果你是对手，会怎么对付我们？"他对我说："萨内蒂，你觉得他们会怎么限制你？他们对你了如指掌，不是吗？他们知道，每次你带球时，麦孔都不会上去，而是留在你身后。想想他们会采取什么措施，而我们又该如何反制他们？"

如果你们觉得这些都太抽象了，如果你们认为穆里尼奥是一个无趣的教练，那么你们就大错特错了。穆里尼奥分析了大量录像和数据，可是最后他得出结论往往精辟到只有几行："看好了，他们会这样踢，而我们要这样踢。你们几个人这样做，那几个人那样做……"某次中场休息宝贵的15分钟里，我对穆里尼奥说："教练，上半场我们在边路压力很大。"他冷静地拿出那本大名鼎鼎的笔记本，上半场进行时他就已经记下了解决问题的方法，他对我说："Pupi，我们的应对策略是高位逼抢，你和麦孔都要尽量往前压，这样问题就解决了。"观察思考，一刻也不停，穆里尼奥就是这样赢得一场场比赛的。

关于何塞·穆里尼奥的这个特点，我有两次印象深刻的记忆，一次是在欧冠之中，另一次在意甲。我想，科维尔恰诺的教练班子一定经常拿这两场比赛当教科书。

第一场比赛发生在乌克兰的基辅，2009年11月4日，我们在欧冠小组赛中客场挑战安德烈·舍甫琴科（Andriy Shevchenko）效力的基辅迪纳摩队。曾经效力于AC米兰的"乌克兰核弹头"舍甫琴科是国际米兰的噩梦，也是穆里尼奥的噩梦。职业生涯之中，他一共在我们身上进了14球，最后一个恰恰就是在那场比赛上半时打进的。而当他从AC米兰转会去穆里尼奥的切尔西以后，却再也找不回巅峰状态，穆里尼奥自己也说："舍甫琴科是我们最大的引援失误，他和迪迪埃·德罗巴（Didier Drogba）就是不来电。要知道，我整个夏天都在说服老板阿布买下埃托奥。"

那一次，妻子保拉也陪我去了客场。比赛结束后我问她："天气这么冷，他们给你拿了热茶暖身吗？"保拉笑着回答："Pupi，我们可是在乌克兰，这里的服务员只提供伏特加……"球场上的我们，何尝不想要一杯伏特加，东欧的寒风吹得我和队友迈不开脚。那场比赛之前，我们在欧冠中已经连续8场不胜，意大利媒体赛前的标题是"国际米兰被诅咒的欧冠"（Maledizione Europa per l'Inter）。AC米兰球迷这天也一边倒地支持乌克兰人，因为伟大的舍甫琴科。

中场休息时，穆里尼奥冷静地对我们说——就像在阿皮亚诺·詹蒂莱上一堂普通的战术课："伙计们，（如果维持这个比分）我们就要被淘汰了。我们上半场踢得很糟糕，得做出些改变了。我们要变成三后卫，Pupi，你和卢西奥、麦孔留在后面，萨穆埃尔提到中场，站在蒂亚戈·莫塔（Thiago Motta）旁边。坎比亚索，你下半场别踢了。斯内德位置更靠前，能射就射，我知道你感冒了，但是咬咬牙坚持一下吧，好吗？"

韦斯利（斯内德）大声答道："当然，教练。"

"很好，米利托，你一直跟在斯内德后面，像他的影子一样。你们要想到一块儿去，只要他跑位，你就跟着跑，明白吗？"

迭戈·米利托（Diego Milito）使劲儿点点头。

"那么，我们准备上场吧。对了，巴洛特利和埃托奥得尽量拉边。明白吗？尽可能地利用球场宽度。只要你们跑开了，中路斯内德和米利托就会有很多机会。如果还不奏效，那么萨内蒂也前移，大家都明白了吗？"

我们的调整很快收到了效果，巴洛特利、埃托奥、萨穆埃尔都获得了破门良机，只可惜都离进球一步之遥。留给我们挽救欧冠的希望只剩下4分钟了，大伙儿没有慌张，每个人的脑筋都在飞速运转。穆里尼奥很确定，他的战术一定会获得回报的，真的。斯内德喂给了米利托一个好球，"王子"（il Principe）永远不会浪费那样的机会，我们扳平了。平局并不能让我们留在欧冠之中，还得再进一个，可是比赛时间只剩下120秒了。就在那时，对方门将斯坦尼斯拉夫·博古什（Stanislav Bogush）扑出了蒙塔里一脚射门，可是球没有扑远，米利托跟上补射，皮球再次被博古什扑出，这一次，斯内德几乎是用他全身的力量把球补进，2：1。在另一场比赛中，喀山红宝石逼平了巴塞罗那，4分钟内，本来在被淘汰边缘的我们升到了小组第一（与巴萨并列）。

穆里尼奥之所以决定当教练，是因为他发现自己没有成为顶尖球员的天赋。可是当斯内德进球后，我开始怀疑穆里尼奥低估了自己：他在球场结冰的跑道上一路狂奔，就像一辆装着米其林轮胎的超级跑车。他跑得那么快，快到没有人（除了他自己）能够让他停下来，快到了足以挣脱宿命的束缚。最后，他跑到了我们球迷的一侧，与儒利奥·塞萨尔一起高高跳起，撞胸庆祝。

电视机前的观众们，无论是欣喜若狂的国际米兰球迷，还是失望透顶的基辅迪纳摩球迷，可能都会想："4分钟内2个进球，真好运啊！"如果这一切发生在意大利的球场里，一定有许多人情不自禁地喊"狗屎运"（Che culo）。在足球世界生存了这么多年，我知道任何成功都有着运气成分，有时候运气就是决定胜负天平的最后一颗砝码。尽管这样，如果你把我们那场大逆转单纯地视作"狗屎运"，那你就犯了一叶障目的错误。

运气很重要，但是前提是你要自己去寻求运气；当你寻求运气时，重要的是寻求的方法。如果你没有意愿成为比赛的主角，如果你不努力争胜，如果你不愿意冒险去创造机会，那么你终究是输的概率大赢的概率小。如果你坚持"链式防守①"，每场比赛可能都只有一脚射门，那么赢球的运气很难眷顾你，因为你基本上在远离对方球门的地方踢球。当然，例外很可能出现，比如你的中卫顶进一个角球，比如对方门将唯一一次扑救就来了次黄油手。但是如果你每场比赛都把希望寄托在这些

① 链式防守（catenaccio），或者译为十字联防，是一种重视防守的足球战术体系。简单说是4个后防球员中，有一个是稍微坠后的自由人，这样来看从靠后的清道夫（Sweeper）到3个后卫一线，加上防守中场（后腰）仿佛是一个十字架防守系统，所以称为十字联防。

意外上，无疑是相信自己能够从每次俄罗斯轮盘赌中全身而退。穆里尼奥和我们那天晚上之所以能够翻盘，是因为我们一刻都没有停止思考，我们根据场上的困境调整自己的战术，正是因为这些努力，穆里尼奥才能够跑向幸运女神，向她表示最真诚的感谢。除了和我们一起的两年，穆里尼奥在波尔图、切尔西、皇马（现在又回到切尔西）的经历，无不证明他的成功绝不是偶然。

2010年1月在梅阿查与锡耶纳的联赛，简直是基辅那场比赛的翻版。锡耶纳当时整整比我们少30分，还是整个意甲中丢球最多的球队。可是在那场比赛中，他们的面貌焕然一新，上半场结束比分是2∶2。下半场第20分钟，他们的马西莫·马卡罗内（Massimo Maccarone）射进了个人第二球。由于当时球队严重的伤病，穆里尼奥不得不换上两位毫无经验的小将——阿瑙托维奇（Arnautovic）和斯特凡诺维奇（Stefanovic）。到终场前2分钟，我们还处于落后。如果输掉这场比赛，我们在联赛中将非常不利。

教练把萨穆埃尔叫到场边，这位球迷眼中的“城墙”（the wall）、队友眼中的马黛茶大师一头雾水，“教练，什么情况？”

穆里尼奥坚决地指了指前方，“是的，你到对方的禁区中去，踢中锋。”

就这样，历史最佳中卫之一的萨穆埃尔，职业生涯中第一次成为了球队的桥头堡，他两侧分别是戈兰·潘德夫（Goran Pandev）和迭戈·米利托。这一次，又是韦斯利·斯内德站出来：第88分钟，他用一记任意球为我们扳平了比分。故事还没有结束：瓦尔特·萨穆埃尔，接到德拉戈·斯坦科维奇的妙传，在禁区边缘左脚射门得分，像埃托奥、米利托那种纯正的前锋一样，萨穆埃尔完成了绝杀。

我再也没有见过如此激动的萨穆埃尔，在米兰的瑟瑟寒风中，他脱掉了上衣，露出一身拳击手一般的肌肉，怒吼着冲向球迷。我看看记分牌：第93分钟，补时已经结束。穆里尼奥指指北看台，“献给你们，献给你们，伙计们！”

无数书籍，无数纪录片、文章、网站试图分析何塞·穆里尼奥和国际米兰在2010年夺得“三冠王”的秘密。作为一个当事人，我想告诉大家，我们成功的秘诀是：不停地思考，永远不停。

第十七章

世纪最佳点球手

我回顾了一下到目前为止我所说过的内容，产生了一个疑问。是的，我是个乐观的人，“幸运而又幸福”；我一生之中只在18岁生日那天喝过一杯啤酒，每次和亲友参加宴会都假装抿一口香槟；我婚礼那天还在训练，欧冠的前夜我还在祈祷；我干过最出格的事情，是小时候淘气藏起来，不让父母发现。我看过无数体育明星的八卦新闻，有些是他们自己披露的，还有的是被无孔不入的媒体挖掘的：伊布拉希莫维奇坦率地告诉大家，他刚学会踢球时，就已经会偷别人的自行车了（好在他不是生活在《偷自行车的人》[①]那个时代）；泰格·伍兹经营多年的健康形象，在一系列的情色丑闻后轰然坍塌；安东尼奥·卡萨诺，那位给我带来无数欢笑的前队友，在他的自传里，骄傲地回忆了自己的一段段猎艳经历；即使安德烈亚·皮尔洛那样的好好先生，也在他的自传里揭露了自己与AC米兰副主席加利亚尼的矛盾，以及离开AC米兰的种种不快；一度被大众视为乖乖女的费德里卡·佩莱格里尼（Federica Pellegrini，意大利游泳奥运冠军），因为对记者详述自己的性事而成了

---

① 《偷自行车的人》（*Ladri di biciclette*）是1948年由意大利导演维托里奥·德·西卡执导，朗培尔托·马齐奥拉尼和恩佐·斯泰奥拉等人主演的剧情类电影。该电影把报纸上的一则关于失业工人的消息搬上了银幕，讲述了失业工人里奇因为自己赖以生计的自行车被偷，苦苦寻找未果，情急无奈之下去偷了别人的自行车而被抓的这样一个事件。影片获得了很大成功，并成为意大利新现实主义的巅峰之作之一。

体育界的帕里斯·希尔顿[①]；伟大的自行车选手，如马尔科·潘塔尼和兰斯·阿姆斯特朗，最后都倒在了检测兴奋剂的尿罐子上；安德烈·阿加西，为自己曾经靠毒品来自我麻醉而道歉。还有很多球员（虽然没有被拍到照片），每天晚上都用法拉利跑车，带不同的妖艳女郎回住所。而我，哈维尔·萨内蒂，却与一位青梅竹马的女孩结为夫妻，20年夫唱妇随。

安静的克拉克·肯特变身无敌的超人；默默无闻的布鲁斯·韦恩变身无所不能的蝙蝠侠；善良的杰克先生变身邪恶的海德博士。哈维尔·阿尔德马尔·萨内蒂，就永远是哈维尔·阿尔德马尔·萨内蒂吗？也许，只有在希区柯克或者斯皮尔伯格的电影里，萨内蒂才有可能变成一个“疯子”，一部犯罪电影的主角。又或者，萨内蒂，多少受了国际米兰和独立两支疯狂球队的影响，做出过一些疯狂的举动……

2009—2010赛季国际米兰“三冠王”的历程，像极了瓦格纳那部不朽的歌剧《飞翔的女武神》，还有那部名垂影史的《现代启示录》。我已经告诉大家，如果不是穆里尼奥的勇气与运气，我们在基辅就已经被淘汰，再没有后面的故事。穆里尼奥的两年，是一场漫长的战斗，教练让我们学会了绝对服从还有思考；而莫拉蒂主席，在最艰难的时刻给我们运气，在最低谷时和我们一起承受。那两年，国际米兰的球迷一直唱着这首歌：“爱她吧！疯狂的国际米兰，爱她吧……”

穆里尼奥就像歌剧和电影中的勇士，我和队友们在他的处子秀中就发现了，那是2008年8月24日，一个炎热假期之后的意大利超级杯。

我还记得那场比赛中的一切细节：罗马队主教练卢西亚诺·斯帕莱

---

① 帕里斯·希尔顿（Paris Hilton），出生于1981年2月17日，美国有名的社交名媛、演员、歌手和模特儿，也是著名的希尔顿酒店集团的继承人之一。

蒂（Luciano Spalletti）一定刚刚从海边回来，他的每一寸皮肤都晒成了古铜色；达尼埃莱·德罗西，罗马和意大利国家队的世界冠军中场，把头发剃了个精光，他的头看起来像一颗保龄球；马里奥·巴洛特利在板凳席上，罗马队夏天最期待的新援儒利奥·巴普蒂斯塔则在球场上。穆里尼奥留着一头不长不短的头发，有几分像我在科莫的邻居乔治·克鲁尼[①]。保拉那时候已经是准妈妈，但是在她第一次见到穆里尼奥后，还是忍不住在我面前表现出了少女情怀（让我想起了在雷梅迪奥斯·德·埃斯克拉达认识她的时候），“Pupi，不开玩笑，穆里尼奥太帅了！”我没有回答她，但是我知道，那些年穆里尼奥掠走了许多意大利女人的心。

那场比赛在梅阿查踢，我们和罗马像西部牛仔一样决斗，场景让我联想起1881年发生在亚利桑那州的OK牧场枪战。那支罗马队，有一群斗士一般的冠军球员：队长弗朗切斯科·托蒂——我们这一代球员的旗帜，也是我一辈子的对手，“未来队长”德罗西，还有西蒙尼·佩罗塔（Simone Perrotta）、阿尔贝托·阿奎拉尼（Alberto Aquilani）、米尔科·武齐尼奇（Mirko Vucinic）、尼古拉斯·布尔迪索（Nicholas Burdisso）。在那之前的几场交锋之中，我们5胜5负3平，与对手不分高下。两队的球迷们则比较近年来的荣誉：我们有3个意甲联赛冠军、1个意大利杯、2个意大利超级杯，罗马则有2个意大利杯、1个意大利超级杯。

在与罗马长久的对抗中，我全程参与，并在2008年2月的一次交锋

---

① 乔治·克鲁尼（George Clooney），1961年5月6日出生于美国肯塔基州列克星敦，美国演员、导演、编剧、制片人、联合国亲善大使、社会活动家，法国艺术及文学勋章获得人，2005年以电影《辛瑞那》（*Syriana*）荣获第78届奥斯卡最佳男配角奖。

中做出了最直接的贡献。大家都知道，那个赛季罗马队一直在积分榜上紧咬我们，罗马球员很早就期待着在梅阿查战胜我们，拿下这场价值6分的关键战役。罗马的球迷，那几年一直希望球队复制法比奥·卡佩罗那支罗马2001年夺冠的神奇，无论球队走到哪里，他们都唱着嘹亮的歌声追随。我很尊重罗马球迷，因为他们是少数几个常年能够把自己的体育场填满的球迷群体之一，而且他们很少嘘自己的球队。

那天晚上，来梅阿查的罗马球迷的声势竟然盖过了北看台的主场球迷。上半场，罗马队队长托蒂用一粒进球回报了远道而来的罗马球迷。我和队友足够努力，但是久久无法破门。裁判罚下了对克雷斯波粗野犯规的菲利普·梅克斯（Philippe Mexès），可是罗马队还是稳稳守住领先。距离比赛结束只有2分钟了，一场苦涩的失败似乎难以避免。罗马队的一脚解围没有踢远，皮球在北看台下的禁区前落下来。对于我来说，这是全世界最神圣的看台，坐在上面的每一个人，都对国际米兰有着无尽的爱。每次米兰德比前，这里都会出现精心设计的图案（大家一定还记得那个巨大的十字架以及下面“和撒旦下地狱吧”的拉丁文标语，那是对AC米兰“红魔鬼”外号的最佳玩笑）。

我看见一个队友迎着球跑过去，但是很快意识到自己才是最佳拿球人选，于是我卸下了皮球。那些年，梅阿查的草皮很像坑坑洼洼的迪士尼球场，在长长的青草下掩藏着许多小坑，许多球员在这里扭伤了膝盖。我来不及仔细看脚下，就发现禁区内密密麻麻站了十一二名球员，罗马门将多尼（Doni）面前就像停了一辆大巴。我可以把球分给左右两个边路的队友，也可以直接把球吊入禁区，助攻麦孔头球得分。不过，最后我还是选择直接射门，右脚射门，不是像对英格兰队的那记左脚射门。我不能大力射门，那样皮球可能飞向北看台的球迷；我也不能踢地滚球，因为禁区内实在太拥挤了；我得踢出一个抛物线，绕开所有障碍物。我做到了！从慢镜头来看，我射门的轨迹简直可以作为几何课上的范例：皮球离开我的脚上升，升到最高点后，急速地向球门方向下落，多尼根本来不及反应。北看台沸腾了，在这之前，他们本以为罗马就要将9分的差距缩小到6分（只是两场比赛的差距），因为我的这脚射门，我们又回到了9分的优势，我们可以喘一口气了。

在北看台下进球，总是能够带来一种特殊的感觉，就像整个看台上球迷的喜悦，累积到你一个人的身体里，然后像火山一样爆发。那天晚上，看台上的保拉没有喝伏特加，不是因为米兰没有基辅冷，而是因为她怀孕了。我在球场上向她打招呼，向她的肚子献上飞吻，我像个疯子一样奔跑着庆祝，直到克里斯蒂安·齐沃把我扑倒在草皮上，在我耳边说："你在做什么，队长？你在做什么？"

2008年2月，2008年8月，我没想到，命运竟然在一年以内在梅阿查北看台眷顾了我两次，两次为我做配角的，都是罗马。

当我们步入意大利超级杯的赛场时，教练席上的主教练已经由罗伯托·曼奇尼换成了何塞·穆里尼奥。蓝黑拥趸希望我们拿下比赛，这样他们就能够在自己家中开始庆祝。我们开局不错：伊布拉希莫维奇那天处于过度兴奋的状态，至少创造了三次进球良机，可惜均由他亲手浪费。接着我们又收获一次横梁，不过弹出的皮球被苏里·蒙塔里补进了。落后的罗马人终于从度假的状态中苏醒，德罗西用一脚远射回应了我们。接着，穆里尼奥换上了马里奥·巴洛特利，那时候他还没有在与巴萨的比赛后摔球衣，也没有穿着AC米兰的球衣拍照，他还是梅阿查球迷的心头肉。马里奥·巴洛特利很快回报了球迷：他单刀突入禁区，将皮球挑过了出击的多尼，2∶1。

我已经准备好了捧杯，这是队长的福利和义务。但是，球场上有个叫米尔科·武齐尼奇的人，一个可能和因扎吉兄弟有血缘关系的前锋，他们都是那种只要你放出四分之一个身位就能够进球的人。比赛几乎进行到了第90分钟，罗马人左侧开出角球，武齐尼奇不知道从哪里冒出来，抢在门将儒利奥·塞萨尔之前把球顶进球门，2∶2，一切从头再来。加时赛让球迷们备受煎熬，不过双方都没能进球。点球大战，主裁判罗塞蒂示意，使用北看台下的那个球门。数万名主场球迷开始为我们打气，不过数千名远道而来的罗马球迷也不甘人后，他们的加油号子整齐而又清晰。

第一个主罚的武齐尼奇踢进了，接着伊布拉轻松追平。他们两人都是点球专家，看他们踢点球就像看邮差在信封上盖邮戳一样，一边和你聊着天一边就把活儿干完了。第二轮，巴普蒂斯塔和巴洛特利都进了。接着，马尔科·卡塞蒂（Marco Cassetti）罚进，而我们的斯坦科维奇没进，2∶3。第四轮，德罗西踢进一粒外科手术刀般精准的点球，然后做出了一个激怒北看台球迷的挥拳动作。重压之下，马克斯韦尔冷静地将球罚进，3∶4。

点球大战规定，每支球队先派出5名球员，哪队进球多哪队赢。如果前5轮不分胜负，则一轮一轮单挑，直至分出胜负。吉尼斯世界纪录中，最漫长的点球大战发生在2001年12月的一场英国约克郡西莱丁业余联赛杯决赛，对战双方雷特城（Littletown）和斯托赛斯赫尔（Storthes Hall）在踢了34轮点球后都不分胜负后，决定在2002年1月重踢。在职业足球世界里，最长的点球大战发生在2013年南美解放者杯上，纽维尔老男孩和博卡青年两支阿根廷球队一共踢了26轮。

我们的那次点球大战时，没人想到点球大战会进入一对一模式，因为罗马队第五个出场的是弗朗切斯科·托蒂。一些在板凳席上的队友背过身去，不敢看场上的情况，就像死刑犯人要用黑布蒙住眼睛。

没人怀疑，托蒂会把点球打进，他之前的成功率高得吓人。可是在这个迷信数据的时代，数据有时候却会骗人：荷兰足球全攻全守的代表约翰·克鲁伊夫职业生涯中82次主罚点球成功76次，成功率是恐怖的92.68%；我的朋友罗伯特·巴乔83次走上罚球点——包括1994年世界杯上那次宿命的点球，射进了68次，成功率高达81.93%；当我写这段文字的时候，弗朗切斯科·托蒂79次主罚点球，罚进62次，成功率是78.48%，这意味着托蒂每主罚5个点球可以罚进4个。尽管成功率不是最高的，但是托蒂绝对是点球点上最放松的球员：2000年欧洲杯与荷兰队的点球大战，他对队友路易吉·迪比亚吉奥（Luigi Di Biagio）说“我要罚个勺子”，结果他说到做到；2006年世界杯上，他罚进澳大利亚队的那个点球，眼神看起来像极了一个职业杀手。

托蒂后来写了本自传，名字就叫《我要罚个勺子》（*Mo je faccio er cucchiaio*），书中他透露了罚点球的秘诀：“有人说，罚点球还不容易：点球点离球门只有11米，你只需要把球放好，然后射门，球门看起来巨大无比。我可不这么认为，在我眼里，巨大无比的是门将。”针对射门，托蒂说：“不能说某种射门好于另一种，你要根据自己的感觉选择一种。但是罚点球还是有诀窍的：永远不要在最后时刻改变主意；永远不要和对手讨论点球；永远不要看门将的眼睛；在射门前深呼吸。”这就是托蒂法则，只要你们勤加练习，说不定也能够保证79%的命中率。

当托蒂走上罚球点时，梅阿查鸦雀无声，北看台球迷甚至忘了要干扰他，他们的庆祝活动泡汤了，托蒂一定会将球罚进的，罗马球迷将“占领”这里。托蒂严格执行着自己的法则：他没有和任何一名国际米兰球员说话，没有看儒利奥·塞萨尔的眼睛，在罚球前做了深呼吸，没有在最后一刻改变主意。但是这一次，他的法则失效了，他罚出的皮球重重地砸在横梁上，飞向了北看台。他罚失后有几秒钟，现场还是死一般的沉寂，因为球迷们都不相信自己的眼睛。托蒂罚丢了？托蒂罚丢了！

北看台又热闹起来，“库楚”坎比亚索在助威声中为我们扳平了比分。下一个回合，大卫·皮萨罗（David Pizarro）和路易斯·吉梅内斯（Luis Jiménez）——两个智利人，分别为两队罚进。罗马队派出了他们的巴西中卫胡安（Juan），这一次他的国家队队友儒利奥·塞萨尔封出了射门，主动权转到我们手中：如果下一轮我们踢进，超级杯就留在米兰；否则的话，轮盘赌继续。穆里尼奥教练指了指我说：“你上，队长。”

在我此前的职业生涯中，从没有踢过点球。在迪士尼球场没踢过点球，在塔勒莱斯没踢过，在班菲尔德没踢过，在国际米兰没踢过，在阿根廷国家队也没踢过。我曾经想在训练中尝试点球，可是队友们总是笑着把我推开，“不，你不行，队长。”看台上，连一向相信我的保拉，这次的眼神都充满质疑，“不，Pupi，别去。”我想象着，我的父亲一定在家和老朋友古斯塔沃一起看这场比赛，他们一定也在为我担心。托蒂，罗马队长，最好的点球手，错失了制胜的点球；萨内蒂，国际米兰队长，人生第一次当点球手，能够决定比赛的胜负吗？我想过退却，可是点球大战的规则是，球员们得轮流踢，必要时门将都得踢，所以我也只能硬着头皮上了。

那时候我还没听过托蒂法则，完全是依靠本能。当我走向点球点时，感觉偌大的球场只有我一个人，球迷和队友都在无限遥远的地方看着我。裁判吹哨前，我看了看门将，我想他一定在试图猜透我的心思。我对自己说：“好吧，Pupi，踢吧。毫无疑问，右边……还是中间？要不还是左边吧……别犹豫了，就算踢不进又有什么关系，别愣在那儿了。

射门吧，剩下的就交给上帝决定，随便选哪一边都好。”

点球专家，无论是门将还是前锋，在场下都有长长的数据分析要看，里面有点球手的习惯或者门将习惯的扑救方向。他们记得，上一次交手时，点球是射向左边还是右边。他们用DVD看过对手最近几次罚点球的录像。总之，点球高手之间的对决，是一场无休止的心理战，“如果他最近两次点球都射向右边，而我最近几次都扑向左边，那么他一定会认为我……”

我从没想过多尼会扑向哪一边，同样地，即使多尼赛前准备了和我们的点球大战，他也一定没找到我以前罚点球的视频。因此，我最终决定了：“右脚大力射向左路。” 我用余光看了看替补席，有一名队友用队服遮住了眼睛，我没有怪他，我想：“你是对的，老伙计，不要看我，就连保拉都不敢看。”我开始助跑，射门，球进了！队长把意大利超级杯留在了米兰！

保拉还记得：“你射点球时，我闭上了眼睛。然后我听见球场里的欢呼，可是我还是不敢睁开，因为我觉得是罗马球迷的欢呼。当我睁开眼，发现北看台已陷入疯狂，他们唱着歌，而你像个疯子一样在草皮上庆祝，队友们把你抬起来，高高地扔向空中。那天晚上，为国际米兰带来胜利的是你这个队长，你没有在最艰难的时刻卸下肩上的担子。”

那天晚上，我也在梅阿查创造了一条萨内蒂法则：当你做出一个决定的时候，得做好接受失败的准备，你还得知道，即使失败也不要紧，只要你能够在失败之中成长，只要下次你不再犯同样的错误。

就这样，哈维尔·阿尔德马尔·萨内蒂，在他35岁零2周这天，成了历史上成功率最高的点球手之一，命中率100%：只有进球，没有失误。和我分享这个伟大纪录的，是马里奥·巴洛特利。

马里奥·巴洛特利，AC米兰，意大利队：20次罚点球，20次成功，成功率100%。

萨内蒂·哈维尔，国际米兰，阿根廷队：1次罚点球，1次成功，成功率100%。

我得用一个手机符号结束这一章：；－）

第十八章

威尼斯人的复仇

“主席先生，明年我们一定拿下欧洲冠军联赛冠军。”我们听着这句话，没人相信自己的耳朵。那是2009年3月11日，亚历克斯·弗格森爵士的曼联队刚刚在老特拉福德球场2：0战胜我们，进球的是内马尼亚·维迪奇（Nemanja Vidic）和C罗（Cristiano Ronaldo），后者以他标志性的滑跪庆祝这场胜利。伊布拉希莫维奇射中了横梁，斯坦科维奇也错过了一个绝好机会。最终，穆里尼奥没能够复制2004年的奇迹，那一次他带领的波尔图淘汰了曼联。

从没有人见过穆里尼奥服输的样子。尽管穆里尼奥说过“敌人的谣言可以供我消遣”，但是在意大利，他已经拥有了太多敌人，从记者、裁判到教练同行，这些人即使是在我们胜利的时候，也要拼命对穆里尼奥吹毛求疵。穆里尼奥采用了一种很符合逻辑的策略，他很少搭理敌人：从《米兰体育报》（*Gazzetta dello Sport*）到《晚邮报》（*corriere della Sera*），从《共和报》（*Repubblica*）到《罗马体育报》（*Corriere dello Sport*），从意大利国家电视台到（AC米兰俱乐部老板贝卢斯科尼的）Mediaset，从La7到天空体育，就算一整天嘉宾们因为他吵成一团，他也不在乎。偶尔想起来了，他会在国际米兰频道发布一段采访作为回应，但是通常那时候舆论高潮已经过去了，而且像克劳迪奥·拉涅利那些同行有充足的时间反驳他。

与曼联的比赛，证明了国际米兰在欧洲的困境。马西莫·莫拉蒂主席先生召集全队开会，穆里尼奥拿着笔记本开始解释，他认为球队虽然输球了，但是其实比前几个赛季都要成熟："只差最后一步，我们就能够做到了。"这一步，就是卖掉伊布拉希莫维奇，从强大的巴塞罗那换来塞缪尔·埃托奥。伊布拉不太高兴，他对记者说："我去巴塞罗那是为了赢得欧冠冠军，因为在这里我永远拿不到。"球迷们记住了伊布拉的话，他们希望球队站出来回应。

埃托奥是一个拥有大智慧的人，他曾经用一句话解释自己为什么能够成为非洲足球的代表："为了像白人一样生活，我得像黑人一样奔跑。"来到国际米兰之后，他很快和新队友们打成了一片。我曾经不止一次地看到他语重心长地找巴洛特利谈话，告诉他一些关于工作、球技还有种族的道理。巴洛特利作为一个被亲生父母遗弃在巴勒莫，又被一对白人夫妇收养的黑人小孩，需要一个榜样，需要一些特殊的关怀，埃托奥义无反顾地承担了这个责任。

另一个震惊足坛的引援，是韦斯利·斯内德：身材不高，速度飞快，充满激情，那时候斯内德还算不上世界级球星。陪同这位荷兰中场来到米兰的，是他漂亮的妻子约兰特·卡沃（Yolanthe Cabau），他们迅速成为米兰狗仔队最热衷的目标。在皇马，韦斯利踢了52场比赛，进了11球，效率不俗。加入我们之前，他感觉自己被皇马出卖了，急切地向全世界证明自己的价值。这时候，莫拉蒂和穆里尼奥向他抛出了富有诚意的橄榄枝，他想都没想，就带着约兰特来到了意大利，住进了米兰的萨沃亚王子酒店，准备对"美凌格"①们的复仇。

意大利有句老话，"复仇是一道放凉了才上的菜"，因为需要很长

① 美凌格（Merengues）是西班牙人极其喜爱的一种甜点里的夹心（类似中国的羊角酥里面的夹心），它的实际成分是鸡蛋清和白糖，味甜，为纯白色，使人联想到皇家马德里的主场队服颜色，因而皇马得此昵称。

的准备时间。也许在荷兰人的菜单上，复仇是一道“热菜”，至少斯内德大厨的复仇是热菜。

斯内德的第一场比赛就是米兰城德比，一场很少见的在八月份就举行的米兰德比。比赛前，两方球迷依然拿历史来斗嘴：一方反复提及0：6，另一方则搬出了最近几个赛季的意甲冠军。对于我来说，这场比赛的目的很简单：赢下，为新赛季开个好头。AC米兰老板西尔维奥·贝卢斯科尼在阿德里亚诺·加利亚尼的陪同下出现在看台上，向球迷们展示他迷人的微笑。比赛刚一开始，当两边的球迷还在互相问“那个小个子究竟是谁”时，他已经用一脚35米开外的远射惊出了守门员马尔科·斯托拉里（Marco Storari）一身冷汗。

斯托拉里封出了斯内德的几脚远射，却封不出蒂亚戈·莫塔、迭戈·米利托、麦孔的进球。大比分落后之下，韦斯利激情的表演彻底激怒了里诺·加图索（Rino Gattuso），他向裁判申领了第二张黄牌，这位被球迷亲切地称为“咆哮哥”（ringhio）的斗士，现在是巴勒莫的主帅。为我们这场4：0胜利划上完美句号的，是德基·斯坦科维奇，他用一脚精彩的远射登上了第二天各大报纸的头版，有名记者开玩笑地写道：“德基先生，下次请从我家门前远射吧。”为德基助攻的苏里·蒙塔里，心甘情愿地弯下腰跪下为德基擦鞋，似乎在说：“你配得上这样的待遇，德基。”当我们攻入第二球后，我就知道已经胜券在握，于是我忍不住说了句：“真他娘的棒！”但愿看台上的女士们没有被我粗鲁的词语冒犯，我也希望现在的孩子不要在网上寻找这段视频，模仿我。今后我一定会向我的孩子解释，说粗口是不对的。不过，就像坎比亚索的妻子说的那样：“足球就是足球。”

我们给予了AC米兰一次沉重的打击，我们的球迷在后来很长一段时间内在德比对手面前都昂首挺胸。我的一位数据狂人朋友那天晚上给我发来一条短信："队长，国际米兰已经32年没有以4球优势战胜AC米兰了。干得好！"我从未核实过他的说法，对我来说，球场上的努力远远要比数据重要。但是那场比赛让我骄傲：并不是因为我们羞辱了AC米兰，而是因为我们给主席先生、给球迷们带去了欢乐。在新赛季刚开始的时候，就像斯内德的无缝衔接，就像苏里・蒙塔里擦鞋的动作，就像我的粗口展示的那样，国际米兰是一支由一群好兄弟组成的球队。比赛结束后，没有一个人去挑衅对手和对手的球迷，我们只是不停地和队友开着玩笑，"嘿，伙计，你干了什么，你简直是'现象'！好吧，其实我想说你踢得真棒……"

麦孔进球后比以往任何一次都要激动。与他在边路并肩战斗了许多年，我知道他是个真性情的人。打进那个球后，他一直跑到了我们球迷的看台下，那天他带了几个好友来看球。道格拉斯（麦孔）跳上了隔离墙，就像奥运400米栏选手跨过一个障碍物那么轻盈，和朋友一起尽情庆祝。多么好的球员，多么好的团队！我们就是一群兄弟，我们按照教练指导的方式思考，我们享受工作。就像我常说的，"幸运又幸福"，那支国际米兰和我有着一样的DNA。

在球场里，我见过许多傲慢行为：当对手主动伸出友好之手时，有些球员会背过身去；当队友恶意犯规吃到黄牌时，有些球员不是帮助队友冷静下来，而是继续挑衅对手和裁判。一些极端球迷很喜欢这类人，但是我认为，开朗、尊重和友好应该主宰比赛。在国际足坛，有许多高水平的球员，比如赫拉德・皮克（Gerard Piqué）、乔治・基耶利尼（Giorgio Chiellini）和莱昂纳多・博努奇（Leonardo Bonucci）（最后这位来自国际米兰青训营，我曾经看着他成长），他们每次走进球场时，都以一种“太阳王”①般居高临下的眼神俯视对手。我想对他们说：“孩子们，冷静冷静头脑吧。”足球是一项游戏，是一项运动，对我们来说也是工作，别把自己搞得太累了。生活本已漫长枯燥，别以为运气总会站在你这边，谁都有落魄的一天，伸出你的双手，多看看你和别人的共性而不是区别吧。很遗憾，有许多人不像我这么想。

这种精神，我在那场米兰德比中看到了，可能托我这个队长的福，我的队友们永远也不会忘记。当然，我会骄傲地记住那场胜利，记住（蒂亚戈·莫塔的）那个连续一脚传递制造的进球（就像教练在训练中教我们的那样），但是我尤其会记住那场比赛中队友们之间的氛围，那种仿佛大学生们在课堂上背着老师开玩笑的愉快气氛。儒利奥·塞萨尔和麦孔，是为了纯粹的足球而开心的球员；卢西奥和斯内德，是永不退缩的斗士；迭戈·米利托在每次进球之前，都要虔诚地祈祷；埃托奥像个非洲巨人一样奔跑；齐沃像F1车手一样用生命去比赛；“库楚”坎比亚索在球场上试验那些餐桌上琢磨出来的战术……我的队友们，每一个人都是天才，每一个都心甘情愿地成为集体的一部分，我们是最伟大的团队！

穆里尼奥教会我们，享受思考，享受工作，与那些一同流汗的人成为朋友，正是靠着这些，他带我们走向了世界之巅。他就像一个好莱坞电影里的硬汉，让敌人抓狂，却能够迷倒无数金发美女。尽管被老对手弗格森爵士率领的曼联击败，穆里尼奥还是像个先知一样对莫拉蒂主席预言道：“我们会拿下欧冠的。”

---

① 路易十四（Louis XIV，1638—1715），全名路易·迪厄多内·波旁（Louis-Dieudonne Bourbon），自号太阳王（the Sun King），是法国波旁王朝著名的国王，兼任巴塞罗那伯爵。他的执政期是欧洲君主专制的典型。

赢下欧冠的前提是，先赢下意甲。尽管赛季开始我们就以4：0战胜了AC米兰，但是此后的道路却不是一帆风顺：罗马队还是紧追不舍，和2007—2008赛季（就是我在北看台下进球那一次）不同，这一次他们一度在积分榜上反超我们。在这本书里，我一直是个乐观开朗的人，有人或许要问："队长，如何才能够做一个乐观开朗的人？"我不知道，也许是因为父亲鲁道夫和母亲维奥莱塔从小对我的教育，也许我生来如此。当罗马反超我们时，许多人说穆里尼奥的球队完蛋了，我的一些队友也丧失了信心。可是我自始至终都相信笑到最后的一定是我们。为什么？我不知道。

当然，当我们2：2战平佛罗伦萨，而罗马依靠着对亚特兰大的胜利超越我们登上积分榜榜首时，我很生气。这仅仅是运气不好吗？不是的，责任在我们自己：那场比赛我们本来以2：1领先，可是在一次角球防守中，我和队友们瞬间变成了雕塑，眼睁睁地看着无人防守的佩尔·克劳德鲁普（Per Kroldrup）将球打进。在回米兰的路上，我情绪低落，但是我还是对全队说："伙计们，如果我们再踢成今天这个样子，我们之前的努力就都白费了。"很快我发现，儒利奥·塞萨尔、麦孔、斯坦科维奇、萨穆埃尔这几个心理素质最好的人，也对我们的夺冠前景一片悲观，大伙儿心里都在想："罗马明天在主场踢亚特兰大，一定会进3个球。接下来，他们的赛程也比我们好……"接下来的一周，更衣室里的情绪一天低过一天，我知道，队长又该站出来了。"冷静，伙计们。我们经历过更糟糕的时刻，那时候我们不都挺过来了吗？现在压力在他们一方，整个罗马城的希望都集中在他们身上，他们迟早会喘不过气来的。你们知道，2006年以来我们还从未失过手。看着吧……"

克劳迪奥·拉涅利手下，还是那支干练的球队，罗马队队长弗朗切斯科·托蒂是场上的指挥官。黑山人武齐尼奇用语法不太标准的意大利语说：“在积分榜榜首的感觉真是棒极了，希望我们能够继续留在这里。”的确，罗马人那时候的前景一片光明，而我们则一片黑暗。和穆里尼奥一起，我们全队开始研究赛程表，就像巫师用水晶球预测未来。

“他们还有和拉齐奥的罗马德比。”教练反复说，他脑中一定在回忆最近几次罗马德比的战果。

“那永远不是一场简单的比赛。”我补充道，队友们纷纷点头。

“嗯，然后他们还有主场对桑普多利亚、客场对切沃两场比赛，对吗？”教练问。

“是的，他们最后一轮做客维罗纳，教练。”

“你怎么看，队长？”穆里尼奥把目光转向我。

“嗯，压力在他们一边。我们从联赛一开始就志在必得，而且我们一路领先。如果他们能够把优势保持到联赛结束，我会第一个打电话祝贺托蒂。”我说。

“然后呢……”穆里尼奥欲言又止。

队员们心里急切地想听教练的话，可是眼睛却盯着地下。终于有个人忍不住问道：“然后什么，教练？”

穆里尼奥是个语言大师，他故意顿了一下才说：“然后，我觉得罗马球员的状态不大好，他们已经有减速的迹象。与亚特兰大的比赛，他们看似占据优势，最后仅仅是以2：1险胜。这不是罗马队通常的风格……以前他们是追赶着，每场比赛都轻装上阵，现在追赶着的变成了我们，轮到他们急切地想证明自己了。”

教练是对的。在又看了一遍罗马的比赛后，我剪了一段《米兰体育报》上的话放进口袋：

经过中场休息时的变阵，亚特兰大在下半场第8分钟扳回一城：西蒙尼·蒂里博基（Simone Tiribocchi）抓住约翰·阿尔内·里瑟（John Arne Riise）一瞬间的犹豫，攻破了守门员儒利奥·塞尔吉奥（Júlio Sérgio）把守的大门。蓝黑军团（亚特兰大）士气大振，开始掌握场上主动。费雷拉·平托（Ferreira Pinto）和蒂里博基接连错过了扳平良机，罗马防线上最后两个人——儒利奥·塞尔吉奥和巴尔德斯（Valdés）——都已经缴械投降，可是前锋自己却没把握住。比赛愈发紧张，杰里米·梅内（Jeremy Menez）由于危险动作吃到了一张黄牌，几分钟后他差点儿吃到第二张黄牌。终场前，拉涅利想用马特奥·布里吉（Matteo Brighi）换下托蒂，罗马队长则建议教练换下法国人，不然梅内可能会被罚下场。亚特兰大一直拼到最后一刻，罗马人有惊无险地在主场拿到了幸福的三分。

幸福的滋味我知道，幸福很难争取，更难保存。教练在那次谈话之后，给了我们比以往更大的压力。他一个一个地指出大家的错误，比如说精力不集中，训练不投入。他走到我面前，似乎找不出我的错误，于是走到下一个人面前，可是这时候他忽然想起了什么，于是又转向我说道：“你，萨内蒂，你也是……你在场上没有跑动！你在散步！”

我知道，面对教练的批评你需要虚心接受。可是队长也需要在队友们面前保持威严，于是我平静地说：“我散步而不是跑步？教练，你可以批评我的一切，但是我从没有在场上散步。”

穆里尼奥批评我，其实只是想激励所有人，“我点队长萨内蒂的名，是想让大家知道，我对谁都一视同仁。我们一起赢，也一起输，我的球队里没有明星。”

日复一日，我的队友们坐卧不安，一直想着积分榜。2006年以来，这是我们最被动的一次。有些队友迷信，于是他们一天到晚拿着铁质物件，要不就坚持左（右）脚先踏入球场，再或者坚持不擦球鞋。有些队友天性悲观，于是他们一次次地对我重复："我和你说，Pupi，要么罗马在德比丢分，要么我们就玩完了。"还有些人天性沉默，每天一言不发。最后，还有像我这样的乐天派。

在从佛罗伦萨回来的火车上，一位队友的眼中充满了绝望，对我说："我们没戏了，队长。"

"别担心，我们会赢的。"

"得了吧，你这么说只是安慰我。"

"你等着瞧吧，到最后你会发现我是对的。"

等到罗马德比结束时，我的乐观论似乎再也站不住脚了。我早早守在电视机前，上半场拉齐奥人完全占据了主动，也取得了1：0的优势，一切有利条件都向着他们。下半场，拉齐奥的形势愈发好，尤其是当裁判判给他们一个点球时。站在罚球点上的是前锋塞尔吉奥·弗洛卡里（Sergio Floccari），隔着屏幕，我几乎闻到那个点球散发出的"冠军香气"。助跑，射门……皮球被罗马门将扑了出去。这是整场比赛的转折点，拉齐奥原本可以取得2：0的领先。不久之后，罗马队获得点球，武齐尼奇轻松扳平比分。又过了不久，罗马队完成反超，2：1。

第二天，那些悲观的队友把我围住，"队长，罗马队领先我们2分，我们理论上还有追赶的希望，但是你看了昨晚的比赛，拉齐奥没有罚进点球……"迷信的队友们，给自己想出更多禁忌；穆里尼奥拿了本新的笔记本，在上面写满了假设。

接下来，我们轻松地战胜了亚特兰大（比赛实在太轻松了，我现在都懒得上谷歌查当时的比分），罗马队则要在奥林匹克球场迎战桑普多利亚。

保拉经常拿一件事和我开玩笑："哈维尔对家务事一窍不通，他把脑子留在训练场了。有一天早上，我发现自己得了流感，挣扎着想要爬起来，哈维尔对我说：‘不不，你疯了吗？你没有发现自己病了吗？你躺着再休息会儿，我下去给你做些东西暖暖身子。’这是我们结婚后，他第一次说要给我准备早餐，我愉快地接受了。我闭上眼睛，盖好被子，只等着热牛奶、茶、牛角面包一起装在一个盘子里送到床头，就像豪华酒店里的服务那样。过了好久，还是没有动静，于是我问：‘没问题吧，Pupi？’他在厨房里答道：‘放心吧，再等一会儿。’可是话音未落，我就听到一阵噼里啪啦的声音。时间又过去了很久，我实在有点儿不放心，就披上衣服穿好拖鞋下楼来。‘发生了什么？’‘没什么，亲爱的，只是我打不着炉子。’哈维尔继续用打火机打火，煤气味已经弥漫了整个屋子。我没有说一句话，只是按住了阀门，然后打着了火。看着一脸诧异的哈维尔，我忍不住说：‘亲爱的，我们在这里住了这么多年，你怎么没发现炉子上有电打火？’”

真丢人啊，我承认我是生活中的“低能儿”，但是如果你们问我很多年以前，国际米兰与克莱莫嫩塞的一场比赛，我能够马上说出比分、进球者还有最后一传的人。什么？你们说我记不起与亚特兰大那场比赛了（就是罗马对桑普多利亚之前那场比赛）？那是因为，在那场比赛前，我、教练、队友，我们都说，不管对手是谁，再也不会出现2002年5月5日的故事了。我的意思是，对于那场比赛，我只记得了胜利，完全没有关心对手……好吧，我还是用谷歌查了一下：亚特兰大依靠蒂里博基的进球领先了我们，可是我们只用了半小时，就依靠米利托、蒙塔里[①]还有齐沃的进球，完成了3：1的逆转。

保拉飞回阿根廷看她的父母去了。那天晚上，迭戈·米利托给我打

---

① 萨内蒂这里的记忆还是有误，打进第二球的是麦克唐纳·马里加（McDonald Mariga）。

电话："Pupi，我不想一个人承受压力。拜托今晚到我家来看球吧，如果你愿意，就带些朋友一起来吧，我会订披萨当晚餐的。"我接受了邀请，前往迭戈家，不过考虑到他女儿很小，我并没有叫上其他的朋友。我们边等披萨，边用他家的投影仪看球。开场阶段，似乎只有罗马队在踢球，托蒂进了一个球，若不是桑普多利亚门将斯托拉里的神奇扑救，托蒂本可以梅开二度。接着，布尔迪索防住了卡萨诺的一个好球，沙发上的米利托狠狠地跺了下脚。梅内也错过一个好机会。在一次罗马的反击中，武齐尼奇没有选择传球给无人防守的佩罗塔，而是自己把球打飞。这两名队友吵了起来，托蒂不得不走过来调停。

"罗马队放不开，"我点评道，"他们的队员看起来浑身都是鸡皮疙瘩。"我这么说也是想让米利托放松点儿。

可是迭戈完全没听进去我的话，"形势不妙，Pupi，形势不妙，我和你说过什么？这帮人会拿到关键的3分，我们啥也做不了，天哪，马上就要2：0了。"

我不知道为什么老天让我成为乐观者，但是我就是，无论何时都是，"结果会与你的预料相反，我们一定能够翻盘。"

就在这时候，门铃响了，我们的披萨到了。米利托满怀心事地开了门，门外的那个外卖小哥几乎要跳起来拥抱他，"迭戈！迭戈！真的是你！你进了那么多球……我是头号国际米兰球迷，也是你永远的球迷，我可以解说你的每一次过人……太棒了，迭戈！加油，能够帮忙给我签个名吗？"接着他瞟了一眼客厅，"萨内蒂也在！队长，队长，国际米兰永远加油！"米利托的妻子微笑着拿钱过来给他。迭戈，意甲冠军队的中锋，也是未来的欧洲冠军，一个享誉世界的超级球星，这时候却用带着绝望的语气问外卖小哥："我的进球？我的进球？现在请你告诉我，我的进球有什么意义？我所有的付出、所有的牺牲，如果罗马今晚战胜桑普多利亚，这一切都将付诸东流。你觉得呢？”说着，他让小哥看了看投影：“罗马1：桑普多利亚0”。外卖小哥情绪依然激动，“加油加油！一切都会好起来的……”米利托的妻子付了披萨钱，又给了外卖哥一笔小费。迭戈接替她，抱起女儿坐了一会儿沙发，下半场比赛开始了。

比赛形势风云突变，就好像一句魔咒被解除了一样。桑普多利亚进攻进攻再进攻。比赛解说声音不小，米利托自己也像在现场一样激动，可是他怀里的宝宝睡得还是很安稳。他的妻子说：“迭戈，宝宝在睡觉，给我，让我把她抱回床上去。”

迭戈·米利托，世界上最慈爱、最体贴的父亲，一个严肃又睿智的男人，一个虔诚的天主教徒，用身体护住女儿，用一点儿也不开玩笑的口吻说：“你做梦也别想，索菲（Sofi）。我抱着她这个动作，改变了比赛的走势。宝宝必须在这里，在爸爸怀里。”

当卡萨诺助攻詹保罗·帕齐尼（Giampaolo Pazzini）为桑普多利亚扳平比分时，我们一起欢呼，击掌庆祝，就像在球场的看台上一样。我们又互相拥抱，并把沙发移近屏幕。整个过程中，米利托紧紧地抱着女儿，就好像稍微松手她就会被飓风吹走一样。“别闹了迭戈，求你了，把她给我。至少让我给她换块尿布。”尽管妻子不依不饶，可是迭戈看都不看她，“她在我手上，所以他们扳成1：1了，索菲，我的女儿要在我手上睡到第90分钟，明白吗？”

罗马队主教练克劳迪奥·拉涅利是个经验丰富的教练，他知道已经到了生死存亡的时刻，于是用中锋卢卡·托尼（Luca Toni）换下佩罗塔，罗马队用四前锋阵型向冠军做出最后的冲击。在米利托家里，气氛也到了剑拔弩张的状态。当罗马和桑普多利亚战斗到最激烈时，米利托的宝宝也睁了一下眼，索菲有些生气地说：“看见了吗？现在她要哭了，我早就和你说过了。把她给我吧，或者你把她放回摇篮去。”迭戈，就像他平时躲过对手后卫的铲球一样，“亲爱的，没事的，不用放回去，也不用换尿布。宝宝在我怀里睡得可香了。”这时候，小女儿仿佛听懂了爸爸的话一样，不但没有流眼泪，反而咧开嘴笑了起来，头还不停地在爸爸的手臂上蹭。

5分钟后，布尔迪索和里瑟都没有跟住人，帕齐尼在反击中拿球，并冷静地将球射进，2：1，桑普多利亚反超了。如果维克托·莫拉莱斯在解说，就是那个我童年最熟悉的声音，他一定会大声地喊道：“Gooooooool（进球）……Goooooool（进球）……Golaaaaazooo（漂亮的进球）！”我们拿出手表，开始计算：“加上伤停补时，还有很长时间……”桑普多利亚门将斯托拉里高接低挡，打出了他的职业生涯的最佳比赛，伴随着他的一次次闪转腾挪，我们也情不自禁地喊：“Oleee！（喝彩声）”在一次次的煎熬中，比赛时间终于走完了，罗马1：2负于桑普多利亚。我们又回到了榜首，领先两分，此时还剩下3轮比赛。我想用武齐尼奇的口吻说：“非常棒极了[①]。”迭戈·米利托终于把宝宝交到了她妈妈的手上，“索菲，亲爱的。给你，谢谢，这场比赛她是赢家。”命运女神今天因为米利托抱着女儿的缘故，改变了罗马队的命运。

就在我和米利托在沙发上放声大笑时，电视镜头却捕捉到一个人：梅克斯——罗马队的中后卫，因为丧失了希望，哭得像个孩子。2002年5月5日，就是在他所坐的那个位置，罗纳尔多也流下了伤心的泪水，也是因为在距离冠军一步之遥的地方前功尽弃。我想，那张板凳一定有种特殊的魔力。体育世界里，可能确实存在着某种宿命，当你迈入某个球场之前，结局便已经注定，有人欢笑有人愁。

在开车回科莫的路上，我掏出手机，拨通了布宜诺斯艾利斯保拉父

---

① 此句原文语法有错，武齐尼奇意大利语不太精通，所以常常会出现些语法错误。

母家的电话（我知道，开车打手机不符合交通规则）：“我们第一了，我们第一了。”接着我跟保拉说了迭戈和女儿还有外卖小哥的故事。我又把这个消息告诉了鲁道夫，他对我说：“我早就和你说过了，哈维尔。你们现在重回榜首了，我知道你们一定会夺冠的。等你回家，我们搞个大型烧烤庆祝，要来四整块牛排，一点儿猪排都不准备，我不喜欢。”

第二天，每个队友和我打招呼时，都露出药膏广告里才有的那种笑容。“看了比赛吗，队长？我和你说过什么？我们会赢的。”他们每个人都变成了先知，似乎只有我和穆里尼奥一直都是悲观者。我和每个人击掌，而不是纠正他们的错误。不只是球员，大多数人都是这样：每个人都选择性记忆，遗忘那些不开心的过去，记住开心的。我一点儿也不在乎，现在我们又是领头羊，这就足够了。

几天以后，我们来到罗马奥林匹克球场，迎战拉齐奥队。拉齐奥球迷这次站在了我们这边，因为他们只希望我们“战胜罗马”，有些蓝鹰球迷甚至给队员打出了“看着办”（scansateve）的标语。比赛过程波澜不惊，拉齐奥的球员们已经无欲无求，而我们则怀揣着必胜之心。萨穆埃尔和蒂亚戈·莫塔的进球为我们带来了3分。

最后一轮，我们要在客场对阵锡耶纳。在那里，我才体会到意大利的非国际米兰球迷有多么讨厌穆里尼奥：锡耶纳主席马西莫·梅扎罗马（Massimo Mezzaroma）声称自己是罗马球迷，激励队员们为罗马战胜我们。记者们甚至说，锡耶纳俱乐部为球员们准备了200万欧元的赢球奖金。马西莫·梅扎罗马否认了奖金的故事，不过再次强调希望看到罗马夺冠。穆里尼奥从来不在乎压力，不过当我们在意大利杯决赛中战胜罗马之后，他说：“现在罗马人省下了意大利杯冠军的奖金，也许他们能够把这笔钱拿出来给锡耶纳球员。”

“教练，请保持安静……这本身就是一场令人窒息的比赛，求你别再火上浇油了。”穆里尼奥压根儿就不理会我们的劝告，他只是想给我们加压，激发大家的全部潜能。

罗马人认为，穆里尼奥的话已经构成了诽谤，他们为此专门请了律师，准备打官司。甚至连意大利议会也参与到口水战中来：自由民主党（PDL）党魁，同时也是著名罗马球迷的毛里齐奥·加斯帕里（Maurizio Gasparri）发表了一段极端球迷言论：“很明显，穆里尼奥被胜利冲昏了头脑。在赢得意大利杯之后，他一定喝到了第二天早上，所以才说出了那段鬼话……”总之，穆里尼奥的一个玩笑被上纲上线为一场全国性的政治事件。

我相信，就是在那段时间里，穆里尼奥下决心离开意大利的。他现在是胜利者，但是无数仇敌都等待着他失败的那一天，准备羞辱他。有一天，当全队在皮内蒂纳训练基地散步时，穆里尼奥小声在我耳边说（我不知道是因为他信任我，还是那本身就是一句自言自语）：“记住，要以一个胜利者的姿态离开。在意大利也是这样。”

我们将迎来三场决赛，一场比一场紧张，足以耗尽你的体力。2010年5月5日，在奥林匹克球场与罗马队的意大利杯决赛，当天刚好是库珀和罗纳尔多那段苦涩的记忆8周年的日子；5月16日，客场挑战锡耶纳，这场比赛关系到我们能否复制20世纪30年代尤文图斯创造过的意甲联赛五连冠的伟业。连续两次，我们都在漫天的嘘声中入场。对于我来说，对手的嘘声不值一提，反倒是自己球迷的嘘声让我呼吸急促，好在，那个赛季我们没有经历过哪怕一次那样的场面。

意大利杯决赛打上了深深的米利托烙印：第40分钟他攻入一球后，我们双方都没有再破门。比赛开始之前，穆里尼奥让我们和他一起思考比赛，“我们今天踢4-3-1-2阵型。今天是三场决赛的第一场，接下来分别在锡耶纳和马德里打。这就像一场马拉松，我们不能浪费一点儿力气，每个人都要拼，但是同时也要聪明地为接下来的比赛留出余力。我一直都在强调，团结起来，我们就能够赢下来。好了，在儒利奥·塞萨尔身前的四个后卫是麦孔、科尔多瓦、马特拉齐、齐沃，卢西奥你踢马德里那场比赛。中场是你们三个，坎比亚索、蒂亚戈·莫塔、萨内蒂。如果罗马队压上，你们一定要站住自己的位置，好吗？前腰位置是斯内德，前锋米利托、埃托奥。没问题吧？”

“一点儿都没问题，教练。”我们斗志昂扬地走入球场。可是在赛前，现场的广播没有播放意大利国歌，而是奏起了罗马队队歌。穆里尼奥说：“我们究竟是在一块中立场地上踢意大利杯决赛还是在踢一场客场的意甲比赛呢？好吧，如果这场比赛1：1结束，冠军就是我们的，因为我们在客场攻进了更多进球。”

我们平复下心情后，裁判吹响了开场哨。刚开场的一个画面，就预示了这场比赛的过程：布尔迪索——我的阿根廷同胞兼前国际米兰队友，一脚高抬腿狠狠地踹在了斯内德的身上。韦斯利痛苦地倒在地上。医务组经过紧急处理，还是示意教练换人。我跑过去，发现韦斯利胸前有一记深深的脚印，他才踢了不到60秒比赛就不得不下场。我耳中又回响起穆里尼奥的声音：“每个人都要拼，但是同时也要聪明地为接下来的比赛留出余力。”他真是有先见之明。替换斯内德的，是马里奥·巴洛特利。

麦孔和蒂亚戈·莫塔距离进球都只有一步之遥，接着迭戈·米利托的进球让球场一角我们的球迷沸腾了。主裁里佐利示意进球无效，我看见穆里尼奥愤怒地在场边抗议，走到监视器旁边看慢镜头回放，最后足协官员走过来把他劝回了教练席。

巴洛特利和托尼也各错过了一次机会。在中场，埃托奥、武齐尼奇和德罗西围住裁判，比赛气氛愈发火爆。第40分钟，米利托独自面对儒利奥·塞尔吉奥，以最沉着的方式把球送入了大门。罗马人彻底杀红了眼，已经身背黄牌的布尔迪索再次对巴洛特利恶意犯规，我们全队都提醒裁判掏出第二张黄牌，可是主裁判里佐利无动于衷，反而将莱莱·奥里亚利（Lele Oriali）罚出场。莱莱是我们的体育经理，意大利队夺得1982年世界杯的功臣，著名歌手利加布埃（Ligabue）曾经为他写了一首歌："……天生的中场，像奥里亚利一样工作，那些流汗的日子，你获得了世界杯……"接下来的比赛，完全失控：梅克斯和马特拉齐冲突，佩罗塔和埃托奥冲突。比赛结束前5分钟，马里奥·巴洛特利也因为对裁判出言不逊吃到了黄牌。整整一场比赛，巴洛特利在罗马球员面前游刃有余，仿佛在说："有本事你们来抓我啊。"终场前，托蒂终于忍无可忍，狠狠地对着马里奥的小腿来了一脚……红牌！

我们在嘘声和掌声中捧起了意大利杯：我们与罗马队长久的争霸，以我们的胜利而告终，狂热的罗马球迷在家门口见证了这一切。我们的荣誉柜里，放进了"三冠王"中的第一个冠军奖杯，就像球迷们那几天挂在嘴边的"primo titulo"（第一个冠军），这个词语来自穆里尼奥用来羞辱对手的"zero tituli"（零冠军）。

第二个冠军，我们在锡耶纳捧起，从我的观点来看，那是"三冠王"里拿得最困难的一个冠军。尽管我们在意甲联赛中领先罗马两分，但是由于在直接交锋中罗马对我们两回合一胜一平，如果我们在锡耶纳只拿到一分，那么我们很可能与罗马同积80分，因为胜负关系而丢掉冠军，因此我们必须取胜才能够确保冠军。

最后一轮所有比赛同时开球，上半场结束时，罗马是冠军，武齐尼奇和德罗西的进球帮助罗马在维罗纳2：0领先切沃。情况和2008年如出一辙（那一次伊布拉希莫维奇在帕尔马的大雨中拯救了我们）。穆里尼奥在锡耶纳主场的板凳席上一言不发，但是他的双眼好像射出两道镭射光，似乎在对球员们说：“思考，思考。”

尽管已经降级，但是阿尔宾·埃克达尔（Albin Ekdal）、马卡罗内、马托·亚亚洛（Mato Jajalo）这些球员还是使出浑身解数，只为让梅扎罗马主席和罗马球迷高兴。锡耶纳一次次突破我们的后卫，好在，守门员儒利奥·塞萨尔状态正佳。锡耶纳人讨要一个点球，因为蒂亚戈·莫塔禁区内手球，但是裁判没有表示。这时候，我尝试激起队友们的斗志：“别急躁，压缩他们的空间！”

米利托一脚射门向球门飞去，“进球”的欢呼已经到了我们嘴边，可是罗马队门将詹卢卡·库尔奇（Gianluca Curci）做出了一次超级扑救。计时器指向了第52分钟，穆里尼奥知道应该改变了：蒂亚戈·莫塔下，戈兰·潘德夫（Goran Pandev）上，提速、施压，我们收到了信息。与桑普多利亚的比赛，罗马队的四前锋阵型无功而返，现在轮到我们来尝试了：埃托奥、米利托、巴洛特利、潘德夫。那场比赛简直像是一场象棋对弈，锡耶纳的教练也伺机而动：马卡罗内下，埃马努埃莱·卡拉伊奥（Emanuele Calaiò）上。他们的努力白费了，因为我们的“王”，噢不，是“王子”米利托在第56分钟使出了杀招，一击致命。

那粒为我们带来“三冠王”第二冠的进球，是一个“棒极了”的记忆。马尔科·塔尔德利（Marco Tardelli）曾经指责我：“你带球太多了。”穆里尼奥曾经提醒我：“跑起来，不要散步。”我的队友们开玩笑地叫我“威尼斯人”，因为我的风格就像那些在威尼斯的运河之间踢球、盘带娴熟不让球掉进水里的威尼斯孩子。当我们的四名前锋都撞不开锡耶纳的城墙时，我知道，应该开出我的“拖拉机”了，用威尼斯人的开法。我把球控在脚下，一次次地试探锡耶纳的防守，我没有传球也没有停下，我是在跑还是在走已经不重要了，因为全意大利的球迷这时候都屏住了呼吸，一切画面在他们眼前都像慢动作回放。鲁道夫和古斯塔沃在家盯着屏幕；保拉在座椅上一动不动；穆里尼奥穿着灰西装没打领带，像雕塑一样坐在教练席上。我没有传球，也没有停下，我眼里没有任何人……直到“王子”米利托和两名锡耶纳中卫之间，露出了一厘米或者零点五厘米的缝隙，我想，就是现在了。迭戈没有浪费我的助攻，Gol！意甲冠军！Tic，Tac（拟声词）两下，皮球在队长、“王子”和球门之间完成了转移，国际米兰1：0战胜锡耶纳，五连冠，我们追平了尤文图斯当年的意甲连庄纪录。

在比赛结束之前，锡耶纳在边路踢出了一脚似传似射的传中球，那脚球的弧线如此诡异，简直像是我女儿卡通片里导弹的轨迹，径直向儒利奥·塞萨尔把守的大门飞去。我的家人们都在看台上，我想带他们进场参加赛后的颁奖典礼，可是那脚传中几乎击碎了我的美梦。在我身边（就像在所有重要比赛中一样），是我最忠实的战友道格拉斯·麦孔。他呼吸困难地对我说：“进了……”我附和道：“是进了……”

我们两个都错了，那个球没进，我们赢了。

最后，我还想感谢罗马队的所有教练、球员、球迷，我想一个一个当面对你们说：你们是伟大的。你们在我面前所表现出的激情，让我深深地为之感动，你们给足球这项“全民运动”带来了荣耀。在与我们争冠的路上，你们展现了坚持的力量，是你们让意大利足球更加精彩，也让全世界成千上万的球迷爱上了意甲。在这里，我把最真心的掌声送给你们。

“三冠王”（Al Triplete）——英国人叫Treble——现在只差一个了，2010年那个无比艰苦的5月也只剩下在圣地亚哥·伯纳乌的赛季最后一场比赛了。比赛日期很特别——5月22日，阿根廷基督徒一年一度的圣妇丽塔祈祷日[①]。

---

① 圣妇丽塔（Santa Rita），1457年5月22日去世，因为她临终前显灵让玫瑰花开，后世形成了必须等到午夜点燃蜡烛纪念圣妇丽塔，以及手捧红玫瑰到教堂祭拜她的传统。

第十九章

高位逼抢

如果你们问一个国际米兰球迷："关于5月5日，你记得什么？"如果是个在传统高中学习过的人，可能会给你背一段曼佐尼[1]在拿破仑死时写的诗，末了加一句"那是2002年我们在奥林匹克球场输给拉齐奥的日子"。如果是个只关心足球的人，会直接说那是黑暗的一天。总之，5月5日在国际米兰球迷的集体回忆中是与不幸联系在一起的。

对于我——国际米兰的队长而言，却不是这么回事，因为我只记得2010年的5月5日，那一天我们战胜了罗马，拿到"三冠王"的第一冠。我们的球迷，得调整一下自己的记忆日历，向积极的方向调整。正是从意大利杯决赛开始，我们一路走到锡耶纳，在那里赢得了一个艰苦的意甲联赛冠军。然后的5月22日，我们走到了马德里，与拜仁慕尼黑争夺欧冠冠军，我们把天空变成了蓝黑色。

"我们不能输。"比赛之前我在淋浴喷头下对卢西奥说，他有些不确定："为什么你说我们不能输？拜仁慕尼黑很强大。"我的声音盖过了更衣室里的一切声音，所有的队员都听到了："卢西奥，我是和你说，我们不能输。"那天晚上，我平静地走上球场，在我的潜意识里，我们一定会赢。

---

① 亚历山德罗·曼佐尼（Alessandro Manzoni），1785—1873，意大利诗人、小说家。其名著《约婚夫妇》对意大利人民的爱国主义起了巨大的鼓舞作用。1821年5月5日，拿破仑在流放地圣赫勒拿岛因病逝世，终年52岁。曼佐尼为了纪念拿破仑逝世而作的抒情诗《五月五日》（1821年）由歌德译为德文。

到马德里的路，我们走得异常艰辛：博彩公司从未看好过我们，我们也确实到了被淘汰的边缘，还有许多人，等着我们跌倒，看我们的笑话。这个冠军，我们已经等待了很久：1965年，国际米兰在欧冠决赛中战胜了本菲卡，继前一年战胜传奇的皇家马德里之后蝉联欧洲冠军杯。但是在那之后连续两次，国际米兰都倒在了决赛里，法切蒂、莫拉蒂还有许多从儿时就开始看球的蓝黑拥趸，反复地跟我描述过那两次苦涩的回忆：1967年输给了凯尔特人，1972年输给了那支划时代的阿贾克斯。许多人，无论在意大利还是国外，都认为国际米兰患上了“欧冠恐惧症”，尤其是2009年我们输给弗格森爵士的曼联之后。即使是那些不怎么看国际米兰比赛的中立球迷，也觉得有许多比我们热门的球队。

许多人的热门冠军候选名单中有切尔西，他们的进攻核心是迪迪埃·德罗巴，教练席上则坐着卡洛·安切洛蒂（Carlo Ancelotti）——一位率领AC米兰两次统治欧洲的主教练。还有拜仁慕尼黑，他们队中有路易斯·范加尔和阿尔延·罗本两个伟大的荷兰人。皇马永远是欧冠的有力竞争者，尤其是在克里斯蒂亚诺·罗纳尔多加盟以后。还有拥有韦恩·鲁尼的曼联，我们前一年正是倒在他们的脚下。最大的热门，是佩普·瓜迪奥拉的那支不可战胜的巴塞罗那，他们灵感的源泉来自莱昂内尔·梅西，禁区内有伊布拉希莫维奇，那个夏天离开国际米兰时，他说要“去赢得欧冠”（与他交换的埃托奥，则准备要向老东家复仇）。“即便他们意甲联赛已经五连冠了，在欧洲也没什么希望……”这就是环绕在我们身边的气氛。

小组赛我们的分组就不轻松，不但有卫冕冠军巴塞罗那，还有舍甫琴科的基辅迪纳摩和喀山红宝石。与巴萨罗那的两回合比赛，我们收获了一场0：1，一场0：2，我们的实力似乎有着天壤之别。小组赛的关键之战我已经说过了，在基辅我们从悬崖边缘走了回来，穆里尼奥让我们放手一搏，斯内德在最后一刻拯救了我们。

当八分之一决赛抽签分到切尔西时，许多人认为我们的欧冠旅途走到了尽头。卡洛·安切洛蒂一定是国际米兰球迷最不愿意碰到的欧冠对手：历史上两次发生在欧战的米兰德比中，安切洛蒂的AC米兰2003年和2005年两次淘汰了我们。前一次是宿命，第二次则是完败。

在2003年，尽管两场同样在梅阿查举行的比赛分别以0：0和1：1结束，可是我们却因为“客场进球少”而被挡在了决赛门外。第二场比赛中，舍甫琴科率先进球，“奥巴奥巴”马丁斯（Obafemi Martins）终场前6分钟为我们扳平。终场之前，穆罕默德·卡隆（Mohamed Kallon）本有机会帮助我们完成晋级的2：1，但是AC米兰的门将克里斯蒂安·阿比亚蒂（Christian Abbiati）用膝盖把球挡出，直到今天我还想问他是怎么做到的。

在某种意义上，那场比赛对于国际米兰球迷来说意味着复仇。主场的第一回合比赛，迭戈·米利托“按时”进球，就像在那个赛季所有关键比赛中一样。可不久之后，萨洛蒙·卡卢（Salomon Kalou）就扳平了比分。这一次站出来的是坎比亚索，他的进球帮助我们2：1取胜。可是在收获一粒宝贵的客场进球后，切尔西在主场只需要1：0就能够将我们淘汰出局，而这恰恰是安切洛蒂在AC米兰时最擅长的。

“为了像白人一样生活，我得像黑人一样奔跑。”这是塞缪尔·埃托奥的信条，在伦敦的那个晚上，他说到做到。在斯坦福桥球场，穆里尼奥有过美妙的回忆：正是他率领这支曾经半个世纪无缘英格兰顶级联赛冠军的球队，在2005年夺回了锦标。但是那一天晚上，切尔西球迷却把漫天的嘘声送给了他。穆里尼奥没有还击，事实上当英国媒体预测他会采用“链式防守”时，他也没有回应。他只是在比赛中派出了潘德夫、米利托、埃托奥三名前锋，仿佛要对曾经的老板阿布拉莫维奇说：

“我们就是要在你的地盘上打败你。”

穆里尼奥最擅长的，就是发现对手的弱点，并摁住这个弱点往死里打，把自己的强势转化为实实在在的优势和胜利。在意大利杯决赛中，托蒂深深地为自己无力改变败局而郁闷，最终丧失理智，粗野地侵犯巴洛特利。这一次，丧失理智的变成了德罗巴：在长久地被我们的后卫防得束手无策后，他对蒂亚戈·莫塔做出了一个有违体育道德的犯规。安切洛蒂的副手，也是前AC米兰球员的雷·威尔金斯（Ray Wilkins），有些扛不住压力，中场休息时便破口大骂。这一天，穆里尼奥没怎么开口，他更多地是靠手势和眼神指挥我们：“限制尤里·日尔科夫（Yuriy Zhirkov）。在禁区内施压，注意攻守转换。”

当切尔西人无论如何努力都无法挣脱我们织就的这张大网时，我们开始接管比赛：接到中场的妙传后，埃托奥像一道闪电，劈开了斯坦福桥，带球突入切尔西禁区，射门得分。接着他跑向球门后——客场国际米兰球迷聚集的看台。我永远忘不了，埃托奥微笑着投向国际米兰旗帜的眼神：没有傲慢，没有轻蔑，没有得意忘形，只有完成一粒精彩进球、让队友们松了一口气之后的喜悦。我们的替补席一片欢腾，我和场上队友们则强压住内心的激动，切尔西球员的脸，则变成了蜡黄色。斯坦福桥的主场球迷鸦雀无声，但是穆里尼奥没有做出任何庆祝动作，他只是平静地坐着。有人问：“教练怎么了？”我明白，他的心里，已经在准备下一轮的比赛，他只想要冠军。那个晚上，世界发现了一支全新的“大国际”，一支即将走上世界之巅的球队。

在淘汰切尔西之后，与莫斯科中央陆军的四分之一决赛就像一个前奏曲，就像穆里尼奥在伦敦就说的，“（抽到）中央陆军是我们的运气”：两个1：0，在主客场进球的分别是米利托和斯内德，我们甚至没怎么庆祝。在半决赛等待我们的是梅西、瓜迪奥拉以及巴萨众神，还有诺坎普的恐怖气氛。

我想起了一个大学教授朋友给我讲的故事。每年，全世界的企业家和经济学家在瑞士的达沃斯开会，研究世界经济问题。在那一年达沃斯论坛的间隙，哈维尔・萨莱・马丁（Xavier Salai Martín）——哥伦比亚大学学者，同时也是巴塞罗那俱乐部特聘咨询师，和我这位忠实的国际米兰球迷朋友聊天："我们整个赛季都没有一场比赛丢球超过两个。如果国际米兰在主场打我们1：0或者2：1，我们肯定能够在诺坎普晋级。毫无疑问。"

舆论上普遍支持马丁教授的观点：国际米兰淘汰巴塞罗那？这个假设在数学模型的验证中完全不成立。我们，在阿皮亚诺・詹蒂莱挥汗如雨的国际米兰球员，却相信存在小概率事件。在穆里尼奥的带领下，我们又开始思考了。穆里尼奥分析了与巴萨的两场小组赛，让我们反复观看巴萨控球的过程，并告诉我们瓜迪奥拉就像一支乐队的指挥，而巴萨队员则是他的交响乐团，他们通过演奏"催眠曲"，蚕食一切对手的斗志，就像海妖塞壬①用歌声迷惑尤利西斯②的水手们。我们得像尤利西斯的水手们一样蒙住双耳，不让巴萨把控球转化为进球。我们得把巴萨死死地限制在中场，断球后坚决地打反击，最重要的是，中场球员得很好地保护防线。第一轮主场比赛，梅阿查座无虚席，现场广播开始播报每一名球员的名字。穆里尼奥没有长篇大论："这些天我和你们已经说得够多了，你们每个人都知道自己应该干什么。我知道你们不害怕，上场

---

① 塞壬（Sirene），又译作西壬，是希腊神话中人首鸟身（或鸟首人身，甚至跟美人鱼类似）的怪物，经常飞降海中礁石或船舶之上，又被称为海妖。她们的别名是阿刻罗伊得斯，意即"阿刻罗俄斯的女儿们"。塞壬用自己的歌喉使得过往的水手倾听失神，从而导致航船触礁沉没。

② 奥德修斯（Odysseus），希腊神话传说中的人物。罗马神话传说中称之为尤利西斯（Ulisse）或尤利克塞斯。是希腊西部伊塔卡岛之王，曾参加特洛伊战争。

吧，干你们该干的事。”

比赛的开局糟糕透顶，简直可以用灾难片来形容。我们的前队友马克斯韦尔，甩下麦孔，甩下“库楚”坎比亚索，甩下卢西奥，在底线传中，佩德罗（Pedro）轻松地在门将儒利奥·塞萨尔眼前将球推进球门。马丁教授的话再次在我耳边响起：“我们整个赛季都没有一场比赛丢球超过两个。即便我们首轮像切尔西一样1：2输掉，也不用担心……”1球落后，我们应该怎么办？

北看台的球迷没有泄气，高声地唱道：“我们永远和你们在一起，我们永远和你们在一起，我们永远不会抛弃你们……”真的，这些年他们从未抛弃我们。我们愤怒了，我们不想让之前无尽的努力付诸东流。巴塞罗那人踢着他们高雅、稳重的足球，甚至连一个传球失误都不会有，我们必须打乱他们的节奏。

莱昂内尔·梅西从中场开始带球。他是个让我尊敬的小伙子，我知道他一定会超越我国家队的出场纪录，我认为他是当今足坛最好的球员，正在向贝利、马拉多纳的地位发起挑战。通常，他开始长途奔袭就意味着进球，于是我紧贴着他，做出预判，顺利地阻止了他。梅阿查响起掌声，在两代阿根廷人的对决中，这一次年轻的输给了年长的。无论如何，我们还是落后。在教练席上，穆里尼奥开始微调阵容，4-2-3-1：在儒利奥·塞萨尔身前的四个人是我、麦孔、卢西奥、萨穆埃尔，后腰位置是蒂亚戈·莫塔和坎比亚索，然后是埃托奥、斯内德、潘德夫，前锋线只有米利托一个人。不久前，全队都在阿皮亚诺·詹蒂莱训练基地听到了穆里尼奥对埃托奥说的话：“请你做出牺牲，多跑点儿，在参与进攻的同时兼顾协防，我要你一直回追到后卫线。你做得到吗？”

穆里尼奥要求他像个边后卫一样防守，几乎在90分钟内跑一场完整的马拉松。你们知道埃托奥是个什么样的球员吗？他随喀麦隆队获得过奥运冠军，在西班牙的十多年里，他获得了七座冠军奖杯，包括在巴萨的三个联赛、两个欧冠、一个国王杯，以及在马洛卡的一个国王杯。今天，他是唯一一名两获“三冠王”的球员：2009年在巴塞罗那，2010年在国际米兰。我见过一些刚从青年队升上来的球员对教练的协防要求不屑一顾，可是埃托奥是这样回答穆里尼奥的：“没问题，教练，只要需要，我每个球都回防。”在比赛中，他用超凡的肺活量完全履行了承诺。

许多记者传播了一种错误的观点——“国际米兰只打防守反击”。穆里尼奥的国际米兰是一支平衡的球队，技术非常好，尤其是第二年。每一名球员都拥有着超强的特点、经验以及平衡的攻防能力。只要是真正了解足球，而不是人云亦云的球迷，一定会注意到道格拉斯、麦孔是那支球队最关键的球员之一，在边路我们一前一后相得益彰。现在的电视节目都喜欢播放进球和精彩射门的集锦，这让许多人看不到足球的全貌，这不得不说是个遗憾。说一名边后卫是一支球队的攻防枢纽听起来有点儿天方夜谭，但是如果我们拿出那支国际米兰的比赛录像来看就会发现，麦孔是制造不同的人。

任何球队和巴塞罗那比赛，都要减少冒险的进攻，都要在比赛中放低姿态。可是当我们落后时，仍然相信自己能够击败巴萨，我们会尽最大的努力反攻，然后希望运气站在我们这边。“主动权在你们手中，你们要对自己有信心。”教练赛前就对我们说，我们记住了这句话。正是因为如此，麦孔在一次反击中毫不犹豫地插上，在禁区前把球传给米利托①。巴塞罗那赛前一定反复观看了迭戈本赛季的进球录像，所以当他在禁区内拿球时，三名巴塞罗那后卫上来贴身紧逼，带头的是丹尼·阿

① 此处萨内蒂的记忆出现了偏差，麦孔在禁区前分给边路的埃托奥，后者传中给米利托。

尔维斯（Dani Alves）。此时，杀入禁区的斯内德身边没有一个人，“王子”米利托顺势把球塞到小禁区前，韦斯利当然不会错过这份大礼，1∶1。

在主场拿到1∶1并不是一个让人满意的结果，回到诺坎普，巴萨只要收获一场0∶0就能够将我们淘汰后晋级决赛。中场休息时，穆里尼奥却异常冷静：“你们都待在自己的位置别动，我们还打4-2-3-1阵型，一个人也不换。我们会4∶1取胜的。”这是一句大话？一次成功的预言？还是教练激励我们的策略？我不知道，但是我认为穆里尼奥一定是基于自己的逻辑分析而得出的结论，这种逻辑与马丁教授和瓜迪奥拉的逻辑大相径庭。只有下半场比赛结束之后，我们才能看出孰是孰非。

关于我们的4-2-3-1阵型是如何运转的，球员们在梅阿查已经展现得淋漓尽致，我个人认为与巴塞罗那下半场的45分钟是足球战术史上最伟大的时刻之一。潘德夫是一名非常实用的队友，他在反击中把球塞给米利托。皮克——哥伦比亚超级明星夏奇拉的小男友，差一点儿就阻止了这次进攻。道格拉斯·麦孔，旋风一样从我们的后场杀入禁区。在这个过程中，我安安稳稳地留在防线，为队友补身后的空当。道格拉斯回报了我的信任，为我们攻入了2∶1反超的一球。尽管到诺坎普的比赛还将充满变数，但是现在压力到了巴萨一边。

一场完美的比赛，怎能少得了米利托的表演？坎比亚索和蒂亚戈·莫塔组成的中场“堤防”又截下巴萨的进攻控球，莫塔毫不犹豫地将球传到了埃托奥脚下（下半场他还可以像刚开场时那样奔跑），埃托奥传中，斯内德头球稍微顶偏了一点儿。没关系！米利托准时出现在球的运行轨迹上，把球送进了空门。

教练兴奋地庆祝，他想要第四粒进球来让我们提前晋级。到了这一刻，球员们知道，我们今天并不仅仅是交了好运。梅西今天几乎隐形了，每当他的天赋有要闪耀的迹象，我们就在中场将其“绞杀”；我们的老朋友伊布拉希莫维奇在嘘声中下场了，球迷们无法原谅他离开时的无情；丹尼·阿尔维斯和哈维今天都有点儿无精打采的。瓜迪奥拉用来替换伊布的，是后卫埃里克·阿比达尔（Eric Abidal）：这个举动意味着，我们让巴塞罗那成了“凡人”，他们害怕我们继续扩大比分。

穆里尼奥继续在笔记本上写写画画，不用看我也知道他写了什么：伟大的道格拉斯，最伟大的埃托奥，谦虚的国王。高位逼抢（pressão alta）让天才对手们无法呼吸。斯内德在中场的对抗中无论意识还是表现都超过了伟大的哈维；坎比亚索、蒂亚戈·莫塔还有萨穆埃尔在梅阿查掐断了巴萨的tiqui-taca①；梅西依然是他们阵容中表现最出色的球员之一，但是我们把他限制在远离球门的地方，他只能打几脚远射；卢西奥让伊布拉希莫维奇隐形了，我知道伊布拉这个冠军球员不是在冲我们发火，而是恼怒自己的表现，他想像“现象”一样拯救球队，却不知不觉地与队友们脱节了。瓜迪奥拉不能让梅西处于孤立无援的状态，所以换下了伊布拉。佩德罗、丹尼·阿尔维斯、哈维和梅西都像冠军一样拼到了最后一刻，可是无济于事。

所有在梅阿查追随我们的球迷，全世界关注了这场比赛的人，一生都不会再忘记这个夜晚。

国际米兰3：巴塞罗那1，莱昂内尔（梅西），我们诺坎普再见。

---

① Tiki-taka（西班牙语：tiqui-taca），是一种由“全能足球”（Total Football）演变而成的足球战术，其特点是短距离传送和频繁跑动，核心理念是保持控球权，以减低后方防守球员的压力。此战术有别于传统的足球布阵理念，倾向于区域组识（zonal play）。西班牙国家足球队及巴塞罗那足球俱乐部是两支最为著名的应用Tiki-taka战术体系的球队，后者主要应用在约翰·克鲁伊夫时期至蒂托·比拉诺瓦时期。

第二十章

梦想比妄想纯粹

“我希望场上的国际米兰球员，在比赛的90分钟内后悔自己当了职业球员。”巴塞罗那后卫杰拉德·皮克如此欢迎我们来到巴塞罗那主场，“诺坎普的草皮将被剪短，边线和底线都会向外扩，因为更大的球场有利于我们积极、快速的传递。两球劣势？这对我们来说算不了什么，我们对自己很有信心。”

这就是巴塞罗那对国际米兰第二回合之前的气氛。巴塞罗那媒体坚称他们的球队能够翻盘，巴萨球迷甚至一点儿也不紧张，他们都确信巴萨会把我们逼入类似第一场比赛开局时的困境。我在足球场上见过一切，但是却从未后悔自己选择了足球这条路。我想皮克从没有像建筑工人那样工作过，否则他一定不会说出那样的话。何塞·穆里尼奥把全队召集在一起，开始了心理辅导课程：“你们都是有经验的球员，我们走过了一条漫长而又艰苦的道路才走到这里。我们的梦想比他们的妄想纯粹。我不知道他们为何要把比赛的压力提高到这样，但是你们只要踢好比赛就够了。这只是一场比赛，不是一场战争。”

他吩咐我们人盯人防守梅西，而不是区域防守。来到意大利踢球以前，我从未试过人盯人，只有区域防守。人盯人就像20世纪60年代的转盘电话，而区域防守则是一部苹果手机。在人盯人防守中，如果你跟丢了人，对方便会长驱直入。在我刚加盟的1995年，就亲历了这样的情况：在和克莱莫内塞的比赛中，负责盯我的人被我用一个假动作骗过，他的队友都只顾着盯自己的人，于是我获得了射门机会。我射入了职业生涯第一个左脚进球，对英格兰队的那一个左脚进球是后话了……说实话，对克莱莫内塞那种进球我再也不会有了，因为所有的球队如今都已经改成区域防守，即便有人没有截断我的带球，我还是要面对半支球队的防守。

盯防梅西是一个疯狂的想法，这意味着我们要把比赛的主动权完全让于巴塞罗那，让他们在我们的腹地从容倒脚，整场比赛承受着巨大的压力。教练没有理会我们的疑惑，只是淡淡地说："只要按部就班来踢就好了：高位逼抢，一断球就找锋线上的进攻点。"

一名队友在开往诺坎普的大巴上抓住了我的手问道："Pupi，比赛会怎么结束？"

"我们晋级。"

"你怎么知道？"

"我们比他们更饥饿。"

比赛如此火爆，以至于主办方建议穆里尼奥带一名贴身保镖。穆里尼奥拒绝了，在出发之前他对我们说："小伙子们，我们的梦想就在外面，让我们一起去完成。你们排好队跟着我出去，巴塞罗那人恨我，他们会嘘我，我先走进球场，只要等你们走上草皮时，他们已经气衰力竭了。"于是，何塞·马里奥·多斯桑托斯·穆里尼奥·费利克斯，"特殊的一个"，第一个获得葡萄牙亨利王子大官佐勋章的体育人，独自一人走出来，承受诺坎普近十万人的嘘声，就像一个独自面对虎群的驯兽师。如何才能够形容这名教练？一个演员？一个英雄？两者皆是？不对，两者皆不是，他就是何塞·穆里尼奥，在那个晚上，他证明了这一点。

有人说历史是由胜利者书写的，事实并不总是这样。比如说，巴塞罗那一直抱怨："国际米兰防守了90分钟。"他们抨击"穆里尼奥只会防守"。历史的真相是，在比赛之前的首发阵容中，穆里尼奥派出了三名前锋：米利托、埃托奥、潘德夫，一支“四轮驱动”的国际米兰。

可是在热身时，潘德夫感到不适，于是穆里尼奥用齐沃代替了他在4-3-2-1阵型之中的位置，这是一个迫不得已的选择。比赛中，一个更坏的情况出现了：第28分钟，蒂亚戈·莫塔（他来自巴塞罗那青训营，赛前他就告诉队友要小心巴萨球员“跳水”）和塞尔吉奥·布斯克茨（Sergi Busquets）缠斗，作为一名巴塞罗那土生土长的球员，布斯克茨学到了巴萨的一切精华，无论好的还是坏的。在布宜诺斯艾利斯的贫民窟里，高大的双塔不会被一阵风吹倒，可是在诺坎普，布斯克茨却在蒂亚戈·莫塔的手指轻轻接触到他以后，轰然倒地。时过境迁，当我再次看到布斯克茨在手缝中偷瞄裁判的那一眼，还是会忍俊不禁。当巴萨球员们将裁判团团围住时，布斯克茨心里一定是这样想的：“会不会罚下他呢？我什么时候才能停止这次喜剧表演？啊，红牌来了！好的，我可以站起来了……”

“10个人面对一支全队都是“现象”的对手，看看吧……”我当时这样想，边想边往教练席看，希望得到一些指示。教练带着一脸意味深长的微笑，用手势告诉我们“改打4-4-1阵型”。我被调到左后卫位置上，精力无限的埃托奥则帮助我协防。和我一起在防线上的有麦孔、卢西奥和萨穆埃尔。在莫塔被罚下后，我们的中场只剩一个纯防守球员——坎比亚索，他身边有埃托奥、斯内德和齐沃。米利托孤独地游走在前场，努力拼抢每一个长传。在重新开球之前，我看到穆里尼奥走到对方主教练佩普·瓜迪奥拉（Pep Guardiola）身前，小声地说：“走着瞧，比赛还没有结束。”这时候第四官员走过来把穆里尼奥劝了回去。我不知道该哭还是该笑，但是穆里尼奥让我心潮澎湃。

从那一刻开始，比赛变成了我们一次次的英雄表演。我不相信（坎比亚索和西蒙尼两位“球场上的教练”也一定不相信），梅西每一次都能够主宰比赛。那天晚上，我利用防守他的机会验证了我的猜测：我在大部分时间内成功地锁住了他，而少数几次我漏掉他的时候，儒利奥·塞萨尔早已准备好了扑救。

也是在莫塔下场不久，我喊出了那句："加油塞缪尔（埃托奥），比赛时间不多了！"其实那时候上半场都还没结束，后来埃托奥在他的自传里还好好地取笑了我一番。我的内心感受，其实和电视机前的球迷一样，感觉那场比赛似乎永远没有尽头，但是作为队长，我必须像那样鼓励队友。当临时充当前锋的皮克终于攻入一球时，我计算了加上伤停补时的剩余时间，大概是10分钟，那大概是我生命中最长的600秒。博扬·科尔基奇（Bojan Krkic）攻进的那个球，差点儿让国际米兰人瞬间崩溃，好在裁判取消了这个进球。"我们得想尽一切办法阻断他们的传递，抢下他们的球。"我大声告诉队友们。在盯防梅西的间隙，我试图长传找到米利托。可是任何反击的尝试都是徒劳，巴塞罗那直到最后一秒都牢牢地将球控在脚下。

许多次人们问我："队长，在那些注定要被载入史册的比赛，在距离比赛结束还有几分钟的时候，你作为场上的一员，有什么感受？"

如果面对电视镜头，我会这样说："无法用言语形容……那种感受我说不出来……"书籍，作为一种更细腻的媒介，注定要用来叙述记忆、情绪以及感受。因此，按照英文字母的顺序，关于那场比赛第一个浮现在我脑海的单词是"adrenalina"（肾上腺素），达到了爆表的高度，高到令一名彬彬有礼的球员可以干出疯狂的事情（比如1998年世界杯上贝克汉姆对西蒙尼的报复，自从巴塞罗那对国际米兰的比赛后，我从某种意义上理解贝克汉姆当时的情绪了）。

我总是能够控制住自己的情绪，我的大脑有一套应对压力的方法（也许除了与主教练罗伊·霍奇森冲突的那一次），可是在诺坎普，我感到内心有一股强大的愤怒，一股缓慢的时间累加的愤怒。我们只有十个人，可是大家破釜沉舟，巴塞罗那球员一拳拳打过来，但就是别想从我们身上跨过去。上帝在我面前一闪而过，主裁判就吹响了终场哨。我没有后悔选择足球这条路，我的队友们也没有。我还愿意相信，巴塞罗那那群冠军球员，在终场哨吹响后，也还是尊敬这项运动的。

这一次，穆里尼奥展现了内心的狂喜，他一路跑向我们球迷的看台，像个孩子一样和我们一起庆祝。我们证明，瓜迪奥拉和马丁教授所谓的巴萨法则不成立：我们在梅阿查只赢了两个球，可是他们也没能够在诺坎普翻盘（后来这个法则又生效了，2013年客场0：2输给AC米兰后，他们回到主场打了一个4：0）。我们幸福，他们生气（incazzati，意大利街头俚语），我知道这个词不大文雅，但感受到场上的那份怒气之后，这是我唯一想用的词。

有人觉得我们无权在诺坎普庆祝，于是在终场哨响起后做出了一些给巴萨历史抹黑的事。巴塞罗那门将维克托·巴尔德斯（Victor Valdes）怒火攻心，粗暴地想拦住穆里尼奥，穆里尼奥只当没看见，还用食指指向天空：我们是第一！巴尔德斯不依不饶，我们的莱莱·奥里亚利经理勇敢地冲了上来。也许巴尔德斯不知道里加布尔的歌，但是奥里亚利却真像歌词里那个“天生的中场”，他用不老的身躯将高大的巴尔德斯拉开。巴尔德斯讨了个无趣，只能又走到裁判身边絮絮叨叨，托尔多以一位门将前辈的身份劝他看开点儿。我们的庆祝似乎顺理成章了，可是诺坎普的园丁们这时候却打开了球场的喷水阀门，想用凉水浇灭我们庆祝的热情。

我们以10人阵容阻挡了这支无敌的巴塞罗那，你以为我们会怕这点儿喷泉吗？我们抹了抹脸上的水，继续庆祝。在欢闹的人群中，我大声对卢西奥喊道：“只剩下决赛了。”庆祝嘉年华一直持续到回家的飞机上，许多球迷在机场载歌载舞地迎接我们。

穆里尼奥说得有道理，梦想比妄想纯粹。皮克们的傲慢，在诺坎普的比赛开始之前就注定了他们被淘汰的命运。我们战胜了不可一世的巴塞罗那！

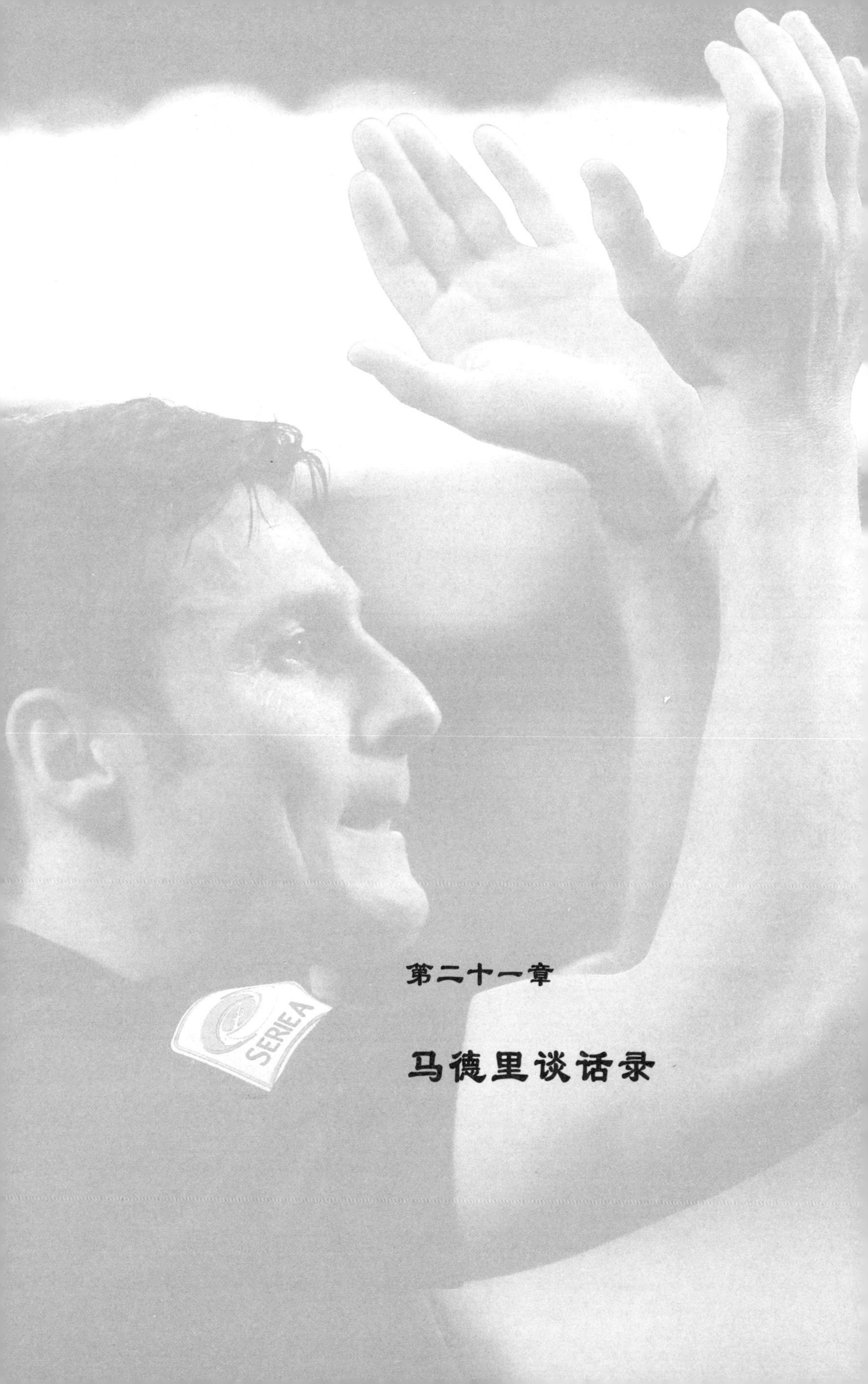

第二十一章

马德里谈话录

我们已经淘汰了英超冠军（切尔西）、西甲冠军（巴塞罗那），现在摆在我们面前的只剩下一个障碍：德甲冠军拜仁慕尼黑。2010年5月22日晚，当我在马德里的圣地亚哥·伯纳乌球场热身时，看见来自全世界的国际米兰球迷带着旗帜来到这里，为我们呐喊助威。从看台的方向，我感到了一股巨大的热量，我感觉自己充满了力量。我已经想不起当时身边的队友是谁，可能是迭戈·米利托或者道格拉斯·麦孔，我只记得我不停地对自己说：已经走到了这一步，我们绝不能失败。

从报纸上还有更衣室发出的声音，我们得知无论赢或者输，主教练何塞·穆里尼奥都会留在马德里，执教皇马，那将是我们和他共度的最后一个夜晚。我认为，与意大利媒体的紧张关系是穆里尼奥离开的最大原因：他感受到了巨大的敌意，无论他做什么，总会有人指手画脚。另外，他也想完成职业生涯的“大满贯”：在葡萄牙、英格兰和意大利之后，他也想在西班牙取得成功。

尽管我们都知道，在那场比赛之后我们或多或少都会成为穆里尼奥的“孤儿”，但是那一晚我们把精力都集中在拜仁慕尼黑身上。从米兰出发之前，我和米利托一起去了圣丽塔阿拉巴罗纳教堂（Santuario di Santa Rita alla Barona）朝圣，我为家人许了一个愿，也祈祷球队能够赢得那场比赛。然后，在5月22日凌晨，我和伊万·拉米罗·科尔多瓦一起，进行了一个庄严的祷告仪式，请求上帝眷顾国际米兰和我们的球迷，请求上帝在马德里与我们同在。保拉在我们出发前，平静地说："到了这个时候，你们不可能输，你们有一支拿冠军的团队，加油。"

我的一个记者朋友在飞机上对我说："队长，今晚是你在国际米兰的第700场比赛，你有什么想说的？"700场？那就是63000分钟，1050小时，44整天在场上穿着蓝黑球衣的时间。谢谢，我们赛后再说这些吧……我从未在圣地亚哥·伯纳乌球场踢过球，在国际米兰和阿根廷队时都没有过，但是现在，我要以队长的身份在这里踢我代表国际米兰的第700场比赛。

教练组带着球员们热身，慢跑、传球、头球、拉伸，没有一个球员抬头看看台上的球迷和标语。

球场外，警察认真地把国际米兰球迷和拜仁慕尼黑球迷分隔开，尽管大家都十分友好，马德里警方还是想杜绝任何意外发生。我的小女儿索尔也来了，当我在球场内热身时，并不知道她赛后将会和我说的话："爸爸，爸爸，我好怕……他们不想让我们进球场，我和姥姥莫妮卡在一起，但是警察对我们说：'不不，你的票不能通过。'姥姥努力解释我们是谁，但是警察听都不听。到了最后，他们才同意让我们进来……"

每名球员都带来了自己的家人，这是属于国际米兰的夜晚，我们想和亲友们一起分享。保拉拥抱了韦斯利·斯内德的妈妈，为了激励儿子，她当天穿上了一件写有"我希望你能在球场上看见我"的T恤。我们的球迷和家人，对我们的胜利都信心十足，仿佛他们今天就是为了开香槟庆祝而来的，拜仁的球员们，今天来的目的就是被我们"击倒"。

可是事情并没有这么简单，路易斯·范加尔[①]的球队没有一点儿认输的意思（就像拉齐奥一样），他们是为了把第五尊欧冠奖杯带回慕尼黑而来的。在巴塞罗那时代，范加尔和穆里尼奥就惺惺相惜[②]：他们俩和坎比亚索、西蒙尼一样，都是那种会在餐桌上摆弄战术的球痴。这将是两位足球大师之间耀眼的对决。

热身结束后，我们回到了更衣室，穆里尼奥以一种领袖的风采，把全队叫到自己身边。没有一名队友开口，因为无论接下来的一个半小时发生什么，这都是我们最后一次聆听他的教诲。我们不知道他是否激动，至少从他的脸上看不出来。在过去的几周里，他争分夺秒地工作，为每一个细节准备好应对方案（甚至每天和园丁讨论伯纳乌草皮的生长情况），到了比赛前一刻，他反而没有什么好说的，只是鼓励了我们。

穆里尼奥用目光扫过每一名球员，无论主力球员还是替补球员，无论老将还是新人。然后他不紧不慢地开口："对于这场比赛，我们期待了多久？国际米兰等待了多久？我们的球迷等了多久？莫拉蒂主席又等了

---

① 路易斯·范加尔（Louis van Gaal），出生于1951年8月8日，荷兰足球教练，曾执教阿贾克斯、巴塞罗那、AZ阿尔克马尔、拜仁慕尼黑及荷兰国家队。作为教练获得过欧洲冠军联赛冠军、欧洲联盟杯冠军、欧洲超级杯冠军、丰田杯冠军、德甲冠军、荷甲冠军。2012年欧洲杯后范加尔第二次担任荷兰国家队主教练，率队获得2014年巴西世界杯季军。2014年5月19日，曼联宣布与范加尔签约3年。

② 1996—1997赛季，穆里尼奥作为翻译和助手跟随英格兰名帅博比·罗布森（Bobby Robson）执教巴塞罗那，穆里尼奥不时地在翻译时加入自己的战术。该赛季结束后，巴塞罗那虽然拿到欧洲优胜者杯和国王杯，但是联赛中屈居皇马之后拿到亚军，博比·罗布森因此被巴萨架空选择了走人。穆里尼奥在恩师罗布森的引荐下，成为新任主教练范加尔的第三助教。有人曾说："在罗布森手下，穆里尼奥是翻译，干的却是助教的活；在范加尔手下，他名为助教，却更像是一个翻译。"范加尔一开始并不让穆里尼奥参与到烦琐的战术安排中，这一度让这个葡萄牙人每次回家都跟妻子抱怨，但是荷兰人极大地丰富和完善了他的战术素养，穆里尼奥从范加尔身上学习到大量先进的现代足球理论。2000年与巴塞罗那合同期满后，穆里尼奥返回故乡葡萄牙执教，正式开启了一段传奇教练的生涯。

多久？我们去了伦敦，没有人看好我们，除了国际米兰球迷；我们去了巴塞罗那，还是只有球迷相信我们能够做到。现在，我们来到了这里。”

教练没有继续说下去，没有必要说下去了。

我不认为我们有必胜的把握，德国人是很强大的，但是我确定，在马德里的那一晚，没有人感到恐惧：球场上下每一个国际米兰人，都感觉到了那座奖杯，我们必须捧起它。拜仁像往常一样，踢4-4-1-1阵型：托马斯·穆勒（Thomas Müller）在伊维奇·奥利奇（Ivica Olić）身后；最危险的是罗本，在那年夏天的世界杯上，他与韦斯利·斯内德一起，在最后时刻才把大力神杯让给西班牙人。那一晚，在齐沃的盯防下，罗本还是从容地传球、过人、射门，让我们提心吊胆。后来，齐沃还吃到一张黄牌，急得穆里尼奥大喊：“用智慧比赛，别冒险。”

让我们平静下来的是儒利奥·塞萨尔和迭戈·米利托一前一后两名队友。那个赛季，他们俩分别是全世界最好的门将和前锋。为了限制迭戈，范加尔安排了拜仁后卫贴身盯防，可是通过与斯内德的巧妙配合，“王子”还是为我们首开纪录：国际米兰1：拜仁0。

我们的球迷开始庆祝，今晚的比赛就像是一部喜剧片，没有任何有悬念的桥段：应该轮到我们赢了（我们也确实赢了）。拜仁慕尼黑加快了节奏，可是下半时，迭戈·米利托还是找到了空隙，为他连续三场神奇的决赛画上了完美的句号。在进球之前，儒利奥·塞萨尔连续封出了托马斯·穆勒和罗本两脚危险的射门。儒利奥的外号叫“织梦者”（印第安人把那些用绳为小孩织出美丽图案的人称为acchiapasogni，也就是织梦人），那天晚上他织的梦想是“大耳朵杯”，而我们都是印第安孩子。

伙计们，如果对手扳回一球，比赛走势就会不一样了。我抬起头，看见看台上一个疯狂的球迷。拜仁不会扳平比分了，剧本里没有这么写。米罗斯拉夫·克洛泽（Miroslav Klose）上场了，我一直认为他是最强的前锋之一，他的第二脚触球就给我们制造了麻烦。谢天谢地，你直到下半场才出来，否则的话我们上半场就会备受煎熬。

但是，克洛泽也无能为力。迭戈·米利托为我们打入了锁定胜局的一球，他得球后突入禁区，晃过了丹尼尔·范比滕（Daniel Van Buyten），守门员汉斯·布特（Hans Butt）这时候已经无能为力了，球进了。仿佛有一只看不见的手掐断了拜仁看台的音量，他们的球迷再也发不出歌声和加油声，只是木然地等待终场哨声响起。

圣地亚哥·伯纳乌已经变成了梅阿查，只能够听见国际米兰球迷的歌声。这幸福的声音，上一次出现还是1965年，近半个世纪已经过去了。我们打破了魔咒。在主裁判吹响终场哨前5分钟，我就已经热泪盈眶。记分牌上的比分，定格在那里，国际米兰2：拜仁0。

我看了看第四官员举起的电子牌，补时3分钟。拜仁慕尼黑，这支天才之师，发起了最后一次进攻。儒利奥·塞萨尔得到球，计时器上或许还剩一分钟（也许是30秒）。我经过“马黛茶之王”“救急中锋”“城墙”、安静的队友瓦尔特·萨穆埃尔身边（保拉一直认为他是球场上的杀手，生活中的好好先生）。我一边看着他一边哽咽，眼泪沾湿了脸庞，我用手擦干了眼泪。

关于那些眼泪，我和家人之间还产生了分歧。我的妻子保拉认为，我的眼泪也为无缘世界杯而流，那些眼泪混合了夺得欧冠冠军的喜悦和落选阿根廷国家队的苦涩。我是全世界表现最好的球员之一，可是有人竟然无情地无视了这一点。究竟那些眼泪是喜是悲，没有人知道，除了我自己。

我岳父安德烈斯·德拉·富恩特这样解释我的眼泪：2002年5月5日，伟大的罗纳尔多在罗马哭得像个被抢走玩具的孩子。哈维尔那天没有哭，他棱角分明的脸上写着坚强，他当时一定已经在想着重新开始。可是，在马德里，他内心积蓄多年的情绪终于爆发出来，队长也是凡人，在爱他的人面前也会哭。

到了最后一刻，拜仁也没有丧失豪门的尊严。但是他们不得不承认，欧冠奖杯是我们的了。终场哨响起，我和队员们都把双臂高高举起。有一个拜仁球员走来祝贺我：恭喜，你们真棒。

有许多次，人们都问我，为什么你，一个安静、阳光，幸运又幸福的人，却从小支持独立队，长大后又来到国际米兰，这两支球队分别是南半球和北半球最疯狂的球队。答案藏在2010年5月22日的一张照片里：哈维尔·阿尔德马尔·萨内蒂，国际米兰队长，双手举起奖杯，把它顶在头上，做出了欧冠历史上最疯狂的表情。

那天晚上，我单独和“大耳朵杯”聊了一会儿天，那感觉就像亲了一个你倾慕已久却无缘亲近的女生。我掂量了许久，发现它不像看起来那么重（把它举起时像举着一片羽毛）。我抚摸着它，反复地对它说：我等待了你多久，我追寻了你多久，我终于得到了你，把你放在我面前，我永远不会让你溜走了，你知道吗？我在曼彻斯特失去了你，接着是瓦伦西亚，然后又是曼彻斯特，在米兰，我几乎已经触碰到你，要不是阿比亚蒂那神奇的膝盖。现在，没有任何人能够将我们分开，在追逐了你20年之后，你终于来到我面前。我的队友都在笑我，但是无所谓，我只想单独和奖杯说会儿话。

奇妙的旅程划上了圆满的句号，最冷静的队长也成了疯子，甚至还和一只奖杯聊天。“三冠王，三冠王”，到机场迎接的球迷们整齐地喊着，我们是第一支实现这一伟业的意大利球队（在世界足坛也是凤毛麟角）。是耐心、坚持、汗水以及运气成就了我们，记者们也在欢呼：“主席先生，像他的父亲一样，成了欧洲冠军……”可是莫拉蒂却说：“不是，我父亲可拿了两个……”无论如何，他很开心。比赛第二天，我们和他的家人一起到古老的博丁餐馆吃了早饭，大伙儿都不舍得取下脖子上的奖牌。就在我们吃饭时，进来了一队球迷，笑着为我们送上了最好的祝福，然后集体单膝向主席先生跪下，向他致以最崇高的敬意。

我们在夺冠那天晚上都没有和莫拉蒂说过话，我们球员忙着在球场中央庆祝时，主席先生微笑着在球场的角落里看着。当我来到他的面前，我们交换了一个无言的拥抱。那个拥抱意味深长：我和他，1995年，从旅途开始的地方一路走来，一起享受过荣誉和喜悦，一起承受过失望和悲伤，一起付出了心血和劳动。在旅途开始的地方，没有人相信我们，现在我们携手走到这里，在世界之巅，只有我们两个见证了全部的喜怒哀乐。我拥抱莫拉蒂，没有人比他更配得上这份喜悦，在他为国际米兰所有的付出之后。

现在，当我和那时候的队友回忆起马德里之夜，最令我们骄傲的，是把快乐带给了全世界成千上万的球迷。直到今天，当我在大街上、在咖啡吧、在球场里碰到国际米兰球迷，他们还是会对我说：“队长，那是多难忘的一夜！那是你们送给我生命中最美好的回忆……”

即使那个拥有着钢铁一样坚硬心脏的何塞·穆里尼奥，也哭了，在马特拉齐身旁。我也给了穆里尼奥一个拥抱：谢谢教练，谢谢你所做的一切，我们会想你的。穆里尼奥的离开，既有悲又有喜：喜的是我们各自都要开始新的旅程，迎接新的挑战；悲的是，我们各自都要放下一段最美好的回忆。无论如何，穆里尼奥都将永远留在国际米兰球迷的心里，这里永远是他的家。

《米兰体育报》写道：这是属于何塞·穆里尼奥的夜晚，他哭着庆祝自己率领第二支球队捧起欧冠奖杯。现在，他即将以成功者的身份离开。在过去的两年里，他对国际米兰的贡献超过了此前44年他的任何一位前任教练。如果世界足坛有一位宇宙级的教练，那一定是他。

在国际米兰球迷们的论坛中，也出现了许多AC米兰球迷、尤文图斯球迷的祝福，我想这些球迷一定认同我的观点：我们是不同的球队，有着不同的传统，我们永远不可能同化彼此，但是我们可以相互尊重。现在这些祝福还在网上，每次当出现球迷冲突时，我都想把它们翻出来给大家看看。在《米兰体育报》的论坛中，有一位用户号为14551的球迷在2010年5月22日23：03写道：

我是AC米兰球迷，但是我也是个纯粹的足球迷，为此我向表兄（cugini）的冠军表示祝贺。在比赛结束时，国际米兰球迷和球员的眼泪让我深深地感动，我想起了我们在1989年战胜布加勒斯特星队、终结了多年无冠的魔咒之后同样的感受。那时候，也有许多国际米兰球迷，和我一起，为AC米兰加油。现在，我终于可以回报他们了。今晚我为国际米兰加油！不过，请你们千万不要得意忘形，再见。

还有这位网名the_crow5的球迷，在22：52（也就是我和奖杯说话的时候），给所有国际米兰球迷写了这条信息：

请接受来自一位尤文图斯球迷的恭喜！你们证明了自己是这个赛季欧洲最强的球队。尽管回到国内还要竞争，但是我真的为意大利球队在欧洲的成功而高兴。祝福萨内蒂，也祝福所有国际米兰人。

现在，我终于可以亲口感谢14551和the_crow5，感谢所有给我们送上祝福的AC米兰和尤文图斯球迷。我们对于足球的认识是一致的：在球场上尽全力对抗，比赛结束后伸出友好的手。2010年那支国际米兰，赢得了所有真正体育迷的尊重。下次再见到那座奖杯时，我会把这一切都告诉它。

第二十二章

本书的另一页

我活到今天经历了很多事情，但是很少有比这一件更加尴尬的了：我在转播镜头前被踢出肺梗塞却浑然不知。这发生在巴勒莫——我的重伤之城，时间是2010年夏末，该赛季的第三轮联赛。

我用胸部挡出一记法比奥·利维拉尼（Fabio Liverani）的大力射门，在那之前，我挡出过无数脚那样的射门，每次都拍拍胸脯，继续高昂着头跑步。那一次，我本来也没有感到什么不适，甚至还和队友一起庆祝胜利。巴勒莫本来依靠阿德姆·利亚伊奇（Adem Ljajic）的进球取得领先，可是埃托奥在7分钟内梅开二度，为我们带来了3分。终场哨响起后，我和一位巴勒莫球员交换了球衣，和跟随我们来到西西里的北看台球迷打了招呼。

到那时为止，我职业生涯从未受过严重伤病，球场上也没体验过恐怖的疼痛。每次当我被放倒在地，我的女儿索尔在电视机前都会哭着说："爸爸疼。"只有一次，我差点儿被对手踢"碎"了：我的第一届世界杯上，我们5：0战胜了牙买加队，对手都有着骇人的身体素质，有一个球员用膝盖狠狠地顶了我的尾椎骨一下，我听到咔的一声，当时我以为骨头断了（还好没有），然后疼痛持续了一个星期。

在球场上，我也从未对对手实施过恶意犯规。当然，有过不少战术犯规，比如说扯破对方球衣，在防守反击中放倒对手，我没有一次抱着伤人的目的，就像罗纳尔多受到的那些侵犯。在一场国际米兰对尤文图斯的比赛中，我在边路传球给罗纳尔多，他带球突破了保罗·蒙特罗

（Paolo Montero），可是接着马克·尤利亚诺（Mark Iuliano）从背后对他的膝盖使出了一个飞铲。“罗尼死了”，这是我的第一反应，没想到他虽然一脸痛苦，却没有倒地，而是坚持把球带到了底线附近，一脚精彩的传中助攻尤里·德约卡夫。凭借着这个进球，我们拿下了比赛。今天，最受对手特殊照顾的当属莱昂内尔·梅西，他遭到的黑脚实在太多了，好在他除了有过人的天才之外还有两条粗壮的腿，但是裁判还是应该更好地保护他。

如果实在要找我的一次过分的犯规，那就是对桑普多利亚那次。我从后面追球，当意识到自己的动作慢了半拍时，我的身体飞了出去，可怜的边后卫雷托·齐格勒（Reto Ziegler），用脆弱的脚踝承受了我的体重和惯性。那天晚上，我给他打电话说："你好，我是萨内蒂。请接受我的道歉，我对球的判断出现了失误，希望你的情况不太糟……没事？都很好？太好了，谢谢，给你一个拥抱，我们下场比赛见。”球迷们也许不知道，我们球员间经常为了一个犯规道歉。你往往并不是有意的，可是对手一个假动作会影响你的判断，让你伤害到他。这时候你只需拉起他来，说一句“都是我的错”。

在巴勒莫那一次，当我走在前往法沃里塔球场更衣室的楼梯上时，毫无征兆地，我感到自己呼吸困难。

队友们迅速地把我扶回更衣室，而我勉强地说："伙计们，叫医生来，快点儿……”我试着平复心情，调整呼吸，但是无济于事。我忽然想到："我是不是正在接近死亡？这是肺栓塞，我无法呼吸了。”当我心悸时，我看见了孔比医生的脸庞，就像梦一样，队友们的脸渐渐模糊了，我想到了保拉和孩子们，他们在很远的地方对我微笑，在我们湖边的家里。

我被人送上了救护车，更衣室里窃窃私语，有的队友看见我输着氧，还以为我突发了心脏病。与此同时，新闻节目也播发了紧急新闻："据悉，国际米兰队长萨内蒂，在与巴勒莫比赛的尾声阶段，突发肺栓塞。"

保拉至今心有余悸："我当时坐在沙发上，就像每个周末一样。电视里忽然说，哈维尔突发肺栓塞。一会儿说是'不适'，一会儿又说'心肌梗塞'，这些话在我听来都是'萨内蒂死了'的含蓄表达。我还没来得及坐立不安，电话就响了，是哈维尔打来报平安的，他当时正在被送往索菲亚城堡医院的救护车上。"

"保拉，亲爱的，我是哈维尔……我现在在救护车上，我有点儿不舒服，但是你别担心，千万别相信新闻。"

"亲爱的。你在哪里？电视里说你出现了栓塞，心脏有毛病。"

"亲爱的，对不起，我现在很难说清楚……但是如果真是栓塞，我又怎么能给你打电话？"

"亲爱的，告诉我实话吧，别藏着掖着。"

"好吧，医生让我挂断了。我会和科尔多瓦说的，让伊万随时通知你，帮我向孩子们问好。"

医院里发生的一切有些滑稽，我当时披着国际米兰的外套，脚上的球鞋都没脱。那也是"三冠王"之后没过多久，球迷对我们的热情尚未消退。当我拿到检查报告时，医生对我说："队长，没有大事，别担心……但是你能把球衣送给我吗？"

真是令人难以置信（如果我当时可以正常呼吸，一定会笑出声来），我感觉自己快要死了，我可能正遭受栓塞，可是医生、护士和其他病人却像过节一样高兴。他们一边把心电图的仪器一件一件往我身上装，一边像球场里的球迷一样连珠炮似的提要求："队长，能和我照张相吗？""队长，我们全家都是国际米兰球迷，能给我的女儿签个名吗？""队长，拜托，你们一定要拿下洲际杯（世俱杯）。"

我躺在床上吃力地说："谢谢，谢谢，但是请等一会儿……谢谢你们的支持和热情……但是我觉得自己快要死了，你们好歹先告诉我我怎么了？"可是医生们呢？他们好像没听见我的话，依旧边工作边追星，或者说边追星边工作。在抽了我一管血之后，医生依然不依不饶："我是国际米兰球迷，队长，我去了马德里……哦，我怀疑你有点儿气胸，让我们看看是不是真的。"他向我解释，气胸就是肺泡内淤塞了气体，是一种医学上很少见的情况，"我们得仔细研究，因为如果忽视了治疗后果会很严重，甚至可能引起急性肺衰竭。"

保拉度秒如年，我已经给她打电话报平安了，可是电视里一直不依不饶地说我"栓塞"。当国际米兰医疗主管孔比（Combi）和巴勒莫当地的医生们开会讨论时，我感觉好一些了，检查结果也没什么异常。医生们还是怀疑气胸，但是好在不太严重。我想先回米兰再说，医生们同意了。我的队友们接受完尿检，也没有离开，当我回到他们中间时，有人说："队长，这次你把我们吓死了。"我们乘飞机回了米兰，当我在飞机上时，记者们还在讨论我的"栓塞"。

周一是休息日，我感觉好多了，还和亲朋好友们开玩笑："不，我没死……是是，我还活着。谢谢你们的关心。"星期二，我照常到阿皮亚诺·詹蒂莱训练基地训练。"Pupi，你每天训练多久？"阿根廷队主教练马塞洛·贝尔萨这样问我，他的外号是"疯子"（el loco），但是实际上他是个极为严肃的人。"你从未偷过懒吗？你怎么不会厌倦呢？"贝尔萨曾经这样开我的玩笑。因此，在刚刚传出"死亡"的新闻后，我依然坚持训练。

我刚刚在热身时跑了10分钟，就感觉胸部一阵刀割一样的疼痛袭来，比在巴勒莫时更加严重了。

我找到孔比："医生，我难受极了。"

"还疼？我们重新做一次检查吧。"

他联系了距离训练基地不远的Le Betulle诊所。医生的脸色不好看，因为如果我真的是气胸的话，压根儿就不应该坐飞机回米兰，因为气压上升会加剧我的病情。好在，诊所确认了索菲亚城堡医院的结果，我没有气胸。但是我在回去的路上怎么也想不通，“医生，怎么可能？我有钻心刺骨的疼痛，可是医生却什么也检查不出来。”我很害怕，抑制不住地胡思乱想。

我和俱乐部决定，在身体情况不明朗的情况下，先休息一段时间。我从未受过重伤，因此也没有长时间地因为伤病放假。这种为自己的身体、为自己的职业生涯而担心，于我是一种新的体验。我想到了那些膝盖饱受伤病困扰、进行过无数手术的队员，比如罗伯特·巴乔和罗纳尔多。我试着给自己鼓劲儿，但是在连医生都查不出病因的情况下，这很难。

我的队友们已经开始准备下一场比赛，我终于接到了孔比医生的电话：“气胸，确诊了。”由于气胸的范围很小，仪器也很难检查出来。严重程度介于一级和二级之间，不过飞行加剧了病情。我更加担心了，不过医生宽慰我：“现在，我们去米兰找最好的医生。可能的治疗方式有两种：首先我们要看肺泡的裂口有多大，如果很小的话，你只要休息一段时间就能够自愈了；如果太大的话，你就要做手术了。”

接电话时，我正在开车，“做手术，医生？手术？不，不，我想都不敢想……”

“别担心。我们先听听专家的意见，你现在没必要吓自己。”

“但是我踢不了球了！”

我的好运似乎用完了。那时候，距离世俱杯已经不远了，不知道这个伤情会不会让我错过。医生们又再三给我做了检查，然后把我叫了过去。

在我女儿喜欢的书中，有一本叫《匹诺曹》，我记得其中的一章：蓝发天使为了救木偶人匹诺曹，叫来了三个医生科尔沃、奇维塔和格里洛·帕兰特，这三个医生为治疗方法争执不下，可怜的匹诺曹只能躺在床上呻吟。现在，我感觉自己就是匹诺曹，只能无力地听医生们各抒己见。

“萨内蒂，”主治医生说：“根据我的经验以及我对你病情的观察，只要你接受我的建议，积极康复，这根本不是大问题。我估计，只要过两周，你的肺部就会自行康复了，根本不需要手术……”

我松了一口气，“对不起，你说我不用躺在手术台上就能够康复？”

“是的，前提是……”

“前提是什么，大夫？”

“前提是，你，萨内蒂，停止一切剧烈活动，直到我书面确认你可以恢复训练。”

“你们想让我卧床？”

“不是卧床，是静养。不能有一点儿负重，不能跑步，不能做任何有氧训练和无氧训练。只能够在家，坐在沙发上放松。明白我的意思吗？”

“多长时间？”

“至少两周。必须保证绝对的静养，否则你的病情可能会加重。”

两周，我还从未休息过这么长的时间，以前即使腿部受伤，我还是能够练练上肢力量。现在，“拖拉机”得静静地躺在车库里，一动也不能动。最后，我对自己说：“好，静养就静养。在休息这一点上，我也得像对待训练一样认真。”

我做到了，2011年①10月17日，我回到了球场上。有意思的是，医生担心飞机起落时的气压变化可能会让我刚刚康复的肺部再次受伤，于是俱乐部特意为我安排了一架低空飞行的观光飞机，送我到撒丁岛参加与卡利亚里的比赛。

---

① 此处应为2010年。

在球迷们的掌声中，我结束了这次“栓塞”的经历。我只是休养了几天，还积累了关于气胸的知识。

年底，确切地说是12月18日，国际足联世界俱乐部杯（前身是洲际杯）在阿联酋举行，五大洲的冠军齐聚一堂。南美解放者杯冠军是巴西的国际队，博彩公司最看好的决赛对阵是“国际德比”（Internazionali）——国际阿莱格里港队对阵国际米兰队。我们在半决赛中3：0淘汰了来自韩国的亚冠冠军城南一和队，那场比赛中我攻入了第二球。攻入第一球的是斯坦科维奇：埃托奥在边路像带球绕桩一样过掉了韩国后卫，中路接应的斯内德[1]带球被挡了一下，皮球落到德基脚下，他的射门帮我们取得了领先。

相比于在马德里时，这支球队最大的变化是，板凳席上坐着的人变成了拉法·贝尼特斯[2]——一位经验丰富、荣誉等身的教练。和他一起，我们赢得了意大利超级杯，可是在欧洲超级杯中输给了马德里竞技。老莫拉蒂的“大国际时代”曾经两次捧起洲际杯，两次击败的都是我的独立队。现在，我们有机会第三次成为世界冠军。

2002年韩国队以一种匪夷所思的方式淘汰了意大利队。但是对我们来说，压根儿就没有“恐韩症”这种说法，米利托为我送出一记舒服的传球，然后我（这一次用的右脚）一击中的。我成了世俱杯上最老的进球者：护照上的年龄是37岁零127天（万能的维基百科也说不出零多少

---

① 此处记忆错误，应该为米利托。

② 拉法·贝尼特斯（Rafael Benitez），出生于1960年4月16日，西班牙足球教练，曾执掌西甲瓦伦西亚、英超利物浦、意甲国际米兰等球队。贝尼特斯带领瓦伦西亚夺得过两次西甲冠军和一座欧洲联盟杯，2004—2005赛季带领利物浦夺得过欧洲冠军联赛冠军。2010年6月10日入主梅阿查球场，签约2年，任教仅6个月，虽然率领国际米兰获得意大利超级杯冠军和世俱杯冠军，但是因为与球员（如马特拉齐、斯坦科维奇等人）关系恶劣和其训练方式令球队战绩大幅下滑，于2010年12月23日与俱乐部提前解约。

小时）。迭戈接着为我们攻入第三球，扩大了半决赛进球的记录。

那一届杯赛，展示了非洲足球的进步。来自刚果（金）的马赞姆贝全能队，不但拥有着非洲球队惯常的身体，还有着出色的技战术。他们淘汰了巴西国际队，与我们会师决赛，成为历史上第一支晋级世俱杯决赛的非欧洲或者非拉美的球队。我们在决赛中再次轻松取胜，打进三球而且没有失球。不过，非洲朋友的表演还是让我欣慰，他们证明足球已经在全世界扎下根，成为真正的全民运动。

拉法·贝尼特斯夺冠后就辞去了主帅的职务。他一直无法融入俱乐部环境，球员们也不知道为什么，不过直到最后一刻，我们都保持了相互尊重。继任者是莱昂纳多·纳西门托①，一位来自巴西的AC米兰名宿。尽管他是一位睿智无比的教练，却没能够阻止球队走下坡路，在“三冠王”之后的赛季之中，我们只获得了一座意大利杯。欧冠之中，我们在八分之一决赛完成了一次超级逆转：在梅阿查以0：1输给拜仁后，我们在慕尼黑的安联球场打出了一场3：2的逆转，以两回合总比分3：3、客场进球多淘汰对手，在圣地亚哥·伯纳乌之夜后再次在与德国人的竞争中笑到了最后。那时候，AC米兰在意甲联赛积分榜上领先，所以我们或多或少把注意力集中到了欧冠。不过，在四分之一决赛中，沙尔克04主客场双杀我们，国际米兰无奈地交出了欧洲王冠。

---

① 莱昂纳多·纳西门托（Leonardo Nascimento），巴西著名球员，退役后从教。莱昂纳多于1997—2001年、2002—2003年间效力于AC米兰，退役后进入俱乐部的管理层。正是他为AC米兰带来了21世纪俱乐部的第一个“双料先生”——“金童”卡卡。2009年6月1日，莱昂纳多正式接替安切洛蒂出任AC米兰的主教练，2009—2010赛季率领AC米兰队取得意甲第三名。2010年5月14日，莱昂纳多在赛季收官战前的新闻发布会上宣布辞去AC米兰主教练职务，辞职主要原因是他与老板贝卢斯科尼之间因为球队政策而难以沟通。2010年12月24日，莱昂纳多临时接替贝尼特斯成为国际米兰主教练，2010—2011赛季率领国际米兰队夺得意大利杯冠军、意甲亚军。

俱乐部的更新换代就此开始，老朋友们功成身退，充满朝气的新人们纷纷前来报到。莱昂纳多离任后，教练席上先后是克劳迪奥·拉涅利①和安德烈亚·斯特拉马乔尼。拉涅利，这位长期率领罗马与我们争霸的老帅，其实是一位博学而又慷慨的绅士。在PUPI基金会十周年时，我发起了一个旨在为布宜诺斯艾利斯穷孩子募捐的拍卖晚宴。我拿出了世俱杯奖杯（复制品）作为第一件拍品，起价是3万欧元，拍卖所得都将用来为拉特拉查社区活动中心的孩子们提供营养午餐。主持人喊了开始，却没有一个人举起手来，直到拉涅利教练。“没人竞价了吗？一，二，三，成交！”就在我为筹到第一笔善款开心时，拉涅利走到我身边，把刚拿到的奖杯塞还给我：“Pupi，这个奖杯是你赢得的，让它留在你家，传给你的孩子们吧。”

安德烈亚·斯特拉马乔尼是2012年升到一线队的，在他率领国际米兰U19青年队获得青年欧冠冠军以后。他任期内最难忘的比赛，是客场3：1逆转尤文图斯，我们是第一支在新的尤文图斯竞技场击败他们的球队。短暂的快乐后，球队又陷入了动荡之中，对于一名年轻教练来说，那一个多赛季的压力实在太大了。

现在的教练叫瓦尔特·马扎里，最近几个赛季率领那不勒斯在意甲异军突起。他不但战术素养出色，而且很善于调节球员的心理状态，一

---

① 其实在莱昂纳多离任后，那不勒斯主教练吉安·加斯佩里尼（Gian Gasperini）曾经短暂担任过国际米兰主教练，上任后带队的5场正式比赛1平4负。从6月24日正式出任国米主帅，到9月21日被正式解雇，加斯佩里尼的蓝黑执教生涯仅有短短的90天。2011年9月22日，国际米兰官方宣布由拉涅利接替加斯佩里尼担任球队主教练，合同为期两年。拉涅利接手球队后，蓝黑军团曾一度强势反弹，创造了7连胜的佳绩，重新迎来争冠希望，不过因为诸多原因，国米战绩再度一落千丈。在2012年3月25日进行的国际米兰与尤文图斯的比赛中，球队以0：2的比分惨遭对手赛季双杀，成为了压垮拉涅利的最后一根稻草。

些籍籍无名的球员经过他的点拨，都能够大放异彩。与俱乐部签约之后，他立刻打电话给正在养伤的我，告诉我他依然信任我，并且请我帮助他与队员们沟通。

到2013年夏天，马西莫·莫拉蒂主席一共拿到了16个冠军：5次意甲联赛、4次意大利杯、4次意大利超级杯、1次欧洲联盟杯、1次欧冠、1次世俱杯。这份成就，没有几支球队达到过。从1995年我的加盟开始，主席先生一直在给俱乐部注入资金，根据一位金融记者的统计，累积的金额高达两亿欧元，如果考虑老里拉与欧元汇率的变化而换作美金计算的话，数字是10.5亿美元！显而易见，主席先生只有真正热爱这支球队，热爱足球，才会从自己的账户里掏出这么多钱来。莫拉蒂主席是国际米兰的头号球迷，我们队员感觉，他对待我们像对待自己的家人一样。

我之前就说过，我几乎与莫拉蒂主席同时来到俱乐部，共同走过了近20年。我的许多老队友，在离开球队之后抱怨国际米兰的方方面面，但是我从没见过一个人抱怨过莫拉蒂主席。现在的世界足坛，已经被俄罗斯资本、石油资本、美国资本等占领，没有人知道像国际米兰这样的家族俱乐部还能够坚持多久。不过，对于我来说，就像对许多球员来说，这种大家庭的氛围将永远令人怀念。

记得有一次，莫拉蒂主席把我们叫到他的海滨别墅去谈事，与我一起的有克雷斯波、科尔多瓦，还有一些其他队友。谈完以后，主席对我们说：“你们现在去哪儿？摸黑赶回米兰吗？不用，今晚你们就在我家睡吧，明天我们还可以一起吃饭……”只有父亲才会说出这样的话。

我已经说过，伯纳乌之夜我与莫拉蒂主席无言的拥抱。其实在米兰，人人都知道，如果你需要帮助，或者有什么事情需要倾诉，就可以去找莫拉蒂主席或者他的夫人米莉（Milly）。莫拉蒂主席夫妇有着善良的心，他们一块儿发起了Inter Campus（国际米兰足球学校）计划，把足球训练和文化教育结合在一起，送到全世界不发达的地方。奥斯卡奖获得者，同时也是著名国际米兰球迷的加布里埃尔·萨瓦特瑞斯[①]曾经拍摄过一部纪录片，就是关于国际米兰足球学校的。

马西莫·莫拉蒂带给国际米兰一些现在的足球世界稀缺的精神：忠诚、直爽、热情、团结、文化。每个周末到梅阿查看球的，除了学生、工人、白领这些主要球迷之外，还有作家、艺术家、歌星、演员，这足以说明，国际米兰具有超越足球的一种魅力。当我们的球员面对个人生活的困境时，比如布尔迪索、卡努、阿德里亚诺、罗纳尔多，主席先生永远在他们身边，他的身份已经不是雇主，而是球员们的亲人，会提供不求回报的关心。对我来说也是这样，在我几次受伤时，马西莫·莫拉蒂主席都是最先表示祝福的——“Huevos”（西班牙语，勇敢点儿）。

2012—2013赛季，还是在法沃里塔球场，当我再次准备突破传中时（以前我无数次用同样的动作给球迷们带来欢乐），我感到左脚跟腱响了一声，接着是剧烈的疼痛，比气胸那次来得更加猛烈。我不是医生或者理疗师，但是作为一名球员，我对自己的身体了如指掌，因为这就是我们谋生的工具（就像是我的父亲鲁道夫用石灰和泥铲谋生）。

我知道这不是一般的疼痛，不是拉伤，不是挫伤，也不是那种歇几场、做一做理疗就能够恢复的伤病。那年2月，迭戈·米利托已经因为重伤提前告别赛季，我知道，连年高强度的比赛，终究在我们这群老将的身体上刻下了岁月的痕迹。这一次，轮到我了……

我坐在法沃里塔球场的草皮上，看台上的球迷们在给我鼓掌，队医

---

① 加布里埃尔·萨瓦特瑞斯（Gabriele Salvatores），出生于1950年7月30日，意大利导演、编剧、演员。1992年，萨瓦特瑞斯的《地中海》赢得了奥斯卡最佳外语片奖。

们在我身旁忙碌。我知道，这一次不用给保拉打电话，她一定在电视机前，她知道这种伤不会威胁到我的生命。队医把我的小腿固定好，以免我疼痛难忍，然后对我说："是跟腱……"我想，这条跟腱，就像一把老弓箭上的弦，拉得太紧，终于断掉了。这一次，我终于逃不过手术台了，而我的恢复时间将以月记。我什么时候能够复出？2013年12月？2014年1月？

看着救护车开进球场，我有了一个想法：这只是这本书的另一页，这本我已经写了很久的书。我不会退役，我的球员生涯还没有结束。退役之后，也许我会穿上西装，成为一名球队经理（我不想当教练，因为我没有教练那种赌博和冒险的精神），但是那都是以后的事了，现在我还想写下这本书的另外一页。

贝纳佐医生（Benazzo）操刀的手术，进行得非常成功，医生建议我积极恢复。那个赛季，国际米兰出现了严重的伤病情况，有人指责我们的医疗团队能力不济，还有人指责斯特拉马乔尼作为一名"菜鸟教练"，根本不知道合理安排训练。作为队长，我必须在这里澄清：我们全队都充分信任国际米兰的医疗团队，而我的康复，正是得益于他们高效、准确的工作。

手术后的那段时间，我的手机被短信"轰炸"了，我在社交媒体上也频频被点名。罗马队长托蒂说："哈维尔，我等你出现在下一场国际米兰对阵罗马的比赛，我只愿意和你交换队旗。"在我倒下后，他是全意甲最老的球员，但是他还想踢下去。每一支球队，都有代表为我送上祝福：尤文图斯的布冯、德尔·皮耶罗，AC米兰的马尔蒂尼，巴塞罗那我的小兄弟莱昂内尔·梅西。贝克汉姆感情真挚又迅速的祝福让我感动；穆里尼奥当然没忘记我这个老部下；阿根廷的老中锋马丁·帕勒莫，就是那个一场比赛射丢三粒点球的人，给我发了最乐观的一条信息。如果我把这些人的名字组合起来，一定可以得到一支全世界最强的球队（他们其实也都是Pupi萨内蒂朋友慈善足球队成员）。

为了对他们表示感谢，我在这里声明：

我的职业生涯还没有结束，我还会回到球场上。我与俱乐部的合同还有一年。是的，我想踢球，踢一场真正的比赛。我想上场，我还想拿意甲、意大利杯、欧冠。在哈维尔牌“拖拉机”的里程表上，还有很多余额。

第二十三章

拉特拉查最美的笑容

我的妻子保拉经常说："所有球员的太太都在结婚以后马上生孩子，我不想这样。我和哈维尔在一起时，还是个孩子，在当妈妈以前，我想先周游世界，背着我的小书包，和我朋友洛莱一起……"

我也和保拉去了很多地方旅行，非洲、欧洲、美国。但是我从一开始就知道，保拉一直不肯要孩子的原因是什么。她的哥哥们都是球员，后来她又和我这个球员结为夫妻，她知道，球员很少有时间陪伴家人，尤其是孩子，"Pupi，看看你队友的孩子，他们总是缺少父爱。我觉得，我们还是等你有多点儿时间回家了再要孩子吧。"

当我的队友们一个接一个地开始退役，而我却还在球场上拼搏时，我觉得家里的气氛在慢慢改变。有一天，我对保拉说："你是想在我退役以后再生孩子吗？和我说实话吧。"

她，以极其严肃的口吻回答："你总是不在家，周六和周日，集训和比赛。周中你每天也要训练，然后还有国家队，时不时要飞回阿根廷。要我一个人陪孩子，我怕我们受不了。"

我一个队友的经历，深深地影响了保拉。那一次我们从俄罗斯客场回到米兰，全队的亲友都来机场接机，我们这群阿根廷人，要马上坐飞机去布宜诺斯艾利斯普雷迪奥基地报到。保拉在机场看到，"乔洛"西蒙尼的小儿子一脸委屈地问："爸爸，爸爸，你又要走吗？你还不回家吗？"

保拉当时就对我说："那个孩子真可怜，我可不想让我们的孩子有这种经历。现在他还小，也许意识不到什么，等他长大了，一定会发现童年的缺失。”

就这样，我们一直没要孩子，一直感觉自己很年轻。终于，当我在国家队的出场渐渐少了，当我有更多时间陪伴家人时，我们的大女儿索尔降临了。我和保拉都希望，把孩子培养成像我们一样幸运又幸福的人。我和保拉都不是生在什么大富之家，可是我们的父母却让我们感觉自己是全世界最幸福的孩子，这也是我们培养孩子的目的。大女儿索尔（Sol）出生于2005年6月11日，在她之后，大儿子纳乔（Nacho）出生于2008年7月27日，最小的儿子托马斯（Tomas）出生于2012年5月9日。

回到布宜诺斯艾利斯养伤的日子，我反而有更多的时间陪伴孩子。每天从普雷迪奥训练基地回来，我都要在院子里看着他们玩耍。

索尔已经8岁了，到了最好动的年龄。她最喜欢的是迪士尼动画片维奥莱塔，把维奥莱塔的贴画贴在iPad、电视机和所有课本上。保拉已经积累了足够的育儿之道，她对索尔说：“妈妈像你这么大的时候，还在玩旧洋娃娃，妈妈那时候想要个照相机，可是总是得不到。你现在可幸福了，每天都能看维奥莱塔。”索尔也以小大人的口气和妈妈说话：“我最喜欢的是扮演维奥莱塔的玛蒂娜·斯提赛尔（Martina Stoessel），她和我们一样在欧洲和阿根廷之间飞来飞去。”维奥莱塔坚持唱歌的梦想，她的衣着品位和举止吸引了无数少男少女，索尔只是全世界无数粉丝中的一个。

我看着保拉和索尔这对母女，知道这个世界已经完全不一样了。索尔才8岁，但是她已经是个青少年（teenager），已经用撒娇的口吻对我说：“小爸爸（papino），你能给我买三个礼物吗？”三个，多狡猾……

保拉有时候会自嘲：“亲爱的，你在想什么？我14岁就和你谈恋爱了，你甚至不是我亲的第一个男孩。索尔现在已经8岁了，她很好地遗传了我，也就是说，再过5年，她就……”

索尔，我的索尔。她打篮球，还练习空手道，最喜欢模仿维奥莱塔。但是，13岁时她还会喜欢这些吗？她会亲哪个男孩？

保拉，我们别再谈这个话题了好吗……

纳乔已经会陪弟弟玩球了，爷爷鲁道夫在一旁当裁判。小托马斯看见球滚到面前，想伸脚去踢却不小心一屁股摔在地上，他没有哭，而是自己站起来，再踢一脚。我一直觉得，小托马斯是我的孩子中最有运动天赋的。索尔是个爱美的女孩，她想成为一名舞蹈演员，可是这次回家她却对我说："爸爸？给我穿上球鞋吧，教我踢球。"

我不会逼孩子们踢球，想不想当球员由他们自己决定。

也许，最不可能成为球员的是纳乔，现在他最大的爱好就是看书，他常常对我说："爸爸，我最喜欢的故事是匹诺曹、三只小猪，还有恐怖幻想故事。"最早这些故事是由姥姥讲给他听的，现在他喜欢一个人在小黑屋里看。

我的三个孩子是幸运的，他们的父母不用为生计发愁，培养孩子已经脱离了物质的高度转而追求精神。还有许多孩子却没有这么幸运，他们从一出生起就要面对黑暗的现实。让更多的阿根廷孩子生活得好一点儿，是我做公益的初衷。

我的岳父安德烈斯·德拉·富恩特，岳母莫妮卡·贾科莱托，帮我分担了所有基金会的日常事务。他们和我一起，向其他球员的慈善组织取过经：贝佩·贝尔戈米的Bindun基金会，莱昂纳多旨在改善巴西贫民窟孩子生存状况的Gol de Letra基金会。

安德烈斯在谈论每一个问题之前都要花很长时间研究，他这样描述阿根廷的现状："如果我直接跟你们说，阿根廷有700万贫困人口，你们也许没什么感觉。但是如果告诉你们，阿根廷有一半的孩子上不了学，你们会怎么想？许多孩子，每天和黑帮、毒品生活在一起，他们怎么学习？他们怎么可能会知道，一张文凭比保护费更珍贵？谁来帮助他们？谁来改变这种现状？”

莫妮卡也忧心忡忡地表示：“国家在教育政策方面出了问题，阿根廷家庭现在都缺乏对于教育的重视，这些漏洞今后将很难弥补。如果我们再不行动起来，今后将有更多的孩子走上街头，成为社会的累赘甚至毒瘤。”

作为球员，我和我的家人都是幸运的，过上了足够好的生活，但是我想把我的幸运传递给社会上那些不幸的人。我们应该怎么做？捐款是个好主意，我们也资助了一些孩子，但是我们想做得更多。

在我好朋友、前AC米兰球员古利①的一次生日聚会上，我和我的家人碰到了莱昂纳多。那时候他的慈善基金会在圣保罗和里约热内卢的项目已经小有名气。莱昂纳多向我们介绍了他的计划、设想和组织结构。

正是这次谈话，让我、安德烈斯和莫妮卡决定，回到我们出发的地方——雷梅迪奥斯·德·埃斯卡拉达：2002年，PUPI基金会在那里诞生，基金会名字既是我的昵称，又是Por Un Piberio Integrado（为了一个融入社会的童年）的缩写。

我从来不热衷于政治，即便我每天看新闻读报。但是我的父亲鲁道夫和岳父安德烈斯都是贝隆主义者。我经历过阿方辛总统时代，军事独裁后民主制度的复兴，“肮脏战争”以及“消失的人”。但是，阿根廷的经济发展却没有跟上政治发展。最直观的感受是，虽然有了选举，但是我早上去买牛奶还是一比索，下午去就变成了两比索。随着经济的衰退，阿根廷的教育也在衰退，随着教育的衰退，整个社会都在衰退。我

① 古利（Guly），前阿根廷中场，2001—2004赛季效力国际米兰，古利是他的绰号，原名为安德烈斯·古列尔明佩德罗（Andrés Guglielminpietro）。

并不是说这是阿方辛总统的错误，但是我们的政策不是无懈可击的。接着上台的是卡洛斯·梅内姆总统，有那么一段时间，一切似乎都在好转。可是事实证明，那一切不过是政客给我们许下的海市蜃楼。2001年的经济危机爆发后，人民的生活变得更拮据了。

复兴经济的前提是投资、就业，是对复杂现实的研究。这一点，要以充足的人才保障为基础。正因为这样，我们决定从事学校和教育类的公益事业，希望撒下星星之火。

今天，装在我左脚上的固定器终于拆下来了，我叫来所有的家人，一起开车去雷梅迪奥斯·德·埃斯卡拉达区的拉特拉查。我们熟悉这里的一草一木：五一广场、二月三广场、塔勒莱斯城堡……保拉在这里度过了学生时代；在红白相间的塔勒莱斯球场，我踢了人生中第一场职业比赛。如今，这里是布宜诺斯艾利斯最破败的区域，5万居民共同在和贫困做斗争。如果要为阿根廷现状找一个模板的话，没有比这里更合适的了。我这次和家人来，是想看看PUPI基金会建立的第一个活动中心现在运行状况如何。我想和贫困家庭的母亲们聊天，我想陪着孩子上课、吃饭，放学后和他们一起踢球。

我们还没停稳车，孩子们就围过来了。安德烈斯和莫妮卡已经在工作了，现在他俩已经不是凭着善良的本性在工作了，而是把这里看成一个实验室，一个帮助孩子们成长、融入社会的实验室。

在爷爷鲁道夫的陪伴下，索尔、纳乔、托马斯也来了，他们安安静静地坐在食堂的餐桌旁。志愿者开始分发午餐，主菜是奶油鸡肉。每张餐桌的高度都不一样，根据不同年龄段孩子的身高而设计。午饭时间，餐厅很安静，秩序井然。我看着孩子们津津有味地吃着盘子里的食物，想到也许他们家一年到头也给不了他们这么好的食物。

孩子毕竟是孩子，只要有一个大笑起来，其他孩子也开始拿着食物玩起来。在这些孩子的脸上，我看到了自己的过去。有一个孩子，接受我们的帮助已经很多年了，他走过来和我打招呼，并向我们介绍他学习和生活的情况。

每一个孩子的故事，都为激励PUPI基金会提供了改进和发展的动力。那个和保拉一起玩的女孩，被送到我们这里时甚至无法自己站立。的确，现在她走起路来还是颤颤巍巍，让人不放心，但是她走路这件事本身已足够让我们欣慰，是安德烈斯和莫妮卡辛苦付出的成果。不过，这里既有幸福的故事，也有不幸的故事，在这里工作可不像在爱丽丝漫游仙境里一样，而是像踢一场球赛，既有可能赢也有可能输。不过，输的代价不是丢分，而是失去一条宝贵的生命。

不久之前，有一个曾经接受我们帮助的孩子，在附近的一条街上被谋杀了。安德烈斯记得那个孩子十分早慧，而且充满着活力。拉特拉查犯罪分子的凶残，超过了纳乔任何一部恐怖小说中的主角。那个被杀孩子的姐姐，就在附近上班，当得知我们来到基金会后，她特意过来和我们聊天。她告诉保拉，没事的时候她就过来帮忙擦擦桌子椅子，整理玩具，等2013年年底我们的图书馆揭幕时她会第一个过来捧场。她之所以这么做，是因为，我们的这个活动中心，给她弟弟短暂的生命带去了仅有的些许快乐。

马丁，一个天生的聋哑孩子，是我们PUPI基金会的标志之一。自从3岁被检查出天生聋哑，他就一直活在悲惨的世界里。他的父母根本没办法送他去特殊学校，所以他不但听不见、说不了，还丧失了读书和写字的可能性，等待他的是漫长而又黑暗的人生。当他被送到我们的活动中心后，受到了最全面的帮助：我们给他买了最先进的助听器，请了布宜诺斯艾利斯最好的语言治疗师。当听到他开口说话时，我真的觉得自己替天使完成了一件善举。

乔纳森5岁的时候被送到这里，现在他已经16岁了，期间从未离开，是活动中心的元老。他已经从一位接受帮助的孩子，成了提供帮助的志愿者。如果我们能够培养出许多个乔纳森，我们就赢了。阿根廷人有一种无与伦比的天赋，体现在足球、音乐、科学等方面，现在，我们也要把这种天赋用在做善事上。

PUPI基金会是一个完整的慈善组织，而不单单是一个募捐箱，我们需要建立一套行之有效的慈善模式。每一名成员，都能够提供自己的经验。

莫妮卡以前是心理学老师，所以她能够以科学的视角观察每一名孩子成长中遇到的问题，对症下药。遇到她自己无法解决的问题，她还能够利用广博的知识储备，为孩子找到可以咨询的专家。

保拉是个浪漫主义者，为基金会带来了激情。“我的妈妈是从教育心理学专业毕业的。我小时候，她在阿根廷最艰苦的学校教书，每天晚上回来，她都痛苦地向家人讲述在学校听到的故事。阿根廷已经有许多供穷人填饱肚子的爱心食堂，但是却没有帮助孩子成长、成熟的机构。我的父母从小就教育我们兄弟姐妹，要去帮助那些比你们不幸的孩子。现在，每当我们救助了一个孩子（哪怕是一本书，一小笔学费），为一个困惑的母亲答疑解惑，我也欣慰无比。我觉得，任何一个成功帮助孩子的个例，都为PUPI基金会提供了存在的意义。”

与莫妮卡的科学和保拉的激情相比，安德烈斯为基金会提供的，是一种更基础、更为宏观的帮助。让我们听听他自己是怎么说的吧：“保拉说的有道理，每一个微小的进步都是值得高兴的。但是我从没想过，依靠我们自己的力量（虽然也有好多朋友帮助我们）就能够战胜贫困。一句话概括我的模式（这个模式可以说是从我当兵时就开始构思，到后来成为塔勒莱斯青训经理和在学校任教时一直在完善的），就是‘我们携起手来帮助别人’。通过PUPI基金会，我们要建立一个可以借鉴甚至可以直接复制的模式。我希望拉特拉查的活动中心，真的成为一个思想、技术、实践的实验室，这里的一切，在不久的将来，都会成为一个样板，一个被拷贝到阿根廷每个城市的样板。我们现在帮助了39个孩子，在布宜诺斯艾利斯70万极端贫困的孩子中，这是杯水车薪。可是如果我们的模式能够被阿根廷政府以及所有慈善人士接受的话，情况一定会一天一天好起来。”

我对这个基金会有什么看法呢？有没有一种我认同的模式？说到底，这个基金会还是用我的昵称来命名的。我觉得他们三个人各有各的道理。莫妮卡偏重于现实的问题，用技术手段先解决我们能够解决的问题；保拉鼓舞了每一名员工的士气；安德烈斯提醒我们，永远不要忘记，在拉特拉查以外，还有无数等待帮助的孩子。

从莱昂纳多的Gol de Letra基金会，我们受到了启发，那就是为孩子们准备一个可以在放学后活动的场所。每天早上，我们从家里把孩子接出来，送到学校；中午12点放学时，我们再从学校把孩子接出来，带到我们的活动中心。我们给每个孩子提供一份午餐，整个下午孩子们都待在活动中心，有人给他们上电脑课，辅导他们写作业，学习完了还可以在院子里玩足球或者橄榄球。晚上，他们回家吃晚饭，然后上床睡觉。有了我们的帮助，孩子的一整天都过得充实，不会在街上游荡。

保拉对我说：“我们的工作，是避免孩子被社会遗忘，帮助他们融入社会。为此，我们要与家长建立良性互动，要告诉他们做父母的责任，要教会他们如何检查孩子的作业，如何为孩子准备一顿营养丰富的晚餐。也许，在我们的帮助下，不仅孩子能够有更好的未来，他们的父母也能够摆脱社会底层的宿命。”

前路并不是一片坦途，安德烈斯颇有远见地说：“我们决定制作一份包括孩子和父母的新计划：信息课程，一个新图书馆，就业指导课。我们专门买了一辆新巴士，用来接孩子们的父母。不过，在100个孩子中，通常只有3个孩子的父母愿意参加我们的活动，其他人都对孩子不闻不问，还有的被关在监狱里。如果你在孩子们中间问：‘你们最喜欢的职业是什么？’大部分孩子都会回答：‘球员和小偷。’”

创造一种模式，尽我们最大的能力把这种模式树立成一个榜样。阿根廷的情况还在恶化：现在我们有700万贫困人口，尽管大家都说这个数字会下降，但到目前为止还没有可以乐观的证据。要走出目前的困境，尚需很长时间，因为最好的改革时机已经错过。这个时间也许是5年，也许是10年，也许更久。

每天早上，看着我的孩子去学校、托儿所或幼儿园时，我总不禁想起那些上不了学的孩子，他们要么整天坐在电视机前，要么已经过着成年人般日夜颠倒的生活，他们的父母可不会说：“孩子，快出门，你没看见马上就要上课了吗？带上一个橙子，路上小心点儿。”

有一天，一位年轻的老师来到PUPI活动中心参加志愿服务，“孩子们，今天早上我们来做一个练习，你们各自画出自己长大了想干什么。”有人画出一个看显微镜的医生，有人画着穿队服的足球运动员，有人画着讲台上上课的老师。有一个小不点儿，也是平时看起来最聪明的孩子之一，却画了一个拿着手枪的男人。

“这是什么意思？“老师吃惊地问。

“我想成为佐罗，一个强盗，和我的爸爸一样。”这个小不点儿笑着回答。

这样负面的例子，几乎每一个志愿者都遇到过。据说，附近有一些帮派吸纳了刚刚10岁的孩子。在世界任何一个角落里，这些孩子都应该天真无邪地玩耍，可是在布宜诺斯艾利斯，他们却已经成了从犯。

每天我们的活动结束之后，都会有一些母亲来接孩子，她们都喜欢和工作人员们聊天。我们的新计划“妈妈·爱心”（MamÁ Amor）可以为这些母亲提供谋生技能学习，同时还可以帮助她们更好地了解自己的孩子。在拉特拉查，许多还没有过完青春期的小姑娘就已经成了妈妈，她们甚至不知道应该如何操持家务、照顾孩子（她们自己都还处在被照顾的年龄）。我们尽量帮助她们建立成熟的家庭观，还尝试教她们简单的电脑技术，这样她们也许能够找到一份养家糊口的工作。这些对我们来说都是微不足道的付出，对她们来说却可能是改变命运的帮助。

当我和PUPI基金会的志愿者们聊天时，索尔、纳乔、托马斯正津津有味地听姥爷安德烈斯给他们讲幻想故事。和他们一起坐在那间教室的，还有拉特拉查的小伙伴们。安德烈斯时而放低声调，展现故事的悬疑；时而提高声调，展现故事的高潮。一屋子的孩子，思绪都跟着安德烈斯的声音，飘去了很远很远的地方。

我想，这就是PUPI基金会希望达到的目标：对孩子们来说，恐怖永远是学校故事书里才有的内容，而不是他走出家门转过街角就可能亲身经历的。

第二十四章

世界兄弟的更衣室

从拉特拉查回市区的路上，交通十分拥堵，运货的卡车排起了长队，一些孩子甚至走到高速公路上来卖东西给司机，远处的摩天大楼若隐若现，近处贫民窟的房子却都是灰色的屋顶。过去和未来、财富和贫穷，对比鲜明，从我们的车窗望出去一目了然。

我想静一静，给自己一点儿思考的时间。于是我把车开到拉金塔（La Quinta）的老铁路区，这里最早是给铁路工人们盖的宿舍，后来因为迭戈·阿曼达·马拉多纳在此居住而名声大噪。马拉多纳搬出这里的原因，据说是和妻子的一次吵架，这些八卦是阿根廷人在酒吧里最热衷的话题。

在老铁路区，有一块足球场，尽管不是正规球场的尺寸，但是草皮条件很好（考虑到阿根廷目前是冬季，有草的球场都很难找到），球门虽然达不到意甲标准，但是已经足够踢业余比赛了。我笑了，因为这片球场让我想到了足球世界一个不为人知的秘密——许多球员，在退役之后仍然坚持踢球。

球员在踢完退役赛之后，会从更衣室打包带走一大包球衣以及其他纪念品，并把球鞋送给相熟的工作人员。在那之后，他们会等着俱乐部或者电视台提供新的工作机会，或者干脆闲下来享受生活。詹尼·里维拉——前意大利队核心球员，1970年世界杯亚军得主，在一次采访中说："退役后，我可能再也没有碰过足球。我成了政治家，我被选进了议会。我的生活改变了，我也厌倦了足球。"我和你们说过了，罗伯托·曼奇尼是个相反的例子。每次我们表现不好时，他都想换上球衣自己上场去踢。有时候皮球出界滚到他身边时，他会玩杂耍般地踢几下，好像在说："你们看看我的技术多好。"

在世界的某一个角落里，退役球员们聚在一起，享受足球的快乐。没有出场费，没有闪光灯，没有赞助商，没有积分、赛后评分、球迷标语，甚至没有专业裁判。只要有一个球，这群朋友就可以开心地过人、射门、铲球。

我知道，詹卢卡·帕柳卡，国际米兰名宿，那个在美国世界杯决赛中差点儿扑出罗马里奥点球的传奇门将，每周都在坚持踢球。毛里西奥·冈茨，在米兰双雄都效力过的球员（他儿子现在也在AC米兰踢球），还在踢球。贝佩·贝尔戈米，我的前任队长，也是1982年意大利赢得世界杯的秘密武器（正是他在决赛中防死了鲁梅尼格），如今只要他周末不用去天空体育台解说比赛（亲爱的队长，请你以后解说国际米兰的时候多一点儿激情。我知道，解说员应该尽量保持中立，但是对一支你效力了一辈子的球队，球迷们一定不会计较的），一定会去踢一场比赛。我的大哥塞尔吉奥·萨内蒂，也会偷偷地跑去和老队员们踢球。伟大的保罗·马尔蒂尼，现在还是米兰城年龄最大的世界级后卫。

伊万·科尔多瓦，我多年的队友和室友，退役之后他成了我们的球队经理，每场比赛他都负责在场边举起换人牌。即使穿着西装，他还是会像当球员时一样，在更衣室里把自己的经验告诉年轻球员。有一天，我们完成了瓦尔特·马扎里在阿皮亚诺·詹蒂莱训练基地的训练，科尔多瓦却没有像往常一样马上离开，而是换上了训练服，腋下还夹了一个装球鞋的袋子。

我好奇地问："伊万，你要去哪里？"

"我？你为什么要问？"我的老伙计说。

“我好奇你为什么拿着球鞋？”

“我去踢一会儿球。”

“踢球？你不是无数次和我复述过你的最后一场比赛了吗？你说：‘嗯，我当时看着球出界，心想这一定是我的最后一个定位球。你看着对手前锋冲过来，心想你要做出最后一个犯规……’我会把你这些话都写进了书里的，伊万！”

“很好，谢谢。请在书里加上，我现在还和一群老朋友踢球。真是太好玩了，我每次都笑到不行。”

保拉曾经问我：“亲爱的，退役后你还会踢球吗？”此刻，我看着老铁路区的这片球场，幻想未来的某一场比赛：我过掉了伊万，在场边的贝佩·贝尔戈米学着维克多·乌戈·莫拉莱斯（Victor Hugo Morales）的声音解说：“好的，萨内蒂过掉了科尔多瓦，他又摆脱了回防的冈茨，一个假动作骗过他的哥哥塞尔吉奥·萨内蒂，左脚射门，皮球穿过了帕柳卡的十指关……”我完成了一个儿时梦想中的进球。

并不是所有的退役球员都愿意参加这种纯粹自娱自乐的比赛，在他们看来，球员时代累积起来的身价可能会因此而下跌。对我来说不是这样，我还愿意参加小时候那样奖品是红酒和香肠的比赛。阿里戈·萨基曾经说过：“世界杯决赛中的一次横梁和训练比赛中的一次横梁，带给我的紧张和激动是一样的。”

科尔多瓦告诉我一个秘密：“我们这群老伙计不只是自己玩，而是经常和一些青年队的孩子、业余爱好者混搭起来，最重要的是，我们不踢自己习惯的位置。”

“什么意思？”

“比如，帕柳卡不是做门将，而是踢他在博洛尼亚踢过的前锋，他甚至也像那时候一样骑摩托来比赛。”

“所以说，如果我去的话，可以踢前锋，或者是边锋？我不用被限制在中后场？”我认真地问伊万。

“为什么不呢？就像萨穆埃尔对锡耶纳那样踢中锋。”科尔多瓦说完，我们相视而笑。

于是，我打电话给保拉，告诉她我迟到的答案：“我退役后一定还会踢球的，我现在想好了。”

“噢，是吗？”保拉一点儿也不吃惊，“踢什么位置呢？你会上演门将处子秀？”

我没有明确回答：“让我们走着瞧吧，亲爱的……我一定会全场飞奔的。”

我坐在拉金塔这片草皮上，看着湛蓝的天空。我想起了我的工作、我的生活，想起了每场比赛之前更衣室里的安静：毛巾、按摩油、摆得整整齐齐的球鞋、沐浴液……我爱更衣室里的一切，走廊里传来的脚步声，开衣柜的吱吱声，淋浴的水声。在客场的更衣室里，队友们还要讨论应该用什么样的鞋钉：在梅阿查，我都用11-13毫米的铁钉，前掌11毫米，后掌13毫米。现在许多球场是人造草皮，这时候我们就需要用胶钉，其他鞋钉都不行，因为缺少抓地力，可能把腰都给闪了。作为队长，队友们一般都和我的选择保持一致。

我喜欢整理自己的衣柜：球衣、保暖内衣（冬天）、外套、球裤、长裤、护腿板、球袜、备用球鞋（我得时不时地把它们擦亮，否则父亲鲁道夫在电视里看到的话会打电话来批评我），然后还有香皂、洗发水、浴巾和其他生活用品。我要把它们一件件地规整好。

我喜欢和邻座的队友聊天，听他们诉说球场上和球场下的幸福与烦恼。如果是比赛日，我们还会一起做一下拉伸。

每一个体育记者，都喜欢用下面的句式来描述球员：A球员不在状态

（fuori forma）；B球员状态正佳（in forma smagliante）；C球员必须找回最佳状态（la migliore forma）。但是这些记者真的知道什么是“状态”吗？什么能够证明一名球员无论身体还是精神都处于一种最理想的状态呢？踢球这么多年，我已经能够通过球场上的蛛丝马迹，判断一名球员的身体状况是不是很好。但是，每一名球员还存在着一种精神状态：他家里是不是有麻烦，他的情绪是不是很低落。

状态，指的是身体和精神两方面，简单来说，“有状态”就是说你能够不费力气地做出所有你掌握的技术动作。当你传丢一个很简单的传球，当你在做一个做过无数次的假动作时失误，很可能是你在精神或者身体的控制系统出了问题，也就是说你“不在状态”。你对自己的状态没信心，想找一个值得信赖的好朋友好好聊聊，听听他有什么建议。可是这时候，一台摄像机和一个麦克风出现在你面前，一个机器般的声音问你：“今天你状态怎么样……”

我极力反对把摄像机放进更衣室的电视直播新规定。球迷们以为自己看见了球员们比赛前的秘密，实际上，当摄像师进入更衣室时，球员们就停止了私下的谈话，转而挂出一副不自然的笑容，就像你们在电视上看到的那样。

只有当摄像机出去，球员们才又恢复正常。2012年欧洲杯时，天性幽默的卡萨诺发表了一通关于同性恋的言论，引起了巨大争议。可是，只要在更衣室里待过的人都知道，球员中间有同性恋。这再正常不过了，任何一个工厂、办公室和学校，都可能有同性恋。我可以告诉大家，球员之间很少存在歧视，但是我并不是说完全不存在。足球世界是现实世界的一面镜子，现实世界的爱恋、仇恨、希望、激情，在足球世界都能够找到镜像，只是足球世界把这一切都用一种浓缩的手段表现出来了。

当意甲的看台上再次发出了Buuu的声音（模仿猴子叫），我看到一篇题为《足球与种族主义》的文章，那个记者字里行间，把那些种族歧视的白痴等同于球员、教练、按摩师以及其他足球人士，却不承认他们可能是工人、失业者、学生等你每天都会在街上碰到的人。记者天真地以为，种族歧视只在球场内发生，却不知道这个毒瘤正在全世界蔓延。

和普通职业不同，球员需要和别人分享浴室、衣柜、祈祷室、球场、大巴、业余时间……在这个过程中，我们有机会深入了解一些陌生的文化。

在与哈坎·苏克、埃姆雷、卡隆的接触中，我真正了解了穆斯林，这种在全世界有数十亿信徒的宗教。我每天看着他们祈祷，每年一次地见证他们严守斋月的教规。苏里·蒙塔里对我说："在斋月期间，即使要比赛，我也不会违反教规。队长，如果我表现得很差，请直接对我说。"那场比赛苏里踢得好极了，像一头场上雄狮。

"你究竟怎么做到的？"我问他。

他说："Pupi，这是信仰的力量。我头脑中的信仰，是支撑我前进的动力。队长，现在请看着我的眼睛回答：'我在场上究竟踢得怎么样？'"

"你真的踢得棒极了，如果你状态不好，我会告诉教练让他换你的。"

"谢谢队长。"蒙塔里露出了一个幸福的微笑。作为职业球员，他要付出比常人更大的牺牲，才能够平衡职业和信仰。

当国际米兰北看台的球迷，对着墨西拿的黑人球员马尔科·安德烈·佐罗（Marco André Zoro）发出种族主义嘘声时，我也在球场上。佐罗当时伤心得想退赛［AC米兰的凯文-普利斯·博阿滕（Kevin-Prince Boateng）曾经退赛过］，但是我们和他的队友一起留住了他。

有人问我："当球场上出现种族歧视现象，球场上的22名球员，应该手挽着手，一起走回更衣室。你认为这是个好主意吗？"

关于这个问题，我和许多队友讨论过：意大利人、欧洲人、非洲人、基督徒、穆斯林、无神论者。最后我们得到一个统一的结论：退赛看似合理，却可能事与愿违。在球场内有种族歧视行为的，不过是一群化装成球迷的流氓。他们歧视某一名黑人球员，不过是想扰乱球赛的秩序，吸引外界的注意。如果我们退赛，则正中了他们的下怀，因为他们从此可以在臭味相投的人中间标榜自己的“光荣事迹”。

我以队长身份参加了国际米兰的百年大庆，在那之前，法切蒂和普里斯科律师等人也无数次地给我讲述过国际米兰成立的历史：“43名俱乐部的发起者们，在米兰的钟表餐厅集会。他们都是从AC米兰退出的会员。原因？红黑军团当时严格限制非意大利人加入球队的名额，而国际米兰创始人们则坚持，任何国籍的人都有一起踢球的权力。”正因为如此，他们选择“国际”作为新俱乐部的名字，而队徽的设计者吉奥吉奥·穆贾尼（Giorgio Muggiani）也为俱乐部写下了这样的座右铭：“这个无与伦比的夜晚，赋予了我们俱乐部队徽的颜色：夜幕的黑色和天空的蓝色，底色是星星的金色。我们叫她国际米兰，因为我们是世界的兄弟。”

这便是“夜幕的黑色和天空的蓝色”（neri come la notte，azzurri come il cielo）这句话的出处。这两种颜色融入了俱乐部的DNA，分别代表痛苦和幸福。今天，许多人诟病我们球队里意大利球员的数量。这样的批评让我发笑：我有意大利护照，享受所有意大利人的权力（包括选举权），但是他们却没有把我算成阵容中的意大利人。

转眼间，天空已经由万里无云变成乌云密布。我坐在拉金塔的草坪上，看着小雨点儿打下来。我的孩子们已经回车上去了，女儿索尔留下了一辆童车，儿子纳乔留下了一个皮球。我用右脚把球颠起来，一下、两下、三下，我看看周围没有人，把球射进了空门。

无论是踢意甲还是在这样不为人知的球场里踢野球，我都会把更衣室的友谊牢牢记在心里，我会记住每一个“世界兄弟”的笑容。

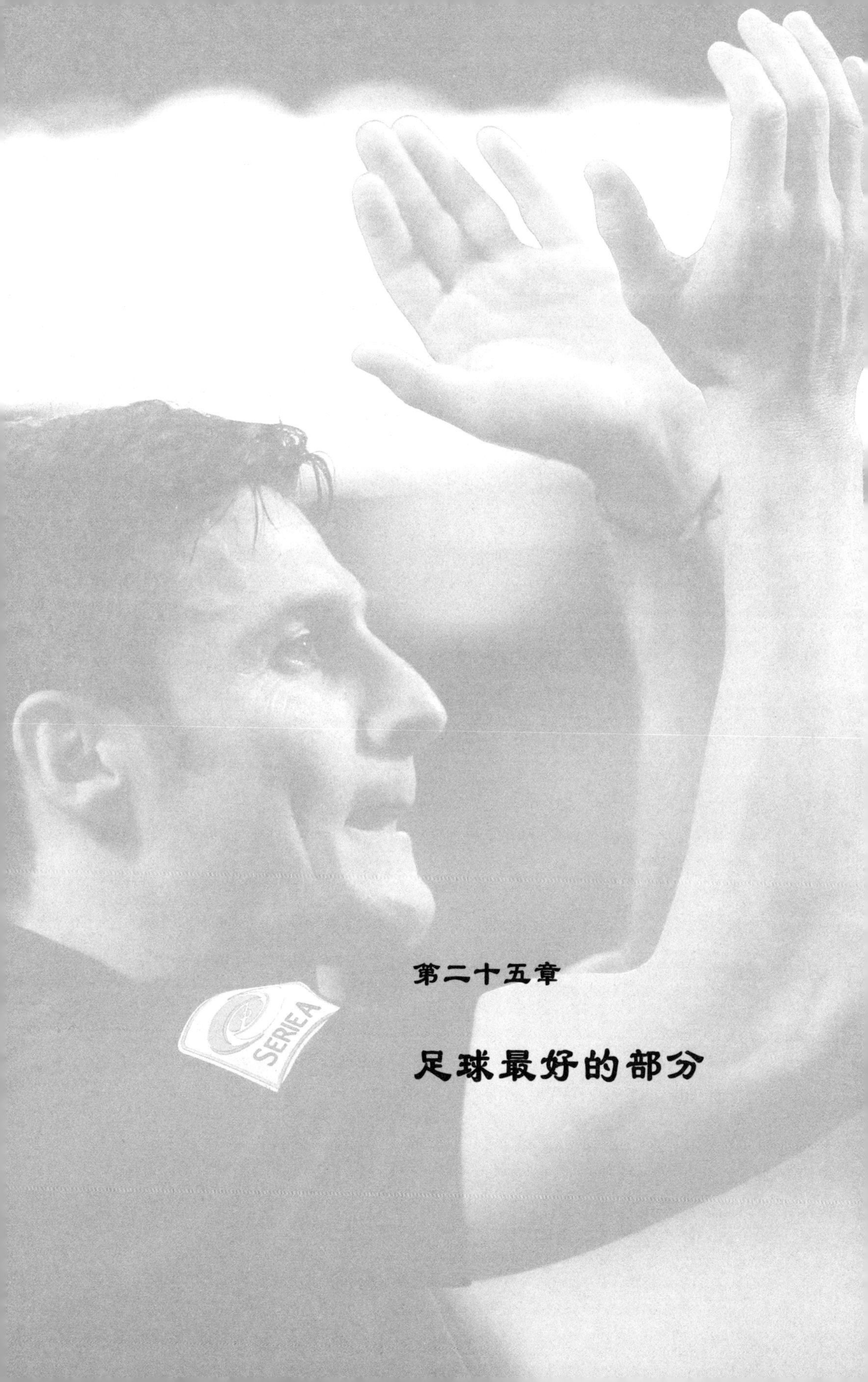

第二十五章

足球最好的部分

我的妈妈维奥莱塔是教徒，我的父亲鲁道夫不是。我继承了妈妈的宗教信仰，从小就信教。我的手腕上总佩戴着一个皮奥（Pio）神父的手镯，我坚持用它来祈祷。

在赢得了一场意大利杯决赛之后，我在大巴上接到一条来自妈妈的短信："我为你骄傲，哈维尔。拥抱你。我明天给你打电话。妈妈。"这是我的妈妈维奥莱塔发出的最后一条短信。对我和哥哥塞尔吉奥来说，维奥莱塔不只是我们的妈妈，还是天使、护士、老师、裁缝、厨师、糕点师……她的笑脸，是我成长的动力，她每天到迪士尼球场看我踢球，为我欢呼。第二天一早，家人告诉我，妈妈去世了。

在这本书的开头，也就是描述我在普雷迪奥基地恢复训练的章节，我说过球员是足球世界最好的部分。许多人知道，有些足球运动员晚上喜欢去夜店消遣，身边还带着美艳的女伴。有人问我："队长，你是富人、名人，长得也很帅，为什么不玩玩呢？你有没有某天晚上，当狗仔队们都收工睡觉了，去过某个夜店，有过一段艳遇？"

还有人在看过《疯狂的国际米兰》MTV后，为我的歌喉感到吃惊。其实，我还在艾洛斯·拉马佐蒂（Eros Ramazzotti，意大利国宝级歌手）印度尼西亚的演唱会上当过嘉宾。那一次意大利中场安杰洛·帕隆博（Angelo Palombo）也站在我身边，我们要在没有伴奏的情况下清唱一首歌，在数千人面前我感觉自己压根儿没找着调。我最好的演唱经历，是和伟大的歌手（也是国际米兰球迷）米娜（Mina，意大利著名艺人，从20世纪50年代起就活跃在意大利演艺和歌唱界）一起。米娜的儿子帕尼（他是国际米兰球迷）对我说，他母亲想和我一起唱歌。要知道对我来说，这相当于和马拉多纳、贝利一起踢球。我和米娜翻唱了她那首脍炙人口的《千言万语》（*parole parole*）。真是一次难忘的经历！

说实话，我确实去过几次夜店，米兰城最著名的“好莱坞夜总会”和“托克维尔夜总会”都去过，每一次都是和保拉一起。其中一次是受前队友法比奥·加兰特（Fabio Galante）邀请，参加他妻子劳拉·弗雷迪（Laura Freddi）的生日宴。我实在不喜欢夜店的气氛，嘈杂得我根本没办法和别人说话。至于猎艳的事情，你们还是听听保拉是怎么说的吧：“一个像哈维尔这样的球员，一座像米兰这样的城市，他可以泡到任何他想要的女孩，我很清楚这一点。我早已不是布宜诺斯艾利斯那个14岁的小姑娘，老实说，那时候我也不像爱丽斯漫游仙境里的公主那样美丽。我很幸运，能够找到哈维尔这样一个爱人，和他一起走过这么多年。现在我们已经有三个孩子了，我想，比起猎艳，他已经有足够多的事情要忙的了。”

保拉说的有道理，我们已经选择了彼此，就不会再背叛。有些人说，去夜店喝一杯可以很好地放松，穿梭在美女们中间能够让自己永远保持年轻。他们没有想过，如果夜夜笙歌、永远生活在镁光灯下，是没办法保持内心平静的，而内心的平静对于任何一名球员的身体和精神从疲倦的状态中恢复都是至关重要的。

当我从球场上挂靴后，我想在场下开始一场新的“比赛”：我想成为一名经理，在国际米兰，在我的家中。在普雷迪奥做术后恢复时，我看着那些刻苦训练的失业球员们，忽然意识到自己是多么的幸运。PUPI基金会只是我迈出的第一步，是我帮助穷苦孩子的计划。在未来，我还想帮助我的同行，那些生活陷入困顿的球员。

体育世界正在发生变化，有些我不喜欢的新东西正在引进，比如说更衣室里的摄像机，中场休息时的采访，这两种活动都会严重分散球员的注意力，干扰球员们的休息。还有人推荐门线技术，在球里安装定位器，给裁判配备回放设备。我是这些提议的反对者，我相信裁判，我相信裁判的职业道德，即使他们偶尔犯错。我受过误判的苦，但是我还是不想把裁判换成一个机器人。足球本来就是一项人的运动，我们球员不是机器人，所以也不要让一个机器人来裁定我们的比赛。

当我退役后，我想找出电话本里一些老伙计的号码，挨个儿打过去。我要对他们说："伙计们，我们球员在足球组织中没有话语权，无论是约瑟夫·布拉特①的国际足联还是米歇尔·普拉蒂尼②的欧足联。他们一再改规则，改赛程，却没人来征询我们的意见。事实上，如果没有我们上场，足球的魅力就不存在了。"

当国际足联订立了禁止守门员用手接回传球的规则后，前锋们发现紧逼后卫这种战术更加有效了。在20世纪70年代，后卫们在遇到被逼抢的情况下，都会选择把球传回给门将，而门将用手接球，再从容地发起进攻。尤其是对那些想守住宝贵的0：0或者1：0比分的球队来说，这一招更是百试不爽的"浪费时间"妙招。

新规定的推出是一种革命，毫无疑问它加快了比赛节奏，让足球更富有观赏性了。但是令我反感的是，在整个过程中，没有人征询过哪怕是一名球员的意见，要知道，这可能完全改变足球这项我们赖以谋生的

---

① 约瑟夫·布拉特（Joseph Blatter），1936年3月10日生于瑞士的苏黎世，1998年6月8日，在法国举行的国际足联第五十一届大会上被选举为主席。

② 米歇尔·普拉蒂尼（Michel Platini），出生于1955年6月21日，前法国著名球员，被誉为20世纪80年代最出色的中场球员。2007年，普拉蒂尼成功当选了欧足联主席，2011年3月22日、2015年3月24日，普拉蒂尼两度连任，目前任期到2019年。

运动。

在电话里，我还会和老朋友聊一些老生常谈的问题："今天的球员们，比赛太密集了，联赛、杯赛、友谊赛、国家队比赛，一名球员一年最多可能踢70场比赛，简直像一头牲口。看看我的朋友莱昂内尔·梅西吧，球迷们不想让他错过任何一场比赛。他太累了，他的身体被过度消耗。"

我不喜欢完全商业化的足球。我并不是一棒子拍死商业，我自己也是个商人，知道生意能够创造财富和就业。但是商人不能唯利是图，我想让足球回归足球，在职业足球里，球员和球迷是第一位的，接下来才是商业。如果一名年轻球员只抱着赚钱的目的踢球，那我们就没有明天了。

足球必须回归人性化。每次有国家队比赛，我都要飞越大西洋。一个月里，我20天在意大利，10天在阿根廷。在布宜诺斯艾利斯踢一场比赛，坐国际航班回去，训练两天，周日还要在梅阿查踢一场比赛。每一名球员都成了足球机器，足球机构只想着组织比赛、比赛、比赛，同时电视台和赞助商也要求球员参加更多的活动。每支球队的伤病名单都在加长，巨大的压力给球员和他们的家人造成了困扰，球员的平均职业生涯被缩短了，但是演出却不能停止。

我们在夏天必须在40℃的天气下比赛，冬天必须在-10℃比赛，因为各地球迷的需要。还有时差、超长的飞行、混乱的饮食，你们还记得那部讲述舞蹈比赛的电影《射马记》[①]吗？夏天的第一场比赛是超级

---

① 《射马记》（*They shoot Horses, Don't They*），由美国帕洛玛影片公司出品，导演悉尼·波拉克，简·方达主演。影片描述的是20世纪30年代初，美国经济大萧条时期，洛基为好莱坞举办百对舞蹈选手马拉松大赛。在参赛选手中，每个人的目的不同，有的为了赚钱，有的为了能上电影，有的则感到无聊才来参赛。几个星期过去了，几对主要竞争者都遇到了不同的意外问题……影片以写实的手法，通过反映各色人物的心理，表现出美国社会存在的矛盾。

杯，三天之后就是联赛，还有友谊赛、欧冠资格赛、意大利杯资格赛。球员们刚刚度假归来，还不适应高强度比赛，于是有许多人受伤了。记者们这次写得非常有道理："疲倦的球队，索然无味的比赛。"

减负其实不是一件难事，砍掉一些鸡肋的友谊赛、意大利杯资格赛，取消冬季的晚场比赛（那时候场地结冰，现场上座率和电视收视率都很低）。如果这些政策马上实行的话，那么每一名球员每年的比赛量就能够骤减至40~45场这个合理的区间。

尽管我创造了一系列的纪录，但是在高密度的赛程面前，也还是会力不从心。在我们夺得"三冠王"那个赛季，几乎整个赛季都维持着一周双赛的频率，你只能够向上帝祈祷自己不受伤。从1967到2013年，只有少数几支球队在高密度的马拉松赛程中取得了优异成绩：凯尔特人、阿贾克斯、利物浦、埃因霍温、曼联、巴塞罗那、国际米兰和拜仁慕尼黑。

精神疲倦和身体疲倦一样可怕，却经常被人所忽略。球员肌肉的疲倦可能可以登上报纸头版，可是一名球员酗酒、滥用药品、离婚、抑郁症，却只有在造成严重的后果后才能够成为新闻。我就见过身体没问题，却被精神疾病拖垮的队友。

磨难可以让人成熟，但是足球不应该是斗兽场，不应该只有最强者才能够生存。我们球员得团结起来，互助互利，把我们的整个足球运行机制变得更健康、更纯净。有太多的利益集团渗透进了我们的运动，损害了球员的权利。在这种情况下，还有人在说："你们球员赚得太多了。"那些人没有想到，球员是足球世界的内核，有多少人附着在球员创造的价值之上——电视转播、记者、赞助商、广告商、赛事组织者、球队雇员。当然，我很高兴，能够得到这么多优秀人才的帮助和配合，但是归根结底，球员才是主角，没有我们，任何体育赛事都无从运转。

我记得，当意甲球员因为劳资关系罢赛时，有人说："这些百万富翁怎么这么任性，难道他们不知道世界上还有许多每天5点起床工作的人吗？"我笑了，想起了父亲鲁道夫，他每天5点起床准备早餐和工地的材料，准备好之后再叫醒我。那时候我还是个孩子，爸爸来到床边对我说："小哈维尔，到时间了，我们得去挣下一餐的面包。"我现在算是个上层人士，但是对我来说钱不是最重要的，家庭才是，最惬意的事情莫过于和家人一起喝马黛茶，闻烤肉的香味。金钱很有用，能够让你避免为生计奔波之苦，许多人都要为生计而忙碌，比如说我的父亲。我小时候立志要当著名球星，出发点就是想让家人过上更好的生活。由于我的努力，我的孩子从一出生开始就可以过比较好的生活。我知道，球员赚钱都很快，花起来也很快。我不喜欢这样，我们是职业球员，不是职业赌徒。

我要在电话里向我的老伙计们提议，成立一个旨在代表场上球员利益的"球员委员会"（commissione di giocatori），这个组织绝对独立于国际足联、欧足联及其他一切组织。"球员委员会"有权参与足球比赛赛程安排、新规则的制订、裁判机制改革、球场智能技术实施等等。"球员委员会"成员由选举产生，综合考虑经验、年龄、文化，但是最重要的是要代表球员的利益。

合适的人选并不难找，保罗·马尔蒂尼深谙足球文化，他的父亲切萨雷·马尔蒂尼（Cesare Maldini）也是足球名宿，因此他从出生开始就在谈论足球，可以说他了解近三代球员的心声；罗伯特·巴乔具有想象力、智慧、仁慈；加夫列尔·巴蒂斯图塔同时了解南美足球和欧洲足球，还参加过许多届世界大赛；路易斯·菲戈被视为天生的外交官，他善于表达、倾听以及谈判；阿尔代尔（Aldair）既有巴西人的热情，又有一名世界级中场的冷静，没有哪个官僚的管理能力能够比得上他；喀麦隆的功勋门将恩科诺（N’Kono）可以很好地代表非洲；洛塔尔·马特乌斯代表德国；劳尔代表西班牙；贝克汉姆代表英格兰。在亚洲，也不缺少睿智的球员。米歇尔·普拉蒂尼曾经是一位伟大的球员，他一定会倾听我们的心声。

这个想法目前只存在于我的脑海中，我会花上很长一段时间来完善。

我知道球员有多么热爱他们的工作和球衣。我踢了这么多年球，归根结底都是在捍卫国际米兰和阿根廷队的球衣。球衣就是我们的责任、我们的故事。有些球员，到一支球队几天就厌倦了，还有的在赛季中途吵吵着转会。球迷们都喜欢旗帜球员，这是有原因的。我爱足球，小时候我踢的是前锋，后来是边锋，再后来是左右边后卫；光在国家队的中卫上，我就打过拖后中卫、盯人中卫和清道夫；在一场与意大利队的比赛中，我还打过第三前锋；在前国际米兰主教练卢切斯库手下，我甚至踢过前腰；球场上除了门将以外的位置我都踢过了。

当我刚在塔勒莱斯踢上职业足球时，曾经有过一段令我终身难忘的回忆，直到今天那段回忆还不时地在我脑海里重放。那是一场对阵阿尔米兰特布朗队的联赛，当时我的队友在左路盯防一名拿球的对手，我在右路盯防一名对手。对方从左路起球，此时禁区里有一名对手，我本应该过去补防，但是我又担心球落到我身后那名对手脚下（其实他距离球门还有很远的距离，即使拿到球我也有充分的时间防守），就在我犹豫的时候，禁区内的对手一头将球顶进。

对于一名刚刚出道的边后卫来说，这是沉重的一课：永远不要犹犹豫豫，否则就会丢球。回到更衣室里，我默默地坐在一个角落里，眼神慌乱，这时候一位年长的球员走过来，摸摸我的头说：“孩子，你在干什么？你的职业生涯才刚刚开始，还有许多要学的。你最后都能够学到的，相信我。”

这是一句及时的鼓励，我们的生活中其实不缺少这种鼓励。在我年轻的时候，看到老队员对我做出一些鼓舞士气的动作，那时候我就希望，有朝一日我能够以同样的方式鼓舞别人。我永远看不起玩世不恭、消极厌世的态度。

某天的训练结束后，我在阿皮亚诺·詹蒂莱训练基地的更衣室里休息，见到了这样的场面。乔尔·奥比（Joel Obi），我们青年队的希望之星，坐在衣柜旁看当天的报纸，逐个儿浏览球员们的赛后评分、技术统计。这时候，圣地亚哥·索拉里从他的身旁经过——索拉里是我见过的最具有智慧的球员，他笑着对奥比说："乔尔，听听老圣地亚哥的建议：永远不要，我是说永远，在周一的报纸上寻找那些你周日在场上比赛中的不足，明白吗？"干得好，老索拉里，永远不要问外人那些我们人生中需要改进的东西。

所以，你们永远不要在这本书里寻找我没有做过的事情，无论是好的还是坏的。至于我生命中所做过的事，我已经在这本书里原原本本地告诉你们了，谢谢你们能够耐心地读完我的故事。